中觀金鑑

——下冊

——詳述應成派中觀的起源與其破法本質

——孫正德老師 著

ISBN:978-986-5655-17-4

目次

平實導師序……序001
自序……序007
上冊：
第一章 從部派佛教之發展，正觀中論緣起……001
第二章 應成派中觀之演變……021
第一節 清辨之中觀思想……022
一、清辨以諸法緣起無自體性爲涅槃……024
二、清辨以緣起無自性空爲法無我空智……028
三、清辨以緣起性空爲第一義眞實無分別……032
四、清辨認取能取境界相之意識爲取後有之識……038

五、窺基大師指名清辨之評論……047
第二節 佛護之中觀思想……063
第三章 應成派中觀思想總覽……087
第一節 應成派中觀名稱之由來……088
第二節 應成派中觀以蘊處界法空爲勝義諦……098
第三節 應成派中觀不許緣四聖諦之十六行能證解脫……118
第四節 應成派中觀不許五蘊爲我見之所緣……137
一、應如實了知於五受陰見我之我見相貌……142
二、應如實了知於五受陰見我之過患……145
三、應如實了知五受陰非我與我所之理……150
四、五受陰確實是我見之所緣……153
五、緣於五受陰之我非業果之所依……159
第五節 應成派中觀認取識蘊爲本住法之我……177

一、應成派中觀以能取境界之法性爲本住法我……180
二、依仗因緣而有者即非本住法……193
三、恐懼墮於斷滅故執識蘊自性爲本住法……201
第四章　假藏傳佛教應成派中觀思想否定如來藏之主要論點……225
第一節　假藏傳佛教應成派中觀以意識爲結生相續之識……225
一、意識結生相續有諸多過失……225
二、意識之一分明瞭分　仍然是意識……237
三、意識非離蘊之別體……243
四、意識不是一切染淨法種之所依所緣……254
第二節　應成派中觀以意識能取、能捨之行相僞證大乘之無分別智……267
一、無分別非從意識之作意中得……271
二、意識緣起性空無自體性非菩提心甚深空性……282
三、應成派中觀以意識心觀察蘊處界空，套用爲般若空……289

中冊：

第四章 假藏傳佛教應成派中觀思想否定如來藏之主要論點（承上冊）001
四、揭露吐蕃僧諍記之法義事實……011
五、應成派中觀錯用奢摩他之無分別影像作爲證無分別之根據 030
第三節 應成派中觀以意識微細我爲本住法，……………
妄謗如來藏、阿賴耶識皆是方便說……070
一、不需實有阿賴耶識，意識能受熏而執持習氣種子？……078
二、不需實有阿賴耶識，意識能持業種引生自果？……084
三、意識是常住不壞之我？……106
四、應成派中觀又以一切法自性空之空性假名爲阿賴耶識……130
五、應成派中觀主張阿賴耶識僅是爲破除執外境實有者方便而說157
六、認爲意識即是如來藏，故應成派中觀主張如來藏亦是方便說211

第五章　應成派中觀思想落於外道自性見之事實……241
第一節　應成派中觀於五蘊名稱主張性空唯名，
於五蘊自性主張實有常住而有作用，以此爲中道……243
一、應成派中觀「性空唯名而有作用」之眞相……244
二、六識之識性非本住法性……271
第二節　應成派中觀主張外境實有……282
一、見聞覺知心所分別者並非眞實外境……283

下　冊：

第五章　應成派中觀思想落於外道自性見之事實（承中冊）……001
二、四大極微非實體法……001
第三節　應成派中觀主張依他起自性實有……012
第四節　應成派中觀主張僅有六識，無七、八識……023

一、必有意根……025
二、我執隨眠非與意識相繫屬……042
第六章　應成派中觀以意識性取代般若無自性性……055
第一節　應成派中觀主張二乘亦證般若法無我……056
一、補特伽羅法我不是緣於五蘊法……059
二、五蘊法僅屬於人我所攝……077
三、證得細意識我不能解脫出離三界……087
第二節　應成派中觀主張煩惱障含攝所知障……097
一、煩惱障所斷者爲人我執……114
二、斷煩惱障者尚未成就佛道……127
三、所知障淨智非煩惱障淨智所攝……147
第三節　應成派中觀以六識識性而妄談三性三無性……163
一、正說三性三無性……163

二、應成派中觀主張圓成實性為漸修而得之性……180
三、應成派中觀主張眼等取境界依他起自性是勝義有……199
四、應成派中觀之宗旨墮於人我執之遍計執性中……215
五、一切法無自性唯識所現？……251

平實導師序

此書篇幅之所以鉅大者，實因應成派中觀廣作佛法名相攀引所致，亦由其廣作誤引與扭曲故，亦由其歷代著作極多而皆錯說故，必須一一檢視及辨正，篇幅即無可避免的增加，故不得不分爲上、中、下三冊。

自古以來不承認 佛說八識心王同時並存者，最有名者厥爲六識論者，此類人假借中觀爲名，否定八識心王並行運作之法界事實與聖教，只承認有六識並行運作，世稱六識論者，與常見外道異口同聲否定 佛說八識心王並存之聖教。如是六識論者，大分爲二派，謂應成派中觀及自續派中觀，密宗諸「法王」皆屬此二派所攝，皆無能自外於此二派邪見。時至今日，此二種六識論之中觀邪見已流毒於顯教之中，台灣、大陸顯教大法師俱皆修學此二邪見而落入意識心中，咸以意識離念作爲證悟標的，永無實證第八識如來藏之可能，自無實證涅槃本際之日，則將永遠自外於般若中道觀之實證，永沈生死苦海而無出期，皆坐此二種六識論中觀邪見所致；當代之代表人物，即是被台灣慈濟、佛光、法鼓等三大山頭奉為導師之印順法師。而今應成派中觀師佛護、月稱、安惠……等人之著作，已被後代未具慧眼的編輯者列入大藏經中；自續派清辨等人的著作亦已同被列入大藏經中，以致流毒至今猶在全面肆虐中。以古方今、以今鑑後，知彼影響必然深遠，遺毒後人將無窮盡，信其法者皆將永無實證解脫道及佛菩提道之可能，故必須正視此一後果；印順之中觀實即西藏密宗之中觀，觀乎密宗所有中觀見，除古時覺囊派的如來藏他空見中觀以外，都不外於常見、斷見戲論，故必須廣破之，以免繼續遺毒今人與後人。

又密宗雙身法之邪理，既自稱為遠超於顯教般若、種智，標榜為報身佛境界，自稱遠高於 釋迦佛之智慧及證量，又何須以彼所貶更低境界之 釋迦佛所說顯教經典乃至菩薩論著引作證明？何須以此「低階」之經論證明其「高階」之實證？為何不能直接顯示自身之勝妙而必須援引彼所謂低階之顯教經論用以自高？豈非多此一舉？密宗之作為顯然不合邏輯且自相矛盾！更何況密宗自稱為最高階之實證者，為何卻處處誤會彼所謂低階而易懂之顯教經論真義，悉皆不能實證而處處誤會、扭曲其義？顯然是對彼等所宣稱為「低階」之顯教經論，都尚未能親證，則彼等所說密宗爲最高階、遠勝顯教之說法，以及密宗解釋顯教經論之言論……等，皆成小兒牙牙學語之戲論；甚而宣稱必須完成顯教法義之修證以後才有資格修學密教，所說之理自相顛倒、殊爲可笑，亦皆無可利益學人！故密教專有之「經、續」，學人顯然已無一閱之必要，唯除貪著淫樂一心追求閨房技藝之世俗人。

近年密宗喇嘛私下常有是言以告初學之密宗信徒：「法尊喇嘛及餘人所譯之密宗經、續，並不正確，故正覺同修會根據彼等所譯而作之種種破斥，都無意義。」果眞如是，則彼等喇嘛說此語已，即應迅速針對百年來普皆錯譯之西藏密宗中譯書籍加以指正，以正視聽，並應以大量新譯廣爲流通，拯救廣被「**錯**」譯書籍誤導籠罩之現代密教學人。然而密教諸法王、活佛、喇嘛等人，顯然都無此意圖，並且仍然放縱「**錯**」譯之書籍繼續誤導學人，彼等也都繼續依「**錯**」譯之書籍傳授錯誤之六識論中觀邪見，亦仍繼續有「**妄**」傳雙身法而爆發性醜聞之事件常常發生；可見錯譯、錯傳之說，只是密教無法面對正覺同修會所作法義辨正的狡辯飾詞，由此證明法尊等人所譯密教書籍，並無不符密教法義之處。今時及可以預見的未來，密教仍將不會針對「錯」譯諸書提出更正及新譯，也不會改變常見外道六識論的中觀邪見，更不會摒棄雙身法的繼續實修及傳授，因爲法尊等人的翻譯其實並未違背密教原有的經、續。

而密宗當代掌權的黃教達賴喇嘛也常常私下傳授雙身法，並已公然載於自己所寫的書中；其創教始祖宗喀巴所著的《密宗道次第廣論》全部內容，及《菩提道次第廣論》中的止觀內容，在在處處都已指稱雙身法的樂空雙運是密宗的中心主旨，是一切密宗法王、喇嘛自始至終想要達到的目標；證據明確而無可抵賴，是故密宗仍將以口頭流傳方式宣稱雙身法不是密宗的教義，卻將繼續實傳實修雙身法，繼續以此雙身法及六識論中觀常見外道法來取代佛教八識論正法，仍將以李代桃僵的手法蠶食佛教乃至最後完全取代佛教，如同古時的天竺密宗手法無二。

如今密宗邪說隨著達賴的流亡而廣爲流傳，全球普布；爲救護諸方已被密教誤導的大師及學人，應將正確的中觀正理廣爲宣揚，引用密宗自傲的凡夫古人佛護、月稱……等人所造「中觀」論著，作爲顯示邪說之教材，宣示眞正中道觀行之正理，故應造此書，以爲中觀學者邁步中道之資。正德老師此一著作，直探中觀學派創始之本源，細論誤會中觀之代表人物及其法義，所述中觀正理既深且廣，允爲修學中觀正理者之寶鑑，故余名之爲《中觀金鑑》。

佛子 **平實** 謹序

公元二〇〇七年秋分 於竹桂山居

自序

佛法中觀之立論乃至中道之履踐，皆是眞實可證、務實可行而有其不可攻破、不可毀壞、常不變異之眞實理爲根基。此眞實理無論佛出世或不出世，皆常常時、恆恆時，法性安住、法住法界，而有其法爾如是、永不顚倒之理成就性與如成就性。眞實法性如是安住於法界，在在處處所呈現者皆是其無二之實性，有二者則非實性，有二者則落於兩邊之一邊，或具足兩邊而不涉中道；若不能處中而含攝兩邊，並且不落於一邊者，即非實性。意即具有實性之法性，方能處中而含攝兩邊，不餘一法而不墮一法，才是中觀立論之依據，才是中道履踐之行跡，才是佛於經中所說之古仙人道、古仙人逕、古仙人道跡。

所謂二法者，例如：常、無常，生死、涅槃，有、無；或如空、有，我、無我等等，皆是二法，凡是因緣所生法皆是落於二法中者，不涉中道；五蘊、十二處、十八界、四念處等三十七道品皆是因緣所生法，皆不是能夠含攝二法而不落於一邊者。例如色受想行識五蘊，是無常之法、是生死之法、是世俗之有、無眞實我之法。因爲，五蘊是因緣所生念念生滅變異故爲無常法，五蘊乃本無今有而有生相與死滅相故爲生死法，五蘊乃三界中之有法故爲世俗有，五蘊乃爲人我法故有妄計之我相、眾生相、壽者相，非無相之無我法。五蘊之法相既是無常生滅有爲，從其無常、不住、不自在、不堅固、緣生緣滅之體性，以比量而說五蘊之體性爲緣起性空，故一切有爲法之緣起性空仍然是落於有爲法屬性之一邊，此中道理乃是運用世間之邏輯思考即可輕易歸類而得知者，並非親證實相者所得之般若智慧。五蘊法無有眞實常住之實體與自性，故五蘊法落於無常邊，從五蘊法之生滅現象歸類而得之緣起性空，必然是依附於無常的五蘊而存在的法性，當然不可能超越五蘊法之體性，故緣起性空不可能反而成爲有眞實體與自性之常住不壞法，緣起性空更沒有道理成爲能夠含攝空有二法不落於空或有一邊之無二中道法性。

若以緣起性空爲中道法，則緣起性空應屬於實體法之體性，亦應是出生五蘊等法而可表顯爲世出世間法之實相，是則應當不屬於因所作之法，應是能持諸業種不壞隨眾緣之聚集而成就諸法者，才能雙具常與無常、生死與涅槃、空與有等無二實性。然而色受想行識五蘊法中每一法皆不離因所作，皆無有常住之實體以及自性，故五蘊法中無有一法常住而能成爲緣起性空究竟所依之實體；故緣起性空雖依五蘊而存在，而五蘊實依另一能出生五蘊之實體而存在，此實體方是緣起性空之究竟所依；所以者何？若無五蘊即無緣起性空故，若無實體如來藏心即無五蘊故。

緣起性空純粹是有爲法之現象，依於無常有爲之五蘊而存在，是能依之法，所依爲五蘊；故不能憑空想像其另外具有常、涅槃等無爲體性，故緣起性空無有堪能成爲中觀之立論根本。一切法緣起故無有自體性之無自性空，並非常住不滅之空性；無自性空乃是緣起法不可改變之本質，然而無自性空並無任何功能與體性可稱爲空性，乃是諸有爲法緣起無常生滅、無自體性之現象，故緣起性空乃是依無常生滅之法而存在者，並無自體性，不應建立爲萬法之根本，當然不可說爲實相或中道。若說緣起諸法之生住異滅是由於無自性空卻有法性作用而產生，則無自性空應爲緣起諸法生起之所依，亦應當能夠持緣起諸法，應當是世尊於經中所說能遍興造一切趣生之如來藏，則如來藏成為緣起法、成為無常之法；然無常之法如何可稱為如來之藏？無自性空又如何能出生萬法？故緣起法是無有自性之無常空，並非有眞實法性而能出生萬法之空性，空性乃是指如來藏所具有無二實性之眞如佛性。

具有無二實性者，表示此法體同時具有我與無我之眞性、生死與涅槃之眞性、空與有之眞性，雙照二邊而不墮二邊、眞實不虛理不顚倒，才可稱為具有中道性之法體，才可使實證此法體者能現前觀察其不落於兩邊之中道性而稱為中道觀行——中觀。何種法性可稱為我之眞性？應知即是具有眞如體性者，此心體性非因所作而得，此心體性常不變異，於一切境中從不動心，永遠如如不動而自在，並能應物現形而生萬法，具有此眞實與如如體性者方可稱為眞如之法，方屬常住不壞之眞我。要須法體本身猶如金剛不可沮壞燒滅，理體眞實不虛非假名安立不妄倒者始稱為眞；法體本身要能隨順一切業緣而成就呈現業果，不於所呈現之業果內容有所欲貪或厭捨，要恆隨順眾生、不於一切六塵中見聞覺知，不與種種煩惱相應、體性不受染污，清涼寂靜涅槃體性常不變異，故稱為如。

十方諸佛皆說具有眞如體性者，即是各各有情皆有之如來藏阿賴耶識，又名異熟識、阿陀那識、無垢識，或稱爲本識、入胎識、第八識，或稱爲心、眞如。故具有眞如體性者乃是心體，如來藏心體因爲具有眞如性與佛性，故於經中世尊以眞如佛性稱爲眞我。此如來藏心體非從因所作，而眼耳鼻舌身意六識，皆需要依止根塵觸之方便才能生起，若有一緣不具足則無從現起，六識現起後才有接續之受想思心所法運行，非能獨自存在者；五根更需要藉父精母血、業緣、四大養分及心眞如之運作才能成熟長養，染污意根末那識亦需無明、我執煩惱爲因及心眞如之流注種子，才能現前不斷；故五蘊皆是從因所作，五蘊無有常住之體性，則依五蘊而有之緣起性空亦非常住法，當知絕非眞如。非因所作之法體乃是本來無生者，既無有生則無有滅，不生不滅者才是常住法體，常住法體不可毀壞，故能任持各各有情無始劫以來所造一切善惡業種而不壞不失，故能貫穿三世而如實成就因果，故常住法體具有眞如佛性才可稱爲眞我。

如來藏心體即是常住法體，其眞如佛性常不變異，而心體所持之有漏法種隨於所生現之五蘊十八界法之熏習而變異，故如來藏心體含攝了常法與無常法，卻不墮於單純之常邊或者無常邊。如來藏心體本來無生故無有死，不生不滅故無有生死；而如來藏心體執持著藉業緣所變生之五蘊，使之生住異滅而顯示五蘊之緣起性空，故緣起性空是枝末法而非實相法。由於如來藏心體不生不滅，故五蘊得以生死、死生不斷，故說涅槃與生死皆是因如來藏心體而施設，故如來藏法性即是涅槃與生死不二之實性。而如來藏心體之眞如體性同時具有二種無我之眞性，如何是無我之眞性？人無我與法無我即是無我之眞性，本來具足而非經由修除煩惱才生現者方爲眞性。繫於三界之五蘊乃是因爲人我執未斷故不能止息於生，若將緣於五蘊而得之人我執斷除，於此出生五蘊人無我之解脫智慧，因此而斷除後有五蘊出生之因；如是之無生乃攝屬滅而無生，所生人無我之智慧與滅而無生，皆屬從因所作者，故不得稱爲人無我之眞性。如來藏阿賴耶識藉眾緣變生五蘊人我法，心體自身不於五蘊人我執爲實我，僅是隨順於五蘊人我等法而運行，一向如是從不改易之體性稱爲大乘人無我，或稱爲人我空所顯眞如，才是所說之人無我眞性。單純五蘊本身僅爲人我之範圍，經論中所說之法我皆與阿賴耶識性與異熟性有關，故法我執即是屬於染污末那識遍計執如來藏心體之各類功能體性爲我與我所相所產生；如來藏心體一向離於言說與諸想，自心如來藏所現之似能取與所取諸法本來即無常住不壞之實我相，故此隨緣生現諸法之離言法性，即是大乘法無我眞性，或稱爲法我空所顯眞如。

由於如來藏心體之眞如法性常不變異，故以此而稱爲我之眞性；此我之眞性即是勝義有而非世俗有，又眞如法性即是人我空與法我空所顯之實性，故以此而稱爲無我之眞性；此無我之眞性即是勝義空性而非世俗有之緣起性空，故說如來藏心體之眞如法性雙具實我之眞性與無我之眞性，同時具有實我與無我無二之性、空有無二之性，此無二之性才是實性，才是永遠不墮斷常二邊之中道性。實證如來藏心體之所在，而能夠現前觀察如來藏心體實我與無我無二之性、空有無二之性者，方能眞正遠離空有二邊而雙照空有二邊，才是眞實之中觀行者。衆生依止於五蘊中眼等六識之見聞覺知，而分別五蘊爲我與我所，五蘊法乃生滅無常，無有眞實自在之體性，非眞實我。故緣於五蘊妄分別爲實我與我所者即稱爲我見，我見乃惡見煩惱所攝，是因爲無明而顚倒分別所得者。二乘聖者斷除我見我執以後所得之無我智慧，乃至所證之有餘依涅槃與無餘依涅槃，皆是依於如來藏心體—**阿含中說爲住胎出生名色之識**—而施設者，因爲五蘊法滅後之無生乃是空無，空無即是斷滅，空無本身無有實體與法性可稱涅槃，若空無與滅相本身即是涅槃，則世尊不應訶責外道之五現涅槃，何以故？若以空無爲涅槃之實際，是爲戲論；若明知是戲論法，外道已皆不能接受，如何能夠接受世尊訶責彼等尚存世俗有之五現涅槃？又戲論法，佛弟子亦不能接受，若非實有如來藏心體之本來涅槃法體爲涅槃之實際，則緣起性空即難免墮於斷滅戲論，則世尊所宣說之苦滅解脫道有本際、眞實、法、如……不生不滅，即成妄說；如是必無佛弟子願意滅除五蘊中識蘊之我見，亦必定無有佛弟子能證阿羅漢果而於捨報入無餘涅槃，故知常住不滅之實體方是二乘解脫道所證涅槃之根本依，能令二乘涅槃不墮斷滅空故，法界實相本來如此故。

眞如佛性眞我之性，自從世尊於二千五百多年前示現於天竺，對佛弟子開示悟入而流布於世間，未能實證如來藏心體者對於此眞我之性百般思惟揣測之後，或有以大自在天爲常住能生一切法之眞我，或有以老母娘爲常住能生一切法之眞我，或有以極微爲常住能生一切法之實體，或有以意識心所受、所想、所思之境界爲眞我等等。眞如佛性中道之性爲一切於無常有爲法中欲尋求依止者所思慕著，古來儒家、道家亦崇尚於理想之中道無我境界而作詩興文；然而皆未能如實了知五蘊虛妄之內涵，仍不具五蘊無我之佛法正知見，往往認取五蘊中之意識爲眞實不壞我，非是能斷我見、具足初分解脫知見者；如是諸人所思、所想、所說之無我境界，皆不離於我見所繫之妄想所成，故將意識處於種種差別境界之心境稱爲無我眞如空性者，古今大有人在。意識心境界乃是一般我見堅固難壞而錯悟之凡夫所能到之最終邊際，若欲隨於般若經、方廣唯識經典說般若空乃至三界唯心、萬法唯識，僅能以意識或者六識領受六塵之粗細差別，作爲想像具有空有不二之般若空性境界。

世尊於經中處處宣說般若空性不生不滅，而意識心於現實面之體驗與醫學常識經驗中，皆認定是可中斷之法，世尊於三轉法輪中皆說意識是意法爲緣所生之法，或說意識是根塵觸三法方便所生；在這樣的前提下，以意識爲中心宗旨者，即不得不想像著有較細之意識存在，稱其爲細意識。說此細意識不生不滅，能夠執持業種從過去世入胎來到現在世，又能從現在世持種去到未來世。隨即住於意識之境界中想像著有細意識存在，於是有主張於定中一念不生之意識、離念靈知之意識、領受虛空粉碎或者大地落沉境界之意識、放下我所煩惱之意識等等即爲不生不滅之細意識，妄言實證此等意識細心者即是實證般若空性，堅持般若空性即是細意識之清淨體性。實質上，意識乃是緣起所生之法，此乃一切南傳北傳學人所不能否定者，卻又無法理解及接受，於是矛盾地將此意識之緣起想像而歸屬於細意識所具般若空性所生之自體；故自世尊大般涅槃以來，由於聲聞佛教部派之發展演變過程中，一直未能如大乘佛教諸菩薩們實證如來藏之存在，而以六識論作為佛法實相最終之論述者，即對於五蘊緣起法大加推崇，否定另有真實如來藏阿賴耶識之存在，所說緣起性空之內容，皆不離於意識乃緣起所生，而想像細意識具般若空性不生不滅，當他們如是誤會解脫道而歌頌著緣起甚深極甚深之時，卻不知是完全墮於意識境界之我見繫縛中，此乃千年以來令一切大乘護法菩薩悲憫不忍之處。

龍樹菩薩、提婆菩薩、無著菩薩、世親菩薩、玄奘菩薩等人，皆於其所處之年代中，以其實證如來藏並發起道種智而欲護法救濟眾生之悲勇胸懷與聖智，致力於破除如是六識論惡見、惡取空法者。其中龍樹菩薩所造之《中論》，即是以如來藏阿賴耶識本來具足之真如佛性中道空性為立論之根本，論述辨別有為法之緣起無自性空、無為法之勝義無自性空，以破斥彼等惡取緣起之五蘊有爲空爲不生不滅之法者。然而，卻有傳承於聲聞部派佛教，認取六識爲佛法根本之清辨、佛護、安慧等人，以其惡取空法之惡見而造論扭曲龍樹菩薩之《中論》義，以意識心之境界曲解其義而妄說中觀，將意識境界想像之緣起中觀推崇爲最究竟。復有天竺密教之月稱繼承於佛護釋義龍樹菩薩《中論》之諸多主張，並造《入中論》推崇彼等所錯解之中觀爲成就佛道之究竟法義，並公然毀謗如來藏阿賴耶識爲方便說而非實有，後由宗喀巴另造《入中論善顯密意疏》作爲推廣之傳承；傳至今時，由印順主動繼承其六識論邪見，反而誣衊眞正中道實相之如來藏心爲外道神我。實修雙身法之月稱及其傳承者寂天、阿底峽、宗喀巴、達賴等人，以及未修雙身法之印順法師，皆欲以彼等所錯解之中觀非破他人於佛法之正確主張，藉著破斥他人之過失來凸顯自宗無他人之過失，宣稱彼所立中觀之宗旨能夠成立，如是而稱其所宗之中觀爲「**應成派中觀**」。

應成派中觀由實質爲西藏喇嘛教之蓮花戒、阿底峽、宗喀巴等接續傳承下來，以練寶瓶氣、明點脈氣、拙火、虹光身、男女雙身合修等種種索隱行怪之修法爲行門（詳細內容請參閱平實導師所著《狂密與眞密》共四輯），卻以其應成派中觀惡取空法來破壞佛法之本質，攀緣於佛教般若中觀教理，打著大乘佛教之旗幟，成爲現代無眼凡夫所推崇之「藏傳佛教」，本質全與佛教教義及實修無關，屬於「非佛教」。應成派中觀自月稱以來（尤以宗喀巴爲甚），慣常於抄襲彌勒、龍樹、無著等菩薩論著之文字作爲彼等著作之內容，再加以曲解，成爲彼等意識境界妄想所成之法義，並且大膽的妄下定論說是龍樹等菩薩之眞意，如是使一切無擇法眼之顯教阿師信以爲眞，紛紛熱衷於修學彼等以意識爲宗旨之應成派中觀邪論。佛陀以如來藏眞如佛性般若空性中道爲根本之教法，由西藏喇嘛教（西藏密宗）披著佛法之外衣吸取佛教之資源，而由顯教出家法師受大眾對如來生信所給予之供養，以佛教僧寶之身分否定如來藏阿賴耶識正法，其所依據之根本即是應成派中觀以意識爲宗旨之種種謬論。近年已故之印順比丘即是弘揚應成派中觀之集大成者，所著《成佛之道》、《唯識學探源》、《中觀今論》等妙雲集之書籍，皆是以應成派中觀之理論爲基礎，再予以傳承流布，現今臺灣與內地之佛學院所修學者，多數是印順比丘爲弘傳應成派中觀六識論所寫之著作，如是惡取空破壞佛法之藏毒幾乎將佛法破壞殆盡，此絕非受到藏密應成派中觀所攀緣附會之彌勒、龍樹、無著、世親等菩薩樂於見到的。

應成派惡取空中觀已滲入臺灣及內地各大寺院及大山頭，弘揚世尊如來藏阿賴耶識正法者，反而受到彼等之抵制與非毀；然由於世尊如來藏正法之威德力，正覺同修會大力弘揚如來藏正法而不鬆懈，使得各大寺院及大山頭之名聞利養受到動搖，彼等爲鞏固既有之勢力，一律禁止信眾閱讀平實導師所著弘揚如來藏正法之書籍，並以邪魔外道之稱妄加於平實導師，迫使信眾生起恐懼心而不得親近正法聽聞熏習與修學之，如是皆是以意識爲宗旨之應成派中觀藏毒所引生之病徵。應成派中觀之立論與月稱、蓮花戒、阿底峽、宗喀巴彼等所寫之書籍，夾雜著諸多大乘菩薩修學無生法忍道種智與大乘止觀之種種名相，將深妙法予以淺化俗化，再將彼等錯解之聲聞解脫道妄說爲成佛之道，以純意識之想像曲解佛法名相，顚倒妄說與想像之極成，即是應成派惡取空中觀的六識論邪見。由於月稱等人並非對佛與佛法有基本之正信，對於經典中佛所宣說之法義並不完全信受與認同，若遇經中提到如來藏、阿賴耶識、一切有情有第八識心等與彼等之立論不符者，即以彼經爲不了義或者隨意轉計爲非眞實經義，企圖模糊焦點及籠罩他人，是屬於嚴重缺乏佛法正知見之流，尤其匱乏阿含解脫道之基本知見，故彼等之信念中上師之地位高於佛教三寶，自創非佛法之法與禁戒（三昧耶戒——受密灌以後若有一日不修雙身法，即是犯戒），亦是彼等輕毀佛法之手段。

一切歸依佛教三寶、依止佛戒之顯教寺院，皆應回歸世尊如來藏阿賴耶識正法之教，首要即應將破壞佛法最嚴重之應成派中觀邪論予以揭露，並將長期以來被彼等混淆似是而非之一切法空、一切法無自性、有因有緣之緣起性空等眞實理予以辨正分明，以救護受到惡取空法矇騙而隨著誹謗菩薩藏——如來藏阿賴耶識之諸多無知受害者，能於今世因閱讀此書之緣而遠離惡見，並能懺悔所犯誹謗菩薩藏，成就一闡提罪之無間地獄業，發起善根護持正法、修學正法以求實證如來藏，奠定菩薩道正修行之根基，增長擇法覺分以驅逐密宗外道法於佛門之外，不令世尊正法受到玷污。爲令閱讀者能一覽應成派中觀立論根本皆屬意識境界之全貌，茲於序中略舉重點簡述如下：

一、主張我見之所緣爲細意識而非五蘊

公然違背世尊於阿含四部所說五蘊爲我見之所緣，只因未曾了知我見之

內容，一向受到我見煩惱之繫縛與作用故。

二、主張分別所稱之假名我乃是源自於細意識

欲將分別所得之五蘊我與世尊所說之如來藏我混為一談，只是要將意識細分之細意識偷天換日，取代世尊所說常住之本住法如來藏心。

三、主張細意識不可摧破，故依止細意識所假立之我性空唯名

認取細意識為眞實常住法，稱五蘊假立之我唯有名無眞實自體性，欲以純虛妄法顚覆世尊所宣說之——以本識第八識眞實如來藏阿賴耶識（異熟識）所幻化之法為假法的萬法唯識說。

四、主張意識及五識之能取境界自性為本住法性，以成立其性空唯名而有作用之中道說

認為我之名稱可破而六識之見聞等性不可破，故於受用男女邪淫身觸為樂時，心中安住於無自性空之作意的當下，即稱之為無我之樂空雙運境界，此乃一切欲界有情最粗重之欲界繫縛相貌，解脫且不得，何有般若中道可得？

五、主張外境實有，有極微實體為六識所緣

不許實有阿賴耶識故妄想六識能緣極微而變現外境，妄想六識具有阿賴耶識心體所具之大種性自性，然而六識實爲依他起性，無有眞實之自體性。

六、主張見聞等性無有假名我之無真實能取所取性故空

假名我唯有其名而無眞實體性，故而認取見聞等性能取與所取爲眞實，更無有異體爲能取與所取；此乃倣效世尊宣說本識第八識能生現七轉識見分與六塵相分，六識無有眞實之能取與所取性，六識所分別唯第八識所現非眞實外境。心體標的完全不同，法義完全濫用扭曲，見聞等性僅是六識之識性故，無有眞實常住之自性，非是般若空性，與本識第八識如來藏之眞如佛性體性截然不同故。

七、主張細意識是空性心能持業種入胎結生相續，能生能持蘊處界

細意識仍然是意識，屬於五蘊中識蘊所攝，是有生有滅之有爲法。而世尊說能持業種入胎結生相續之識，能與造變生及執持蘊處界者乃是第八識，不是意識乃至意識再細分之細意識。

八、主張意識之一分細意識假說為阿賴耶識

經中世尊處處宣說阿賴耶識，彼等為維護其以意識為宗旨之六識立論，否定實有阿賴耶識而以意識之一分細意識妄說之為實，以誑騙他人。

九、主張緣起無自性空——有空性，假說為如來藏

推崇緣起為究竟，骨子裡卻是暗將意識擴充其永不可能具有之中道空性，妄想意識為不生不滅，故否定實有如來藏以保其宗。

十、主張證得細意識我、破除假立之我性，即是破除法我執證得解脫成佛

自身陷於煩惱障與所知障中，妄想彼藏密之行門能夠即身成佛，妄想能夠於極短時間成佛故而勝過顯教三大阿僧祇劫之修證，不信受佛而所說非佛法並自許超越佛者，誠可信乎？

應成派中觀主張一切法緣起性空而有作用即是中道之法，此說與其所立「一切法空、無有纖毫自體性」之宗旨完全相違背。因為，見聞覺知性之作用亦是因緣所作而無有常住性，必定要有所依、所緣才能成就之自性，無有堅固性的緣故；因此，彼等之一切法緣起性空而有見聞等作用，全然屬於有爲有作之無常法，違背了彼宗自教所立中道之依憑，自宗已乖，所立又如何順成？見聞等性若是本住法性，亦與現量相違背，因爲現量中可知有情夜夜眠熟無夢時或者頭部受創悶絕時意識皆已斷滅，稱爲無有意識或失去意識，此時已無見聞覺知現前故；若屬本住法性則應有不生不滅之體性，故主張見聞等性爲本住法性者，於自相共相皆有現量相違之過失。應成派惡取空中觀所立宗旨不僅與自教相違、與現量相違，亦經常自語前後相違，對於意識時而說爲即蘊、時而說爲離蘊，反反覆覆，更與至教量相違，何以故？世尊於經中處處宣說意識乃意法爲緣所生、意識攝屬五蘊中之識蘊、眼見耳聞等覺知性皆屬於人我法，故意識以及見聞覺知性無有絲毫之本來自在性，意識以及見聞覺知性非常住之本住法性；應成派中觀所主張既然違背世尊之至教量，則不能入於佛法之流，違佛所教即不能歸屬於佛教之宗派。

惡取空者亦同時墮於增益執與損減執。於五蘊法中增益其中之意識具有常住之本住法性，又妄想緣起性空有能作用之空性不滅，故以五蘊法性空唯名有作用而稱中道，此即是增益執，因爲五蘊法自身之範圍是純有爲法而無有不滅之空性存在故。而增益執最主要的原因即是遍計執性所攝我見之作用而產生，由於我見之作用使得彼等應成派諸人難以否認意識之常住性，因此不許實有第八識如來藏阿賴耶識心體存在，皆以性空爲宗旨而將如來藏阿賴耶識心體及其無量功德法皆撥爲方便稱名所說，實無如來藏及其功德法，如是又墮於損減執中。既已損減如來藏阿賴耶識心體之眞實性，則所說之一切法空無有自性，皆成爲無依無憑之戲論；復將見聞覺知性增益爲不滅之空性，以此而妄行月旦一切正法，則已墮於惡見與見取見中。如是之應成派中觀既無中道之實質根本理體，所說之義，後不順前、義不符體，故應稱爲「**喇嘛教應成派惡取空偏論**」，方是彼等之正名。

承蒙佛菩薩之冥助與攝受，以及護法菩薩種種善巧之護持，正德得能以此不堅固之身命，運用平實導師傳授之種智知見，透過申論辨正佛菩薩經論之眞實意旨，將應成派諸多夾雜冒用世尊解脫道與佛菩提道正法名相，使人混淆不清、似是而非之鍍銅假金眞相，據實公諸於世，救護有緣佛子得以遠離彼等惡見；冀望佛之如來藏正法弘傳，能因遠離應成派藏毒之戕害而回歸正確之解脫道與佛菩提道之眞修實證，一切受到世尊正法攝受之眾生，能因此遠離三惡道之苦因與業報，正法法脈能於世間永不失滅，直到當來彌勒尊佛降生人間。願以此護持正法功德供養釋迦世尊，並期望能以供養世尊之功德，報答平實導師此世傳授如來藏正法之恩於千萬分之一；繫緣於正法，依止如來藏眞如佛性「空、無相、無願」所行之中道性，於涅槃生死無二、我無我無二之中觀履踐當中，行難行能行、難忍能忍之菩薩大行。

菩薩戒子　**正德**　謹序

公元二〇〇七年處暑　於正覺講堂

第五章　應成派中觀思想落於外道自性見之事實

第二節　應成派中觀主張外境實有

二、四大極微非實體法

宗喀巴於諍論外境有無之餘，針對世尊於《楞伽經》中所宣說一切法唯自心所現、外境非實有之唯識正理，則予以扭曲之、模糊之，聲稱聖教中所說僅是著重於內心與外境有無相同，也就是內心與外境皆是俱有或俱無；進而主張極微有實體，欲證明外境實有、不可破，以守護其能見聞覺知心之見聞覺知性是本住法性之常見外道論。宗喀巴於《辯了不了義善說藏論》中這麼說：【《十地經》說三界唯心者，破外宗說離心別有世間作者，乃是經義，非破外境。《楞伽經》云：『外境悉非有，心似身財處，現爲種種事，故我說唯心。』亦許此經非破外境。故破外境，似許全非任何經義，應當觀察。經初句義，謂諸外境非自性有，《般若燈論》說，如同身、財處所等境生種種心者，謂似彼境行相而生。唯心之義，如同前釋。和合而成名聲等時，一一極微皆與根識作所緣緣，故彼於識非不顯現。如軍林等依異類成，是假和合雖無實體，然依一事同類極微名為和合，是有實體，平（瓶）等亦爾。其現二月等識，亦須依一月所緣而生，無外所緣則不得生。若無外境，亦謗經說從所緣緣生諸根識，以於勝義及名言中從所緣緣生，皆不應理故。】1

諍論外境有無之月稱、宗喀巴等人，皆是愚於世尊所說一切法唯自心——如來藏阿賴耶識（異熟識）——所現之眞實義，以其墮於有無法之世間心，極盡思惟妄想而不能過彼意識自體及見聞覺知等虛妄法之六識自性，特地曲解及非毀世尊於《楞伽經》所說最究竟、最了義之唯識一切種智聖教。古今一切應成派中觀師之所有邪見，幾乎已經全部在《楞伽經》中由世尊所破盡，而平實導師於一九九九年五月至二〇〇三年十一月連續出版之《楞伽經詳解》前七輯註解中，又已將此經中世尊破斥外道之牛有角論、兔無角論、兔角論、無因論等正說，一一發揮論述回應，正好恰當地破除已故印順比丘自動傳承於應成派中觀以緣起性空為勝義、建立性空唯名之戲論，亦已破斥了應成派中觀師印順及達賴等人否定如來藏阿賴耶識的種種外道論；至今多年，所有傳承並隨學於故印順比丘及達賴喇嘛之所有徒眾，皆無力以其自宗法義如理作意的回應之。因此，應成派中觀爲了維護自宗而非毀或曲解《楞伽經》之經義，我等皆應認清其中之內幕與心態，不可含糊帶過。先舉示宗喀巴所引《楞伽經》相對應之經文如下，以供大眾簡擇：【佛言：「大慧！有一類外道：見一切法隨因而盡，生分別解，想兔無角，起於無見，如兔角無；一切諸法，悉亦如是。復有外道：見大種、求那、塵等諸物形量分位各差別已，執兔無角；於此而生牛有角想。大慧！彼墮二見，不了唯心；但於自心增長分別。大慧！身及資生、器世間等，一切皆唯分別所現。大慧應知：兔角離於有無；諸法悉然，勿生分別。云何兔角離於有無？互因待故。分析牛角乃至微塵，求其體相終不可得。聖智所行，遠離彼見，是故於此不應分別！」】[2]

略釋上舉經文如下：「世尊說：『大慧！有一類外道，見一切法隨著因盡而盡，於此生起意識分別所得的見解，虛妄想像兔子無角之法，生起一切法空無所有之見，認爲猶如兔子本來無角一樣；一切諸法也都像是這樣不可能有一法可以永恆的存在，就把兔子無角（一切法緣起性空）認定爲眞實法。又有外道，看見四大種、物性、微塵等諸物質在不同分位中之種種形狀大小差別相，執於一切法空無如兔無角之想法，於物質種種差別相中生起牛有角之眞實想。大慧！彼等外道墮於兔無角空及牛角實有二見之中，不能解了一切法唯是自心如來藏所生現，反更於自心如來藏所生現之法中增長其虛妄之分別。大慧！彼等外道依於五根身及資生財物、山河大地器世間等之受用，建立一切虛妄分別之兔無角及牛有角法（蘊處界實有，一切皆緣起性空，認定緣起性空是最究竟眞理而不可推翻）。大慧！應該要知道，兔角之法本來就離於有無兩邊，諸法也都是同樣道理，不應於有無之中生起分別。爲何兔角是遠離有無法呢？是由於兔角或有或無之想法，都是與牛角互相爲因、相待於牛角而出生兔無角的想法，所分別之兔無角一法，是相待於牛有角而施設建立的；但是若分析牛角至極細之微塵位時，想要求牛角之常住體性終不可得，而兔無角法則是相待於無常變異的牛有角而說的，以此緣故，若有人想求覓兔無角法（緣起性空）的眞實性，亦不可得。大乘法中一切聖人所行之智慧境界，皆遠離彼外道二見，是故於兔無角及牛有角二法，皆不應生起虛妄分別（因爲與法界實相無關）。』」

上舉《楞伽經》之經文，正是預先訶責後代應成派中觀等人，如同牛有角、兔無角一般在有無法中生起虛妄分別。其主張一切法空、無纖毫體性可得，說緣起性空是究竟佛法，別無佛法可修可證，即是猶如兔無角論一般主張兔無角是眞實法、究竟法，而不知兔無角是依無常的牛有角而建立的施設法；應成派中觀師都不知陰界入諸法皆自心如來藏所生所現，以其意識覺知心住於自心如來所現之境界中，妄想著陰界入諸法皆是由意識覺知心所作而生起種種計著。再依五蘊緣起性空的兔無角實有之見，轉而計著能受用境界之意識心常住，計著意識心能入胎結生相續，計著意識心能現一切境界，包括外境在內，此正是世尊所破於生起兔無角想後之牛有角妄計。

世尊既已預破在前，六識論之應成派中觀師即不應將陰界入中之法計爲本然存在之牛有角法，陰界入中之任何一法分析至極細乃至色法之極微，皆不可能獲得陰界入法有本住之體性；故陰界入之牛有角法亦非眞實，不應於陰界入中強行分別或有或無。應成派中觀將陰界入之無自體性空分別爲勝義空，就是妄計兔無角法；又將陰界入所攝之意識心之離於表義名言的見聞覺知性（顯境名言），分別爲勝義之本住自性有而落入常見中，就是妄計牛有角法，以牛角意識心作爲中道心，皆非聖智之所行，以於有無法虛妄分別故。《楞伽經》中世尊極力破斥外道不知自心所現之妄計過失，斥諸常見外道計牛有角爲眞實，乃墮於非因計因之無因過中；然應成派中觀強詞奪理而曲解《楞伽經》之經義，將「**一切分別唯自心現，所分別非眞實外境**」，曲解成「**外境非自性有、破外境不是經義**」，所暗藏之意乃不許《楞伽經》中之佛語爲了義說；因爲彼等執以意識爲佛法宗旨者，實不能思議如何是不與外境同起滅之不動轉心、眞實心，亦不能思議如何是運行時不以外境爲所緣緣之心行卻能生現六塵境之心；彼等唯一能做的就是否定或曲解經義，將之貶爲不了義而教導大眾與他們一樣輕忽之。

月稱、宗喀巴等人愚昧於一切法，愚昧於自心如來之現量，以意識心不離六塵之身覺境界虛妄想，誤以爲意識心及眼等五識所緣所觸六塵皆是眞實外境，誤以爲物質色法四大種極微的種種差別分位，皆爲六識心之所緣緣，因此主張一一極微是有實體之法，因此而說四大極微所聚集而有之外境（物質色法及山河大地等）非自性有。倘若如其所說，四大極微爲眼等識所緣，則應眼識執受眼根、耳識執受耳根、鼻識執受鼻根、舌識執受舌根、身識執受身根；則生盲者眼根應爛壞，眼識不現前故；聾啞者耳根應爛壞，耳識不現前故；亦應眠熟後五色根全部爛壞，前五識已全部中斷故；而應成派中觀如是見解，已明顯全違現象法界之現量，有智者聞之，即知其謬。

而於《攝大乘論》中亦已破斥彼說，證明眼等五識無有堪能執受眼等根色，執受五根身者實爲入胎識如來藏阿賴耶識（異熟識）。倘若四大極微能爲眼等識所緣，即是說眼等諸識都具有大種性自性，故能執持五色根，則眼識亦應能緣聲塵之四大極微、香塵之四大極微乃至觸塵之四大極微，四大極微無差別性故，亦不應有眼識、耳識等差別自性；而法界運行軌則卻非如是，眼等識僅能了別自境、唯了別自相色塵境界故。倘若四大極微爲眼等識所緣，吾人應不得頓取色等五塵相，因爲眼等識唯有一剎那之了別性，意識應不能緣於眼識之境界，吾人應不識顯色、形色、表色等，故四大極微非眼等識之所緣。眼等識所分別之境界皆是自心如來藉五根攝取外塵境後頓現之內六塵，並非四大極微所現之外六塵；此由自心如來所變現之內六塵才是眼等識所觸所緣所分別者；由六識心之現前運行而言，外境實非有，唯是自心如來之現量，這才是世尊於《楞伽經》中所說無能取所取之法無我眞實義。

極微既非眼等六識之所緣境界，亦非有實體之法，極微乃是色法之最小化，世間所發現物質組成之最小粒子，質子、中子、輕子、J粒子、夸克等等，都仍不是眞實極微，未來將還會有更小粒子不斷地被科學家發現，因爲極微是經由分別而假立之法故；然而未來假使已有最終的極微被證實了，依舊只是物質之最小化；依凡夫而言，極微是常住不變的，但依菩薩所見，極微只是共業有情的自心如來共同變現的，仍非常住法。彌勒菩薩於《瑜伽師地論》卷三中對極微所作之開示是這樣的：【復次，於色聚中，曾無極微生；若從自種生時，唯聚集生，或細或中或大。又非極微集成色聚，但由覺慧分析諸色極量邊際，分別假立以爲極微。又色聚亦有方分，極微亦有方分，然色聚有分非極微，何以故？由極微即是分，此是聚色所有，非極微復有餘極微，是故極微非有分。】

略釋論文如下：「由四大所聚集之物質色法中，未曾有極微之出生；五根等色蘊從自心種子出生時，都只是由如來藏聚集四大而出生的（不是由如來藏在母胎中出生四大），所出生的色蘊或者是細小之身形，或者是中等身形、大身身形。又五根等色蘊並非由極微自身聚集而成，其實是由如來藏的大種自性功能才能聚合成爲色蘊，而且所謂極微亦僅是由於一切種智中，能覺察之智慧分析諸色組成粒子之極限，由此觀察分別而將此所分析之極限粒子假立爲極微。又五根等色蘊各自有其形態與處所，而極微亦有其形態與處所，但是五根等色蘊之形態並非全部都只是極微之形態，爲什麼呢？因爲極微本身即是一種物質形態，該形態是由如來藏大種自性的聚集物質功能所擁有的（是由如來藏的大種自性所出生的），並非極微之中更有極微而分析不盡，因此極微並非有情色蘊或物質之實相，極微並非有自己眞實不壞的實體存在（是由如來藏的大種自性而有的）。」

當科學家發現物質是由原子組成，當時以爲原子應該就是極微（構成物質之最小單位或粒子）；然而後來發覺原子又是由核子與電子組成，再細分時又發覺還有更細的質子與中子，以爲質子與中子可能是極微了；後來又發現質子與中子都是由夸克所組成，看來夸克可能是極微了，但物理學家始終不敢確定已經發現到的就是極微，還是繼續再尋找更微細的物質分子。事實上不論科學家如何研究，最後還是會有錯誤，因爲離自心如來藏而尋極微，是不可能有最邊際極微可以找到的；縱使有一天眞的找到極微物質了，還是不能了知極微物質從何所來？滅向何處？因爲極微其實是由所有有情如來藏的大種自性中共同變生出來的，極微本身並無自性，只能由如來藏所生滅。諸佛由一切種智而了知這個實相，才能窮盡物性；八地菩薩由於實證這個極微物性，才能於相、於土自在而變生魚米等物利樂有情。物質既然是由極微所組成的，極微中若又有極微，則該極微就不應是極微；所以極微有各種不同層次的差別，而由有情的如來藏基於別業、共業而有種種變相，所以有各種差別的物質存在人間，分析無盡。因此，極微純粹是由佛陀一切種智覺察分析物質之質量過程中，以其最究竟之智慧覺察而分別假立，然後爲菩薩們宣說。現代科學家所覺察到之最小粒子，仍非最小粒子，仍是由四大所聚集而有；而四大有各種不同層次的變相，是由眾生如來藏的別業與共業而不斷轉變的，並非一成不變；而一切色聚並非由不可再分析之實體極微所組成，而是由別業、共業有情的如來藏各自感應引生種種四大極微而組成故。

但應成派中觀之月稱、宗喀巴等主張一一極微都有其實體被眼識等所緣，不知極微其實是如來藏的大種性自性所變生及時時變異，故於此法落於牛有角想中，亦是彌勒菩薩所破斥之四大極微外道之朋黨；不能如實了知唯心所現之心體，是眞實可證之自心如來藏，而於否定實有如來藏阿賴耶識以後，住於意識心之我見中，妄想將自心如來藏之境界套用、移轉於意識心中，然後以其錯謬知見而諍論於外境之有無，如此謬見亦早被世尊所預斥了。譬如《大乘入楞伽經》卷三中記載：【佛言：「大慧！我了諸法唯心所現，無能取所取。說此有故彼有，非是無因及因緣過失。大慧！若不了諸法唯心所現，計有能取及以所取，執著外境若有若無，彼有是過，非我所說。」】

應成派中觀所立之宗旨，完全屬於意識心妄想境界，不了諸法唯心所現之心即是如來藏。意識從來只能了別六塵，無法與色法物質接觸，能出生陰界入之本來常住自性清淨心如來藏阿賴耶識（異熟識），才是物質的根源；祂擁有大種性自性功能，能變生三界中的四大極微，能觸、能持各種四大，故說諸法唯心所現，故說三界唯心、萬法唯識；祂變生一切法，所變包含宇宙中之四大極微；然後入胎而從母體中攝取四大極微變生色陰，再由所生的意根、意識來執取所生的種種有色無色境界。但應成派中觀完全不懂此理，爲了無法實證第八識如來藏而否定了此理，亦將永遠無法實證此理，於是只能在現象界的五蘊法上用心，在唯恐墮入斷滅境界的思惟中，雖然處處主張一切法無自體性空；卻又全然違背自己所主張一切法緣起性空非眞實有之法則，反於緣起諸有法中計著緣起性空之無法爲眞實究竟，墮於兔無角論中；然後再計著性空唯名非眞實法中的六識見聞覺知性功能作爲本住法性，又成爲執著兔角牛角實有者，正是世尊所訶斥之計有能取與所取者，成爲經中所說執著於外境若有若無者，墮於無因之過失中，以及無因有緣、因果不能相稱之過失中。故應成派中觀主張性空唯名而有作用是勝義有，皆屬兔無角與牛有角之虛妄想像展轉計著，如是雙計雙執而違背正理，亦違背聖教；其謗破唯識及非毀方廣經典之舉，僅是爲遮掩其不可救護之過失而作的手段罷了！

第三節　應成派中觀主張依他起自性實有

世尊說不了諸法唯心所現者，以其能取六塵諸法之意識心，於所取見聞覺知諸法中計著有無，以爲能覺知性是不可毀壞之實有，以爲將此本質俱有無常性的能覺能知之識陰認定爲不生不滅之法，意識心的覺知性就可以成爲不可毀壞之空性，但都屬於妄想計著；如是將因緣所生、非眞實法之三界有法識陰之知覺性，虛妄觀察而計著有無者，就是計有能取與所取者。識陰六識之知覺性，於心中無言語文字之際了知六塵之時，即已是取六塵相了，因爲取六塵相就是六識心所相應的「想」心所法的功能，故了知六塵時即是已取六塵相。而應成派中觀師不覺不知如是境界已是取塵之境界，自以爲離開語言妄想時已離所取；然而識陰六識了知六塵時其實已是取六塵了，此時之了知即是能取之心，故能了知六塵境界；依此事實衡之於應成派中觀師之所謂離能取所取，仍然墮在二取之中，但他們對此全無警覺而繼續寫書流通誤導眾生。

落在六識論中的應成派中觀諸傳承者，正是世尊所訶斥之計有能取與所取者；而他們認爲已離二取意識心自身之識性及與五識俱之見聞覺知性，都是三界中之有法，隨因緣和合而生，現行運作時皆是有所緣、有所作、有所得，非本來自在，亦必須依根塵觸等三法而生，都必須緣於六根六塵之法才能存在；既是必須從眾緣而生之體性，就是依他起自性；依他起性之六識心即非本住法、常住法，當知絕非實相法。五蘊、十二處、十八界等事相皆是依他起自性所攝，若是計著於依他起自性所攝之法爲眞實本住法者，就是我見我執二事之根源，不知不覺依他起性之虛妄而執以爲實的人，即是墮於遍計所執自性中；如是計有能取與所取之意識心及見聞覺知性常住不壞，妄認爲已離二取，即是遍計所執自性之具體顯現。天竺佛護以來之應成派中觀所有傳承者，都落入六識論中誤認爲實，皆是墮於遍計所執自性中，計著意識心常住、外境實有；亦計有極微實體常住，不知極微亦是自心如來藏所生，實質上就是執著依他起自性實有而不斷輪迴於生死苦之凡夫。繼承佛護六識論應成派中觀的月稱論師，亦明白地說彼等之宗旨就是認取依他起自性實有，今舉月稱及宗喀巴之自白如下：【是故依他起自性，是假有法所依因，無外所取而生起，實有及非戲論境。此依他起性，定應許是有自性，以是執有異體能取所取假有法等一切分別網之因故。如以繩因緣誤以爲蛇，無繩爲依，則必不生；及以地等因緣誤以爲瓶等，無地等爲依，於虛空中亦必不生。如是既無外境，誤認青等爲外境之分別，爲以何等亂事爲因。故定應許現似異體二取之不淨依他起，爲誤認外境分別之因。以彼所依是雜染清淨繫縛解脱之因故。】[3]

依月稱與宗喀巴之意，蘊處界事就是繩；倘若無有此蘊處界繩之因緣，就不會誤將繩分別爲蛇；也就是虛假不實之我都是依於蘊處界繩所產生之分別，因此而有不淨與虛假之蛇我、能取與所取之蛇我所，而蘊處界自身則是實有法、本住法、常住法。彼等認爲，將此蛇我（有妄想雜念的覺知心）誤以爲是能分別外境、取外境者，就是雜染法、繫縛法；若能於蘊處界繩不分別蛇我（覺知心保持在離妄想雜念的境界中），了知妄想雜念中的覺知心計著於自我時即是於繩上計蛇、計有蛇我，此時住於離念靈知之中，即無有蛇我以及蛇我之自性，就是蛇我緣起性空、無自性空、蛇我性空唯名；又於不分別蛇我之時，長時持續之明了意識能夠覺知身觸受樂之作用即爲本住法性，又即是清淨之依他起自性，如此就是彼等依於依他起自性所得之清淨法與解脫法。因此，彼等認爲蛇我虛假之能取與所取是染污與繫縛之因，此蛇我不是眞實能夠分別外境、取外境者，若證得眞實能夠分別外境、取外境之能取與所取（以離念靈知住於雙身法樂觸中——樂空雙運、樂空不二），就是證得常住之本住法，如是妄想意識我能緣一一極微之能取與所取是清淨與解脫之因。這是違背佛說而直接認定蘊處界是常住法，只有妄想才是虛妄法，如此才能與他們的雙身法樂空雙運即身成佛之道相契合。

對於完全曲解佛意、誤會佛法之應成派中觀來說，即使是最基本之二乘解脫道斷我見之法義內容，彼等亦是全無所知，其自宗所言一向皆與四阿含所說完全相悖，卻猶藉大乘法（義）中諸多實證名相來粉飾其凡夫心與外道見之邪論；於處處皆是過失之立論中，其違背正理、違背聖教之言論隨處可得。由於應成派中觀之宗旨主張五蘊不是我見之所緣，意識微細我才是我見之所緣，以證得意識明瞭分微細我為其標的，因此彼等說以繩為因誤計為蛇，實際上於彼等心中之繩仍然是意識覺知性，仍屬三乘佛法中所說之蛇；對於如何是蘊處界繩、蛇等事全無知見，因此彼等對於世尊所說四部阿含解脫道之內容，一向予以忽略乃至輕視，從來不談論四阿含解脫道之法義。又彼等倘若仔細閱讀思惟阿含中滅盡蘊處界之解脫道法，則將發覺自宗法義已不攻自壞，故一向拒絕解說四阿含解脫道之法義，以迴避應成派中觀及雙身法墮於我所、我見、常見、斷見之過失；因為彼等認為是常住法、本住法的意識心，在阿含中已被清楚判攝為蘊處界中之生滅法，任何人只要先閱讀阿含之後再經由正見、正思惟觀察，即不可能將意法為緣所生之意識排除於五蘊之外，即無法認定意識爲本住法故。

應成派中觀認爲去除蛇我之不淨能取與所取，其意識繩我之能取與所取即是清淨法及解脫之所依，正是將諸佛世尊所宣說之解脫道法推向我見、邪見、惡見中使之失壞者。於《大乘入楞伽經》中世尊已說諸法唯心所現，無能取與所取，此處乃是從自心如來本來離見聞覺知性亦無見聞覺知者之清淨法無我體性，而說無能取與所取，正是親證自心如來之菩薩轉依而修無生法忍除遍計所執性我執之行門；然而二乘所修之解脫道亦不能違背無能取與所取之本來涅槃法體，否則一切解脫法道所證涅槃境界皆將成爲依緣修成之生滅法；若二乘涅槃是外於大乘第八識本來涅槃而另有涅槃境界，則違背於常住法之本來解脫、本來涅槃體性，即非無二之聖道，而是有二之斷見或常見戲論，屬於藉緣修成之有生法故。

假如應成派中觀之立論是正確的，則世尊於阿含諸經中多處宣說滅盡蘊處界是涅槃、得解脫，將成爲戲論；因爲應成派中觀主張的依他起自性離念靈知若是常住的眞實法性，則蘊處界諸事應該都是眞實法、本住法，不是有生之法，則應本是涅槃而不必修行了，也應該一切人類都已住在涅槃中，亦應五蘊是從來都無生死的，而現見不然。若是應將彼等主張為眞實法的五蘊加以滅盡才是解脫，依其否定第七、八識的前提，則佛法即成為斷滅論，而外道勝論學派之冥諦與覺諦我則應該是常住法，佛陀所說四阿含則應成為戲論法。實質上，佛法是眞實可修證而致解脫乃至成佛者，六師外道或六十二外道見，皆已遭世尊所破，因為都是墮於無因及因緣不相稱諸過失中，十方諸佛菩薩與三藏十二部經皆可為證。故應成派中觀主張依他起自性（六識離念時之見聞知覺性）實有，是自性見外道之見解，未斷我見與自性見，這是最明顯之證據。

蘊處界法皆是能取與所取所攝，於蘊處界法妄生分別而執為實我，計著執取與我相應之諸多六塵見聞覺知貪愛欲想，以現世能取之我與我所取諸法為緣，造作善惡諸行而成就後世之我與我所二取習氣種子，因此而生生不息輪迴於六道，不得解脫生死苦。於四阿含中，世尊教導二乘修證解脫道，所宣說者皆是要滅盡三界貪愛，滅盡五蘊、十二處、十八界，使後有五蘊不再出生、眾苦不再相續，才是寂靜涅槃解脫；但應成派中觀卻教人要繼續保有五蘊及其見聞知覺性，此乃是教導眾生繼續保有我見、我執而不斷輪迴生死，繼續受苦。

輪迴生死是苦，能盡生死之苦者才是解脫，若不能盡生死苦，即無解脫可言；依他起自性之蘊處界事，若是實有而非戲論境，則三界一切凡夫眾生即不應有生有死而有眾苦，眞實法應是常樂我淨而永無無常、苦、空、無我性故。茲再舉示世尊於阿含中之聖教，俾使應成派中觀之徒眾能棄捨邪見：

如是我聞。一時，佛住迦毘羅衛國尼拘律園中。時，有縈髻波羅豆婆遮婆羅門來詣佛所，而前問訊，相慰勞已，退坐一面而說偈言：「身外縈髻者，是但名縈髻；內心縈髻者，是結縛眾生。我今問瞿曇，如此縈髻者，云何作方便，於何斷縈髻？」

爾時，世尊說偈答言：「眼耳及與鼻，舌身意入處，於彼名及色，滅盡令無餘；諸識永滅者，於彼斷縈髻。」佛說此經已，縈髻婆羅豆婆遮婆羅門聞佛所說，歡喜隨喜，從座起去。[4]

略釋上舉經文如下：「如是我聞。一時，佛住於迦毘羅衛國尼拘律園中。當時，有一位盤繞髮髻之婆羅門來謁見世尊，在世尊面前問訊起居安利，並與世尊互相慰勞以後，退坐一邊，即以偈頌請問世尊：『身外盤繞髮髻者，僅是稱其爲縈髻；而於內心受到煩惱縈髻纏繞者，是被這個煩惱縈髻所繫縛之眾生。我現在請問瞿曇（世尊出家前的俗名），這樣被煩惱縈髻纏繞的人，應該以什麼樣的方便，於什麼處所來斷除這個煩惱縈髻的纏縛？』

當時，世尊以說偈而答之：『眼耳鼻舌身意六入處，於生受想行識四蘊及色蘊，完全滅盡而令無餘絲毫存在；這個意根與識陰六識永滅之處，你應該於彼處斷除生死煩惱之縈髻纏縛。』

世尊說此經已，縈髻婆羅豆婆遮婆羅門聽聞世尊所說之法，歡喜隨喜從座起去。」

倘若依他起自性的識陰六識知覺性是眞實法，是無戲論境，則世尊此段開示即成爲籠罩外道之戲論了；因爲眞實法是不可滅盡的，可滅盡者則非眞實法，故依他起性的識陰六識的知覺性都是應滅之法，滅了這六識心而永遠都不會再生起了，才是解脫之處；但應成派中觀卻公然違反世尊的聖教，公然與世尊唱反調，極力主張識陰六識常住不壞。繫縛著眾生不能出離三界之煩惱結，就是輪迴生死眾苦之原因，婆羅門問世尊應於什麼處斷此煩惱結，世尊說應於六入處滅盡，才能得解脫；滅六入處，即是滅除六根、六塵與六識，若無這十八界，六入就滅盡了，就成爲無餘涅槃，不再有生死眾苦。由此觀察，則所應滅盡者，有於五蘊分別爲我之見解心行、緣於我見而於五蘊執爲我所諸行、緣於我與我所而生之貪瞋癡諸行；特別是意識覺知心自我，以及於六入處之粗、細、極微細見聞覺知性，都是要滅盡的；也就是必須要滅盡我與我所之貪愛而無絲毫想念的。於六入處滅盡對六塵之見聞覺知性的貪愛，亦滅盡見聞覺知所領受的六塵，如是滅盡見聞覺知性自我之能取與所取的見聞覺知性及六塵，要從滅盡六識之貪愛長養而使六識後有種子現行永滅之處來修斷；六識後有種子現行之動力永滅，則後有名色不生，六入永滅，觸、受、愛、取、有、生、老病死一切永盡，即是無餘涅槃、眞實解脫，這才是阿含聖教所說。

反觀六識論的應成派中觀所說，以五蘊離名言而認定爲常住法，是聲聞部派佛教以後的佛護年代才創立的新見解，只是凡夫之邪見，處處違背聖教與理證。名色五蘊、六入（譬如應成派中觀師的樂空雙運、樂空不二中的離念靈知與樂觸覺受）等法，皆屬依他起自性所攝，必須依意根及有生之五色根、六塵、六識爲緣，才能存在，連同這些所依所緣之法同屬可滅盡之法；可滅盡者即非眞實常住之法，是眾緣聚合而有之法，將來年老或遇意外而死亡時，必將因爲眾緣之散壞而成空無，因此依他起自性乃是無自性之法；但應成派中觀於喧嚷著一切法無絲毫自性之同時，妄想著一切法緣起性空即是究竟空性，由於我見未斷而又否定常住如來藏的緣故，心中恐怖墮於斷滅，因此又反過來認取意識心爲常住法，妄認爲意識心是五蘊及諸法的所依，再以與意識心不能切割之見聞覺知性作爲實有之自性。這樣以己之矛攻己之盾的說法，正是未斷我見者依於牛有角現象界的生滅法而將虛妄想像的兔無角計著爲眞實法，再以自己妄想建立之兔無角「**眞實法**」而轉計牛角（色蘊及意識等六識）爲常住法、本住法，本質上全屬邪見妄想。

倘若依他起自性的意識是實有之法，則依他起自性之意識應即是能生法，應是一切所生法之因；若依應成派中觀的見解，人眼、眼識所造作之一切皆應是以人眼、眼識爲因，則以人眼、眼識爲因所得之果必爲人眼與眼識境界；若以人眼、眼識造業以後，有往生至畜生道、餓鬼道等非人道者，彼等亦應報得人眼、眼識；如是推之，以人五根爲因所造作所得應皆爲人五根之果，則一切因果皆屬無差別，失去善惡業所應得之因果律，違背法界因果業報之現實定律。依他起自性之法皆非諸法之眞實因，落入龍樹所破的共生、自生、無因生三種邪見中。依他起自性諸法都是眾緣聚合之法、無常之法，都屬可滅之法，故應成派中觀主張依他起自性實有，乃是無因論外道所主張之外道法，墮於我見之中，故彼所主張「依他起自性實有」之過失不勝枚舉。

第四節　應成派中觀主張僅有六識，無七、八識

由於六識之現行可經由修斷我執而永滅，未斷我見而否定第八識涅槃本際者，甫聞四阿含諸經解脫道中說應滅盡五蘊六識六入時，必定會恐怖墮於斷滅；是以恐怖墮於斷滅空之應成派中觀師，必然極其畢生之力守護著意識覺知心自我，不願意捨棄執取意識爲實有之邪見，則其能取與所取之二取習氣就永難斷滅而日益增長牢固。始從天竺佛護開始的所有應成派中觀諸傳承者，皆源自這樣的心態與背景，因此除了六識心以外，不容許於六識以外別有第七識意根末那識及第八識阿賴耶識實有；因爲若承認有第七識與第八識存在，則彼等依六識論所立論之解脫與般若都要失壞，尚有染污之我執識末那識意根尚未對治，如何能得解脫？尚有般若中道心阿賴耶識未證，大乘般若如何能自稱已經實證？一切種智又如何能實修成滿？而彼等又如何能依

雙身法的六識境界而宣稱已成佛道？

意識等六識都是藉六根與六塵爲緣才能出生的有生有滅法，意識既非眞實心，則六識論若依世尊開示的解脫道正理而滅盡時即同於斷滅法，則彼等以意識爲中心之男女和合所修樂空雙運之即身成佛行門，便再也無有立足之地。因此，應成派中觀極力推崇六識論，不承認四阿含諸經說的解脫道是正法，自始至終拒絕稍微加以談論；並否定如來藏阿賴耶識及染污意根末那識之存在，對於世尊宣說八識妙法之三乘諸經，皆以不了義而輕毀之。彼等欲否定如來藏阿賴耶識之所有立論，皆已於本書先前諸章節中揭露，證實應成派中觀確實爲無因論、外道自性見，如是本質已可確定；而其說法前後自相矛盾、進退失據，且已是落入不攻自破的敗闕之中。

對於第七識意根，彼等認爲僅是他宗安立阿賴耶識所產生者。但三乘諸經中，或已顯說或已密說（詳見《阿含正義》全七輯之舉證）八識心王諸法；過去二千多年諸賢聖也多有實證，亦記載於諸論著中；並由實證阿賴耶識之現代賢聖現前所觀之理證中，都已證明若無阿賴耶識則末那識亦無，若無末那識意根則六識俱不能生起及存在；然應成派古今所有中觀師，對此自宗法義之大漏洞竟然沒有任何申論及交代，就用違背正理、自相矛盾之方式，如是極力破斥他宗正確的法義，完全違反破他宗可顯自宗之立論軌則，這又呈現其**應成**派中觀所有道理皆**不應成**之另一面向。

一、必有意根

對於是否有意根，宗喀巴這麼說：【又彼經（案：《解深密經》）說阿陀那識等八識品，謂離六轉識外別有阿賴耶識。此宗說彼亦非了義。即無阿賴耶識，則亦不能安立染污意也。】[5]

月稱、宗喀巴等不能辨解爲何不能安立染污意根末那識，此處筆者卻應如實申論爲何必有意根末那識，以顯不可摧破之正理，證實法界實相如來藏心，乃是貫穿世間法、出世間法及世出世間法者。首先從世間法的角度來說，若無意根存在，則意識除了分別了知以外，亦應是處處作主之心；既然是能處處作主，則應能作主於專心讀書或者能在作事時全然不打妄想，或者盤腿打坐時不需任何加行即能在作主想要專注一緣不生妄想時，即可一心入定不打妄想；或者工作忙碌者於深夜仍需工作而身體疲憊時，也可以作主不打瞌睡、不打呵欠，亦應能作主隨時可以憶起任一已曾經歷之事件……等。然而現前可以自我觀察，讀書或作事時，眼到、手到、心不到的情況隨處可見；盤腿上座時不想打妄想卻又妄念紛飛，所以才必須用數息觀六妙門等方法來辛苦的調心而又常常不能成功；深夜時強打精神工作卻呵欠連連甚至打瞌睡而無法作主；讀書時很想作主能夠過目不忘卻不可得；或者想作主忘卻悲傷、驚恐、厭惡之事，竟亦不可得，時時被哀傷痛苦所籠罩。倘若能分別之意識心亦是作主者，乃至是持種者，然從世間法種種事相體驗之、觀察之，即可發現能分別、了知、思考及想像之覺知心，實際上確實作不了主，則知必定另有一非意識心所能掌控之作主者；其作決定之模式，或者依據往世習氣種子而行，或依此世所熏之習氣種子而行；甚至意識心都難以了知即將發生之事，而意根竟往往能洞燭機先，非意識之所能知、所能作；此處處作主、洞燭機先者就是意識生起之所依心——意根末那識，由此可以證明其確實存在；然持種之心仍非此處處作主之意根，更非意識心，而是金剛不壞之心——入胎識阿賴耶識。

從世間睡眠之法亦可檢驗必有意根，倘若意識心是作主之心，則有情應無睡眠之法，亦應永無悶絕者，能作主者必定是時時不間斷之心故，亦不可離開本位方可立即作主故。分別了知性乃是意識之識性，有情於夜晚臥躺欲睡，一整夜中若一直有了知性存在，即表示意識仍然現前，則有情即稱爲失眠；必有失去了知性無所覺知之眠熟無夢無意識心之無心位，有情才能獲得睡眠。既然現實生活中有睡眠中意識心不現前之無心位，若意識亦是作主之心，則眠熟位意識已斷滅時，即不能作主再現前而醒過來，亦不能作主在睡眠過程中生起夢境而作夢，則一切有情睡著以後皆應死亡，或都應如童話故事中的睡美人一樣永遠醒不過來。一切欲界有情睡眠之法，皆可證明睡著以後不等於死亡，而眠熟時是無意識存在的，故意識心不是作主之心；而眠熟時有情仍不會死亡，已足以證明確實有另一作主之意根存在著。受到意外傷害而悶絕昏迷不醒者，亦是同樣道理，不是由意識心作主而故意昏迷，乃是由意根作主而悶絕；悶絕後亦非由意識心不滅而作主醒來，悶絕時意識心若仍繼續存在者，即必定有了知性而非悶絕，即不可稱爲悶絕昏迷故。因此，於無心位中必定另有一作主之心每一剎那皆不離於本位，時時作主不斷，此心即是意根末那識；但無心位中，仍然不是由意根末那識持身使不爛壞，另有一持種之心執持五根身使之不壞，亦是意識再度生起現前運作之根本因，此持種之心就是第八識阿賴耶識、阿陀那識。

從五蘊生滅因果相續中，亦可證明必有意根。倘若意識心是作主之心，亦是入胎結生相續之識，則意識心即不可攝爲識蘊之法，而實際上意識乃是一期生滅五蘊中識蘊所攝之法，五色根一旦敗壞，或阿賴耶識因爲壽盡而離身時，六識即不能依之而在色身中生起，六識相應之受想行蘊亦隨之消失，何況六識所攝之意識而能繼續存在不滅？若意識心非識蘊所攝，則違背世尊所說初入胎位中尚無意識時，識緣名色、名色緣識中「識」與「名」之正理，亦違背往生者於正死位無意識心覺知性之現象，由此證明確有意根存在。意識心若是能作主之心、若是持種之心、若是入胎出生名色之識，則意識心應可作主捨棄惡業果報種子，作主免受殘障之身，能了知產生色身之所有過程，亦應能作主不受三惡道之果報，則世間應永無入三惡道之有情；亦應一切有情永無胎昧之法，應是一切有情之意識心皆可分別、作主以及入胎；然事實則不然，非任由主張意識心爲本住法者之妄想而可得如是分別、作主與入胎之法性故。倘若無有作主之心意根，意識於身壞命終時必定隨著五根色身毀壞而滅，直到由如來藏所造的中陰身生起時才能在中陰身位再度生起，入胎後此世意識覺知性即告永滅。若說是由本識一切種子識作主而入胎，妄說此本識如來藏是作主之心，則本識必有我性與作主之心行，方得成就；若此說可以成立，則本識即非本來無我之眞如法性清淨心，故知有我性而能作主，則必定不是無覆無記性之本識如來藏，而應是有覆無記性之意根末那識故。

意識與眼等五識，有覆有記而隨著境界生滅，是能於其中分別之心；意根者，有覆無記而恆時作主，是不離本位之心；阿賴耶識者，無覆無記而不於六塵境界中分別與作主，故屬能持一切善惡種子而入胎之心；如是三類不同種類之心，對於實證般若之賢聖而言，乃法界中眞實存在之心；具足此三類心，有情方能在三界中存在及享樂、受苦、造作新業而輪迴生死。此乃大乘成佛之道所依止的一切種智增上佛法中，不可混淆籠統之八識心王差別功能；世尊於《解深密經》、《楞伽經》等經中，已爲修學種智、伏除法我執之開悟般若菩薩廣說此八識之差別體性；一切證悟般若者皆可眞實證知八識心王一一心之存在，非屬假名施設而不存在之唯名言法。玄奘菩薩於所造之《成唯識論》中，已廣爲論述與辨正八識差別體性之正理，證明實有七八二識，非由意識細分假名而說。今舉彌勒菩薩於《瑜伽師地論》中之開示，以幫助被應成派中觀所誤導者脫離邪見：

勝義道理建立差別，我今當說。云何名爲勝義道理建立差別？謂略有二識：一者阿賴耶識，二者轉識。阿賴耶識是所依，轉識是能依。此復七種，所謂眼識乃至意識，譬如水浪依止暴流，或如影像依止明鏡。如是名依勝義道理建立所依能依差別。

復次，此中諸識皆名心、意、識。若就最勝，阿賴耶識名心，何以故？由此識能集聚一切法種子故；於一切時緣執受境，緣不可知一類器境。末那名意，於一切時執我、我所及我慢等，思量爲性；餘識名識，謂於境界了別爲相。如是三種，有心位中，心、意、意識，於一切時俱有而轉；若眼識等轉識不起，彼若起時，應知彼增，俱有而轉；如是或時四識俱轉，乃至或時八識俱轉。[6]

略釋上舉論文如下：「由勝義道理而建立心之功能差別，我今當說。如何稱爲勝義道理所建立之功能差別？略說有二種識之差別：一者阿賴耶識，二者轉識。阿賴耶識是轉識現前、運行、功能差別之所依，轉識依止阿賴耶識現前運行，才能有種種了別之功能差別。轉識又有七種，也就是眼識乃至意識與意根等七識；七轉識必須依止阿賴耶識的運作才能夠運行，就好像浪花依止瀑流的水才能存在，或者如同影像必須依止明鏡才能顯現一般。這就是從依止最殊勝心的道理，而建立所依心阿賴耶識與能依心七轉識之差別。

又八識都能以心意識而稱名（譬如過去意識名心，未來意識名意，現在意識名識）。若就最殊勝、最能承擔之功能而言，阿賴耶識被稱爲心，爲什麼呢？因爲阿賴耶識能夠集聚及執藏蘊處界等一切法種子的緣故，所以稱爲心；又阿賴耶識於一切時從未間斷其所緣、所執受之種子與有根身，並且有不可知執受而能緣於不可知而難測之器世間，故稱爲心。末那識則被稱爲意，由於末那於一切時執一切相爲我與我所，並將諸識功能及五蘊全部作爲倚恃而生起我慢，而於所執處思量作主，是末那之體性；其餘六識則稱爲識，由於六識皆以緣於境界而了知分別作爲其行相的緣故（識即是了別故）。此三種識，於有心（有意識）位之分位中，阿賴耶識心、末那意以及意識等六識，這三類識於一切時皆可一起現前運轉，而眼識、耳識、鼻識、舌識、身識則有不生起現前之時，倘若此眼等五識生起現前時，應當知道是增數而與心、意、意識一起運轉；就這樣，或者一時有四個識一起運轉，乃至或者一時有八個識一起運轉。」

心、意、識名稱之使用，傳承聲聞小乘部派佛教之六識論者，其所認知之範圍都不能離於五根六塵六識，故彼等即以意識而函蓋心、意、識三名，而以過去之意識稱為心，未來之意識稱為意，現在之了知分別稱為識，不承認另有作主思量之心——意根末那識。換句話說，若依聲聞部派佛教的凡夫論師們所認知的識來區分，總共只有六識，而且心、意、識都是指意識心。然而，阿含佛語分明：「**意法因緣意識生，所以者何？諸所有意識，彼一切皆意法因緣生故。**」[7] 意識只是秉承意根的思量而在意根觸法塵的地方生起，既是秉承意根的作意才會生起、才能存在的心，當然要由意根來思量（作主），意識只能作分別與了知等，不能思量作主。倘若過去之心稱為意，而意之作用是思量，則現前識之分別了知應無思量作主功能可用，則一切有情識別六塵時應都不會作主而取或離，現前無意可思量故，已過去心意之思量不住於現在故。吾人亦可檢驗，於五塵之分別了知中，當下皆可於所緣境思量作主而進行取捨，未曾有失去作主之時，可見意一定在當下確實存在著，是與能分別的意識同時同處之另一心。

《瑜伽師地論》中彌勒菩薩亦開示說：於有心位中，心、意、意識於一切時俱有而轉，並非單以意識之過去現在未來之三時施設而建立差別，而是總說八識心王的三種類別：第八識名心、意根名意、六識名識。依聲聞部派佛教凡夫論師六識論的說法，亦有人說前剎那意識是意，當前剎那意識爲識；或是較爲準確的說法：前剎那爲心，後剎那爲識，後後剎那爲意。但是不論是何種說法，都還是有過失；譬如能緣於境界取相分別之意識心，與一切時將意識分別境界之行相執爲我，並於意識所分別之內容時時作主之末那識，倘若不是有兩個心同時同境運作，而是同一個意識心分爲一前一後的差別，則了別境界的前剎那意識已滅，不與後剎那意識同一境，如何得以計著後剎那意識及其所緣之內容？更何況能作思量取捨？又前者已滅，如何能執後者並於後者之境界相中思量作主？故已滅之意識無有堪能成爲能思量之意，現前之意識亦僅是取境界相分別了知而非同時有思量之作用，行相不同故。故若稱已滅之意識爲能思量之意，而不承認同時另有具思量性之意根於意識生起現前分別了知境界相時俱有而轉，則不能成就心意識俱有而轉之意；故聲聞聖人同以一意識之三時區分為心、意、識的說法，有其過失，在現量與比量上都不能成立。依當來下生彌勒尊佛的聖教，是以八識心王分為心、意、識等三類，三類可以俱有而轉，即表示各各皆有其攝受之因，如同眼根之於眼識、意根之於意識一般同時同處俱有而運轉；若非如此，即有違背現量法界表相之過失，亦使意識不必依止意根而不符六識依六根生起及運作的現象界實況，亦有違背諸佛世尊與彌勒菩薩聖教之過失。

眼等五識乃是依止眼等五根而轉，一切大小乘學人皆無庸置疑；意識與眼等五識皆屬識蘊所攝，世尊亦說識蘊中之六識身都是藉根塵觸三法和合方便所生；五識既然依止五根觸五塵而生而轉，同樣的意識亦是根塵觸三法和合所生者，當然要依意根運轉時的作意才能出生及運轉。世尊於阿含中說有六根，指的是眼根、耳根、鼻根、舌根、身根與意根，依止五根故五識身現起運轉，並非沒有五根；意識也是同樣道理，依止意根觸法塵故意識身現起運轉，所以世尊在解脫道的四阿含諸經中，處處宣說「意、法為緣生意識」的正理；因此意識存在之時非無意根同時同處，佛世二乘聖人都同意此說，只有到了部派佛教時期的聲聞凡夫論師們才不信此理，於是另行建立六識論，妄稱世尊在四阿含中不曾說有第七識、第八識。此等都只是凡夫妄想狡辯之說，今於平實導師的《阿含正義》共七輯中，已經明確舉證四阿含中多處密意說有八識心王，欲如實探究中觀者，可取作正理而參研之。

六根中之五根是色法，意根卻不是色法；倘若意根是色法，而意根又能有思量性、能生起我執、我所執及我慢，則五根亦應同有思量性、能生起我執等；但事實並非如此，色法只是段肉，並無心之作用，不應有思量（作主）之自性，故意根是心而不是色法；不應如應成派中觀印順法師一般，將意根說為大腦或腦神經。只有心才能與觸、作意、受、想、思相應，而有思量等之作用；有了思量等之作用，才能於所緣諸法生起我見、我愛、我癡、我慢等雜染執著；意根若是大腦、腦神經等色法，有情心識離開色身而死亡以後，大腦、腦神經應仍有思量作主之功能存在，則色身即不應死亡；但事實上並非如此，故知印順為了避開六識論少了十八界中一界的過失，而說意根是大腦、腦神經，仍不符正理而有過失。在否定第八識、第七識的前提下，他一定會進退失據，只有回歸世尊所說的八識心王和合運作的正理下，才不會進退失據。

正因為意根有了思量等之作用，才能根據意識之了別性而時時作主取捨諸法；也因爲意根對意識之如理作意而思量作主、加以取捨，才能修斷我見等雜染執著，故確實有意根與意識同時同處存在運作著，故意根是心而非色法。若意根是色法，世尊除了描述眼等五根之形狀外，亦應描述意根應有之形狀，而世尊未曾宣說意根有形狀。五根色法不離有見有對之範疇，但意根與六識心卻同樣都是不可見有對，故意根與六識心由於行相不同而總稱爲七轉識，是心非色。轉識的意思是說祂並不是恆住於一個永遠如如不動的體性當中，祂會依無明及業力而緣於境界動轉，因此就在三界有爲法中不斷地運轉，意根是攝在轉識範圍內，可見是心而非色法頭腦或腦神經；頭腦等只是被阿賴耶識及意根所運用的色法，自己不能運作，故不應認同應成派中觀師印順法師的說法。

意根或稱無間滅識，乃是就六識身之生起時同樣都以意根作爲等無間依而說，也是依意根自身種子前後剎那無間生滅卻又恆不中止而說。七轉識依止阿賴耶識之現行及其所含藏之七識種子而運轉，此所依者即是種子依，或稱爲因緣；六識依止六根而運轉，此所依之六根是六識之俱有依，或稱爲增上緣；而眼等六識身因意根恆行無間之作用而生起現行運作，此所依之意根乃是六識之等無間依，或稱爲等無間緣；六識身生起現行之所緣境界則稱爲所緣緣，即是六塵；如是諸緣中，若缺一緣，六識即不得生起、現行、運轉。由於有意根恆行無間的緣故，而意根亦由阿賴耶識所執藏之意根識種所流注，故有刹那生滅之行相，於意根運行無間刹那生滅之同時，隨其緣於法塵之作意，而有六識現起或不現起之種種差別。

六識之現起全都有待於意根之作意，六識之行相雖亦是刹那生滅，但非恆行無間，故六識不稱爲無間滅識。如同世尊於《楞嚴經》所說，意根能默容一切法，也就是能遍緣一切所知境，故就五根觸五塵之法相而言，意根於眼入處作意生起想要了別法塵之作意時即生起了別識，此了別識依於意根而稱爲意識；又隨著意識不能充分分別色塵之顯色等內容而作意生起另一了別之識，此識主要是依於眼根而運轉，故稱爲眼識；耳鼻舌身識之生起，亦如是可知。因此，六識乃是由於意根之遍緣一切所知境而隨著意根之作意而現起或暫斷；又由於眼識不於眼處之外現起、耳識不於耳處之外現起、乃至意識不於意處之外現起，以意根恆行無間的緣故，即稱爲六識身之無間滅識或無間滅依，並非前刹那已滅之六識自身可稱爲意，亦非後刹那尚未生起之六識自身可稱爲意，功能差別大不同故。

彌勒菩薩說依勝義道理，阿賴耶識與七轉識皆可以心、意、識而稱名，此中之眞義亦需如理思惟，以免如應成派中觀之六識論者，將意識之一分假想成意根以及阿賴耶識，然後據以否定實有之七、八二識，妄將本識阿賴耶識心體之勝義空性，曲解爲依五蘊假法而有之緣起性空，墮於無因論、斷滅論等邪見中，失壞十方諸佛之律法。如同上一段所申論，六識身之所以稱爲識者，乃是彼六識之功能專爲識別現前的現量境界之內容，而於所依根之差別故分別立名爲眼識、耳識、鼻識、舌識、身識、意識等名稱；「六識身」又以六識心體各自隨於意根無間滅識所相應，而有其六識各自不同之功能可以觸知，而以六識心體作爲六種了別功能生起依止之義，故說爲六識身。依此而說使六識之生起中間不被他識所阻斷而無間者爲意，或說六識以無間滅識爲意。例如於眼處相續生起之識必定都是眼識，不會有耳識或者鼻識於眼處現起而阻斷前後眼識之相續，如是成就眼識之功能，故稱爲眼識身。六識身於現行後所落謝之處必定爲六識種子，能持六識種子而受熏變易六識種子之心體則是阿賴耶識，故從持六識種子而不壞之阿賴耶識心體而言，久遠以來已滅之六識皆可稱爲心。

第七末那識稱爲意，即是聲聞法解脫道中所說的意根；一方面是因爲末那爲六識身生起之等無間依，另一方面是因爲雜染位之末那識，於一切時執著所遍緣之一切內外法爲我與我所，剎那剎那都具有思量作主之體性，故稱爲意。末那恆行無間又具思量性故，思量著欲了知所遍緣境界之內涵，故成爲眼等六個了境識生起之依止。也就是說，末那與意識俱或者末那與六識俱而於境界中了別，將其餘七識之功能據爲自內我，並將所了別之境界外執爲我所，即是意之行相。六識之染污是因爲依止於末那久遠劫以來之恆時遍計執性而生起，又因爲末那所具之我與我所執而使六識於所了別之境界中生顛倒想，而執取六識之了知爲眞實法，執取六識所了別之六塵境界爲眞實法，執著能分別與所分別爲我與我所，故而不斷熏習長養後有之六識種子，使後有名色不斷出生，此乃意根稱爲末那識之主要意涵。意根若稱爲心，與六識稱爲心是同樣的道理，皆是依一切種子識阿賴耶識心體而言，故久遠劫以來流注現行已滅之意根種子（有時不妨）亦可方便稱爲心。

意根之法乃屬菩薩修證一切種智之範疇，平實導師於《阿含正義—唯識學探源》第一輯中，以勝妙之種智廣爲現代學人演說意根掌控諸法之行相，其微細之種種作意，除了不可明說之密意以外，平實導師已將意根細說、廣說、妙說，證明世尊於三轉法輪所說之三乘菩提一切法義，乃是前後一致毫無矛盾，於阿含時期之佛法中即已經含攝唯識所闡述八識心王之法要了；今後對於六、七、八、九、十識的古人許多諍論，已經可以定於一尊了：一切人類同有八識心王，唯除殘障者缺緣故令六識中的某識不能現行。另再舉無著菩薩於《攝大乘論》中對於意根之申論，以證明心、意、識所彙歸並非單指意識，而是實有第七識意根——末那識：【此（阿賴耶識）亦名心，如世尊說心意識三，此中意有二種：第一與作等無間緣所依止性，無間滅識能與意識作生依止。第二染污意，與四煩惱恒共相應，一者薩迦耶見，二者我慢，三者我愛，四者無明，此即是識雜染所依，識復由彼第一依生第二雜染。了別境義故，等無間義故，思量義故，意成二種。】8

染污位之意根恆與我見、我慢、我愛、無明（我癡）相應，由於意根恆執一切所緣爲我與我所，依止於意根而生起、運轉之六識心，也因此而與我見等煩惱相應。倘若如應成派中觀師所說，沒有恆審思量之意根恆時現行，也沒有能持種受熏之阿賴耶識心體恆時存在，僅有六識；復以意識之明瞭分爲（能）持業種者，則就出世間法而言，應該於意識斷我見而獲得解脫道的見道智慧以後，即可如理思惟而立即捨棄一切我見與我執習氣煩惱；亦應無須陀洹、斯陀含、阿那含與阿羅漢等四果之差別，一見道就能立即捨棄不應執著之我執及我所執故。而事實不然，故許多人見道之後只得初果，尚不得二果證德，何況能立即成爲阿羅漢？

又，若無意根恆存，意識亦應是恆時擁有思量體性而處處作主者，意識若是持種者亦是能思量作主者，只要以意識自身之明瞭分來了知各類業種，即應能作主棄捨所持之染污種與惡業種子，然而事上與理證皆非如此，故應成派中觀說意識能作主、能持種，理不應成。

又倘若僅有六識，一切證得識自身之明瞭分（證自證分）者，不僅應能作主棄捨一切染污種，亦應於棄捨所有我見與我執煩惱習氣以後，立即轉識成智而四智圓滿立即成佛，應能隨意了知自心中的一切種子故，然而事實上不能如此。轉識成智者，世尊說成所作智由運轉五識而得，妙觀察智由運轉分別識意識而得，平等性智由運轉我見識也就是意根末那識而得，大圓鏡智由運轉無垢識也就是因地之阿賴耶識而得；若僅有六識，應只有妙觀察智與成所作智，則大圓鏡智與平等性智將無所對應之識可以運轉，四智即不得圓滿，則一切有情皆不能成佛。若無意根，我執煩惱與隨眠應隨著眠熟無夢時意識斷滅而滅，則六道有情只要進入眠熟無夢的狀態以後，即應成為無餘涅槃位，亦不可能再醒過來，無有我執成為六識現行之依止故，意識中斷後已成斷滅空故，諸法不得於空無之中無因而生故。

二、我執隨眠非與意識相繫屬

若僅有六識而無意根與如來藏阿賴耶識，則應無有解脫道與佛菩提道之差別，亦應阿羅漢即是佛；倘若阿羅漢是佛，則於佛世時不應有阿羅漢入無餘涅槃，於釋迦世尊座下證阿羅漢果者應皆擁有佛號與各自之佛國，阿含四部則應已有詳細記載；然吾人遍閱《大藏經》，此事卻不可得。故若是眞實佛法，不應主張僅有六識，以必有諸多可供責難之處，不能以正理貫通而圓滿故，由是故說應成派中觀的六識論，過失極多而不能成立。

若依應成派中觀所說第六意識是持種者、又是作主者、亦是能分別者，則聲聞行者一旦見道而斷我見時，必然皆能立即斷除我執，亦應能立即將全部染污種子加以檢視而丟棄，使一切見道者立即成爲阿羅漢，然現見不能全部如是；故應成派中觀依六識論而說之解脫道，理不得成。又於如是情況下，於聲聞見道而斷我見、我執時，亦應同時成佛，因爲不必實證第七、八識故，則意識應立即成爲純淨之無漏識，則佛所說大乘所知障之斷除及無生法忍的實證，亦將成爲戲論而不必修證，亦將使佛世尊、諸菩薩所說無量數劫之種種修道斷二種障成爲戲論。如是對於應成派中觀六識論過失之責難與質疑，早已存在著，並非筆者於此首次披露。舉示宗喀巴自己所記載他人之責難與回覆如下：【若爾見道無間道時，雖無見所斷煩惱，應有修所斷隨眠。爾時意識已成無漏，全無錯亂習氣所染。若謂隨眠寄彼體中不應道理，前五根識及色法，亦非彼隨眠之所依，復不許有阿賴耶識，故彼隨眠應無所依。答曰無過，爾時假我爲修所斷隨眠之所依故。……愚鈍如我，豈能自力答彼諸難。然依如實安立龍猛菩薩意趣之諸大車宗，故作是說。由此可知，成立阿賴耶識之諸餘道理，對於此宗皆不成難。諸具大慧、細慧、明利慧者，當善思擇。】9

宗喀巴倘若能夠安住於自己所認知之於佛法知見上的愚鈍，那麼就應該守於本分，不應依附佛法而自創佛法、毀損佛法、妄說佛法。凡具大慧、細慧、明利慧者，本就善於思擇，絕不容許月稱、宗喀巴等應成派中觀徒眾，如是以六識論緣起性空之假法挾帶著我見邪見而詆毀四阿含諸經及大乘諸經中的八識論佛法，進而誣謗諸佛世尊與彌勒、龍樹、無著、世親諸菩薩的法義為不究竟、不了義。由此邪說誣謗，故當他人質疑彼等：「若無阿賴耶識，則修道所斷之隨眠應無所依」，或質疑說「亦應無修道所斷之隨眠，見道位意識既成無漏，則不應再與任何煩惱或者習氣相應，才符合無漏之意涵」時，宗喀巴只能辯說還有假我存在能為隨眠之所依；然而其所說之假我，又是從五蘊以名言建立，認為不壞世俗諦的緣故，因此許依於五蘊之因緣而成立假我〔作者案：原文「此依諸蘊得成立」，出自宗喀巴著，法尊法師譯，《入中論善顯密義疏》卷十二，頁五，成都西部印務公司代印〕。如前所述，應成派中觀不許五蘊為我見之所緣，主張假立的細意識我才是我見之所緣；倘若依五蘊而立之假我，卻非我見之所緣，則我執等隨眠即不應與該假我有所繫屬，應當所有隨眠皆繫屬於所緣我見之細意識我，理才相稱而不乖違，顯然與宗喀巴自家所立宗旨自相矛盾而不能成立。

若假我僅是藉世俗言說而建立，此處又說有假我能成爲修所斷的我執隨眠之所依，則宗喀巴所主張緣於細意識我所生之我見，應當就是假我所立之源頭，亦即於繩計蛇之「蛇我」，則不應爲狡辯或者爲依附於經中之聖教而另許一個依於五蘊而立之假我，如是假我只是名言施設而非有法，不可能成爲修所斷煩惱的隨眠處故。故應成派中觀不許我見緣於五蘊而生，但卻許依於五蘊而立之假我成爲我執隨眠之所依，已然自相矛盾，何以故？眾生之所以爲眾生，乃是因爲不知五蘊身非眞實我，以顚倒想而於五蘊生起眞實有我之見解，因於此我見而於五欲覺觀中隱忍、貪愛、追求、造作，並引生常見、斷見、見取見、戒禁取見及邪見等諸惡見；佛亦說我見之所緣是五蘊自身——取五蘊假我爲眞實我，而不是依五蘊假立之名言假我，故知應成派中的六識論道理不得成立，不應名爲應成派。

有情於親近善知識攝取如是正知見以後，了知滅盡五蘊以後仍有無餘涅槃的本際常住不壞，此本際方是眞我；依如是正見而正觀本際與五蘊非我、不異我、不相在（非本際我、不異本際我、與本際我不相在），如是斷除我見以後，方能正知五蘊乃是假我，方名斷我見者。四阿含諸經中如是說，乃是八識論的五蘊緣起性空說，不是應成派的六識論五蘊緣起性空卻又執著五蘊不空而墮入雙身法中。

如今月稱、宗喀巴等人不能具足正知見，或因想要成就雙身法樂空雙運的大貪理論，故不能或不願承認五蘊乃是我見之所緣；其樂於安住五蘊假我所得雙身法樂空不二之本質，就是彼等貪愛受用五欲之凡夫心眞實相貌。樂空雙運永遠無法離開五蘊假我而存在，故月稱、宗喀巴等人必須於五蘊法中衍生而建立爲另一假我，說此假我才是應斷者，而說五蘊即是眞我，其雙身法樂空不二的即身成佛理論方能建立；然而如是即身成佛理論的六識論假佛法之建立，都不能外於五蘊的我所而成就，其即身成佛的自我與樂空境界之本質，都只是生滅不住的五蘊假我的我所；如是曲解佛法經義而弘傳其應成派中觀邪見，令同具我見之世間無智凡夫不覺矛盾，然而於佛法出世間之知見與修證上卻是大大的自相矛盾，此乃一切有心修學眞實佛法或純研究佛法者，皆應具眼善加思擇之處。

又應成派中觀主張另立之細意識我才是我見之所緣（作者案：應成派既主張依五蘊名言假立之我爲我見的所緣，又建立細意識爲我見之所緣，又增加一件自相矛盾之證據），卻不許我執隨眠與細意識我相繫屬，爲免除意識見道以後應成無漏之責難，另創依於五蘊而立之假我成爲隨眠之所依，亦顯現其論點之雜亂無章；此已顯示密宗應成派中觀之處處假立虛妄法，作爲三界中實有之煩惱隨眠所依；如是假立之法純屬名言而無實質，當知永遠不可能成爲修所斷煩惱之隨眠處；故應成派中觀建立實質上不存在之假我，作爲實質上存在之我執煩惱的隨眠處，理不應成。

綜觀應成派中觀的立論基礎，是建立五蘊爲常住不壞法，而非依佛所說滅盡五蘊而得解脫。因此，彼等若欲實證佛法者，皆應認清細意識亦是五蘊所含攝之法，而名言建立之假我徒有名言，並無實法功能，當知無法作爲我見之所緣；我見確實是緣於五蘊實有而產生，執著五蘊而不肯棄捨、不樂眞正的涅槃，即是我執，由此證明一切應成派中觀師都不能超越我見，當知更無可能超越我所執與我執。五蘊之一一蘊皆非常住不壞我，何況五種蘊之和合所成我？認清五蘊無眞實我，斷除緣於五蘊之眞實與有我之顚倒想，即是斷我見；如是眞斷我見者，必定反對雙身法的樂空雙運境界，樂空雙運是識陰境界故，是五蘊之我所故。如是，以斷除我見之見地深入細觀五蘊之細微處，了知意識之種種變相中的自我（欲界五塵中的離念靈知、雙身法中領受性高潮之離念靈知、四禪八定中的離念靈知）亦是五蘊假我所攝，但仍有意識所不能作主之我所執與意識我執同時存在，不能於見道之時一併斷除；亦有意根所相應之我執緣於假我五蘊而存在，必須從見道位中轉入修道位而深細地加以修斷證知；通達如是我見、我執、意識、意根相繫相屬之理，才能於佛法之解脫道上眞實修證而不墮戲論。但古今一切應成派中觀師，從來不此之圖，不遵佛語，總是以名言另行施設建立子虛烏有之名稱作為我見、我執等所緣，作為迴避過失之用，則將永遠外於眞實佛法而墮於想像所得之相似佛法中，永遠成為凡夫位的假名學佛人。

而彼等又宣稱細意識我即是意識之一分明瞭分，說此細意識我就是能夠持業種入胎結生相續者，意謂意識即是五蘊及萬法的根源。彼等既然是以見此細意識我之存在而稱為見道，則彼等之我見理應於見道時即能斷除，但是細觀彼等應成派中觀古今所有弘法者的著作，竟然未見有一人已斷我見，全都墮入五蘊中，執著五蘊之全部或局部為實有法、常住法，一切應成派中觀師全部具足我見。若已見此細意識我者仍然不能斷除我見，又如何可稱為解脫道中的見道？遑論大乘法中的見道？假我既然稱爲假，即表示此假我並無主體；既是隨於虛妄分別而計有，並無實體，純屬名言施設建立而無一法存在，如何可成爲二種隨眠之所依？故宗喀巴聲稱尙有假我成爲隨眠之所依而辯言無過，於其自宗最簡單基礎之斷我見內容即已自相矛盾；又不許實有阿賴耶識、不許有染污意之存在，則聲聞解脫道中的見道與修道內容及因果關係，已經處處自相成難，何況大乘法中親證第八識而生的般若實相的見道，更無論矣！只觀宗喀巴一句「**愚鈍如我，豈能自力答彼諸難**」，已經道出否定意根、阿賴耶識，即有事、理皆不能圓融之窘境，一切大慧、細慧、明利慧者，皆將以善思擇而責難之。

彌勒菩薩說，就最殊勝之意義而言，阿賴耶識應稱爲心；因爲唯有不生不滅之常住心體方得集聚一切法種子而不失壞，唯有眞實不虛、確實存在而且無覆無記性之阿賴耶識心體，方能擁有常住不變自體性之諸多功德，方能支應種種善惡業報之因果酬償，方能幻化變生種種異熟果報而公正實行因果律；今觀意根與六識皆無自己能單獨存在之體性，皆非常住不壞，沒有阿賴耶識「**心**」之能力，不可能成就結生相續之功能，更不可能執持一切法種而成就萬法；故就最勝功德而言，僅有阿賴耶識可稱為心。

意根於一切時執所遍緣之法為我與我所，其以恆行無間、恆內執我、恆外執我所而無間斷之行相，故稱為我見識（俱生我見）；六識心既隨意根於六塵中相應而生起，生起以後亦必須依止意根方能運行，故六識可稱為被意根隨緣所現之法；而意根無有「最勝心」之種種功德，亦不具有大種性自性，故不能持種、造色，顯然不是最勝大乘法中「心、意、識」所說之心；又，依意根之作意而現起意識者，只是意識出生之緣而非正因，故能現起六識心者並非意根，由此而知應成派之說法虛妄。

能持六識之識種者方是最勝心，即是阿賴耶識，不論依聖教或理證上的現觀，都是如此；故阿賴耶識乃是因於意根之思心所造作之作意，而流注現起意識等六識；意識等六識所緣之六塵，乃是於五扶塵根及意根與外六塵相觸後，再由阿賴耶識藉由所親生之如是五根及意根所攝取之外六塵內容，於勝義根中予以變現之內六塵境界相，十八界所攝；故意識等六識於六塵境界相之內容攝取分別，亦是依意根之我見與我所執差別而有好惡喜厭之差別。

換句話說，六識所緣所取之六塵，並非因為六識之思欲觸六塵而生起，乃是意根執六識之了境功能以及五根觸五塵之功能爲我與我所，以及恆具微細我慢的緣故，而使阿賴耶識變生了內六塵，意識等六識方能生起及運作。但阿賴耶識心體本來清淨而無我執與我所執，屬於無覆無記性的心體，因爲執藏染污意根之種子以及意根之恆行無間，生起意識等六識而作了別，阿賴耶識自身不需亦不會對六塵加以了別，故阿賴耶識不與六塵相應、不於六塵中起見聞覺知、恆不作主而恆以了知眾生心行之本覺，隨順於意根之一切作意而有所造作；是故意根實因時時處處都有作意、常不間斷而稱爲意，使四種根本煩惱、俱生我執恆時存在；並非意識之一分明瞭分細意識，即可稱爲俱生我執習氣熏習之所依而可據以否定意根之存在。

阿賴耶識除了稱爲最勝心以外，其自體亦是識體，識即是了別之義；此識能與觸、作意、受、想、思五遍行心所法相應，故此識體自有本覺，由有此本覺而非如同木石完全無知無覺，故能了知七轉識之心行所需而變現六塵及六識心見聞覺知之功能。又阿賴耶識於一切時緣於執受境，緣於不可知之一類器境，此處之所緣境絕非六塵境；若緣六塵境而作了知分別，則必能於六塵有了知之行相，即非無覆無記性，即不能忠實執行因果律。而諸佛世尊及彌勒等菩薩皆說萬法之法體阿賴耶識，一向不會六入、不觀六入，無見聞覺知事，亦無見聞覺知者；故阿賴耶識緣於非六塵境之器世間、業種、八識種及有根身，因爲亦有識別之功能，故能了知其所緣、所執受境（阿賴耶識之了知內容，相對於六識而言乃是不可知者，所緣不同故。而地上菩薩因爲發起種智的緣故，以種智而能少分多分了知乃至佛地能全分了知），而使一切器世間及有情世間皆能依於因果律而運行不差。

阿賴耶識之「識」相－**其識別功能之行相**－是親證阿賴耶識心體密意者之智慧境界，乃至是佛地一切種智圓滿之內涵，正是諸地菩薩所應修學之無生法忍內涵，故說阿賴耶識是本識，是入胎識，是凡夫結生相續之根本識，皆因其識之功德而稱名。意識隨其有無見道或修道功德，僅能緣於意根所受之法塵境，而於所緣分別了知即呈現於見聞覺知之法相中，無有絲毫堪能執行阿賴耶識功德之能力，故永遠不可能成爲本識或入胎造色之識，不可能取代阿賴耶識。故若以意識而欲解釋心、意、識，乃是二乘聲聞法中之方便說而非第一義諦中的眞實義；是以推崇六識論而否定實有阿賴耶識及意根之應成派中觀者，永遠會有諸多責難、質疑與過失；於實證者面前永遠不能使自宗法義圓滿，只能如宗喀巴以其愚鈍不知所以然之微劣所能而強詞奪理了。

1 宗喀巴著，法尊法師譯，《辯了不了義善說藏論》卷三，頁一一六－一一七，大千出版社（台北），一九九八年三月初版。

2 《大乘入楞伽經》卷二，〈集一切法品〉第二之二，《大正藏》冊十六，頁五九五。

3 宗喀巴著，法尊法師譯，《入中論善顯密意疏》卷八，成都西部印務公司代印，頁二。

4 《雜阿含經》卷四十四，第一一八七經《大正藏》冊二，頁三二一。

5 宗喀巴著，法尊法師譯，《入中論善顯密意疏》卷十，成都西部印務公司代印，頁五。

6 《瑜伽師地論》卷六十三〈攝決擇分〉中〈有心地〉，《大正藏》冊三十，頁六五一。

7 《雜阿含經》卷九，第二三八經，《大正藏》冊二，頁五十七。

8 《攝大乘論本》卷一〈所知依分〉第二，《大正藏》冊三十一，頁一三三。

9 宗喀巴著，法尊法師譯，《入中論善顯密意疏》卷七，成都西部印務公司代印，頁十－十一。

第六章　應成派中觀以意識性取代般若無自性性

月稱、宗喀巴等擅長以無自性性一名，組織諸多般若經中之文字，使人誤信彼等所說實爲大乘般若佛法，而實際上彼等卻是極度非毀般若法體阿賴耶識，否定能默容一切法之意根，認取虛妄無實之意識爲不可摧破之本住法，以有生有滅之意識取代般若經中所說的不生不滅的第八識—**非心心、無心相心、無住心、不念心**—作爲大乘佛法修證之標的，正墮於識蘊我見之中，方能與雙身法的樂空不二意識境界相應；應成派以這樣的我見邪見及識陰境界作基礎，將藉眾緣方能現起之意識見聞覺知分別性，以緣生性空而諸法皆無自體性之意識不自在性，解釋唯識般若種智之三性與三無性，並含糊籠統地到處運用無自性性之名相，於近千年來如是籠罩顯教各宗各派。但三性是八識心王所有，並非意識自身獨能擁有；而三無性是實證第八識以後，轉依第八識自身的立場來現觀三性時，證實第八識自身不覺不知三自性，解脫於一切法，是故從來不返觀七識心王及自己是否有此三性，故名三無性；菩薩轉依於此而得成佛、究竟解脫，非二乘聖人所知。但月稱、宗喀巴卻完全以意識境界來取代阿賴耶識，完全悖離佛法修證而成爲妄想所得的戲論；故其所有主張、立論，不能使人解脫，非中觀、非般若、非佛法所探求的法界眞相。彼等處處以意識取代八識心王的成佛之道，其事實已於前面數章中披露，如今於般若無自性性之眞實義亦應如理闡述辨正，以揭示其假冒佛法之面向於無餘。

第一節　應成派中觀主張二乘亦證般若法無我

應成派中觀古今傳承者，同以聲聞解脫道取代大乘成佛之道，直到今天的繼承人印順法師、達賴喇嘛等依然如是。大乘成佛之道即是諸菩薩所修的佛菩提道，與聲聞人阿羅漢所修的解脫道互有異同；同者爲菩薩亦兼修聲聞人所修的解脫道，異者是聲聞人不懂、不修菩薩所修的佛菩提道，故不知不證般若、中觀。聲聞解脫道行者，若是智力勝妙、猛利精進，一世即可證得阿羅漢果而得解脫生死；但佛菩提道必須經歷三大阿僧祇劫精勤修行以後才能完成而成佛，因此顯示二道的實修必有極多差異。

聲聞解脫道行者只需斷我見、我執、我所執，即可完成修證，不必實證第八識所在，只需信有第八識是無餘涅槃的本際就夠了；但菩薩除了兼修聲聞解脫道以外，必須實證第八識如來藏而發起般若實相智慧，還必須進修諸地無生法忍，現觀一切法本來無生，證得九種現觀，並且必須於相於土自在，善得種種智慧而具足三種意生身，並能證得無量百千三昧而能爲下地菩薩說法，如雲如雨、無有終止；然後再以百劫專修福德，無一時非捨命時、無一處非捨身處，福德圓滿然後始能在人間示現成佛。其餘多種差別，篇幅所限，不及細說。

由此可知聲聞人所修證的解脫道，絕對不能用以取代菩薩所修證的佛菩提道；而佛菩提道的入門即是親證第八識如來藏而能發起般若實相智慧，捨此即無由入於內門廣修菩薩萬行，故知解脫道永遠不可能取代佛菩提道而說爲成佛之道。這是應成派古今所有中觀師所迷惑之處，今天說出來破除應成派中觀師的迷惑，期待彼等都能深入經藏探究末學所說是否正確，印證無誤之後方能轉易原來錯誤的知見，轉入正確的佛法中實修；否則盲修瞎練一世，徒勞身心、唐捐其功，終究不能在佛法中有所實證。

解脫道之見道與修道，以及佛菩提道之見道與修道，二者實有內容、行門、與果證之差別，乃是諸佛世尊源於一切法之法體—如來藏—而依於行者之根器與心量，施設密意說、顯說等方便，使三乘學人安住於如來藏之法性而修證，故產生此種種差別說；但因此而作的三轉法輪所說，法義前後始終如一而無矛盾之處，這是佛陀巧設方便的爲人悉檀。但應成派中觀古今諸傳承者卻以其六識論之錯誤理論爲基準，將聲聞解脫道取代成佛之道的佛菩提道，認爲聲聞緣覺皆已證得大乘菩薩所證之般若法無我，自許彼等未斷我見的所謂解脫即是成佛，並主張其落入我所執的雙身法樂空雙運之身觸境界及離念靈知爲即身成佛，宣稱其世俗我見、貪欲境界之創意爲無上法而遠勝於佛陀。

但聲聞緣覺所修證者，完全在於斷除緣於五蘊之人我見與我所見，以及斷除五蘊人我及我所之貪愛，其標的純粹在斷除引生後有之煩惱，未曾觸及大乘法無我之內容，乃至大乘初見道所應證的第八識眞如都不必親證。而菩薩修道所證之人無我與法無我，皆與本識如來藏阿賴耶識有關，雖然於親證本識阿賴耶識時亦同樣的斷除緣於五蘊所生之人我見，然而菩薩人無我之智慧，卻不僅是聲聞解脫道所攝的解脫道五蘊人無我的智慧，並且還要親證第八識的人無我，而這些實證都含攝於阿賴耶識本來無生之無生忍智慧中。至於大乘法無我之無生法忍乃是攝屬於一切種智修學之內涵，故聲聞緣覺純於五蘊空相之人無我範疇而修，完全未涉及本識阿賴耶識心體人無我之無生忍智及法無我之無生法忍內涵。應成派中觀的月稱、宗喀巴等卻主張人我與法我都是依於五蘊而有，也都是由於無自性而無我，因此彼等立論說證得無自性就等於證得般若空性，這是彼等主張二乘人亦證得法無我之中心思想。印順正因爲繼承了這些錯誤見解，故宗本於宗喀巴的《菩提道次第廣論》邪見，以聲聞解脫道取代大乘成佛之道的佛菩提道法義。以上略說，今再細說如下：

一、補特伽羅法我不是緣於五蘊法

應成派中觀不許五蘊爲我見之所緣，爲何又主張人我與法我都是依於五蘊而有呢？這其中可以顯現出彼等盜用大乘佛法名相卻不知其所以然，反讓自宗處處墮於自相矛盾之愚鈍行爲。如前一節所申論，月稱、宗喀巴等爲遮掩其否定七、八二識以後意識不能於見道後完全無漏之過失，故主張有依五蘊而立之假我爲習氣隨眠之所依止。此假我彼等亦說爲補特伽羅，然此名言假立之假我，能否稱爲有情？有智之人聞之即知；應成派中觀師這種建立，是難免被人提出質疑而無法回應的，故其說法有大過失。

彼等若不能了知我見乃是緣於「五蘊實有」之虛妄分別而有者，則必定不能斷除此分別我見與我所見，此是必然之邏輯。而緣於五蘊分別有我者，此我乃是顚倒想、虛妄想所產生，故世尊以身、受、心、法無我以及五蘊空之法藥，予以對治救度，故於四阿含所說解脫道中，多是針對緣於五蘊執爲實有我法而不能解脫者而說。而世尊卻不對執有我法者說假我法，因爲對執著五蘊有實我之病者所與之藥，是無我而非假我；針對已服無我之藥而計執五蘊空與無我爲實法者，世尊才予以假我之藥而令其發起無上菩提心，令其迴小向大；或者爲已親證本識如來藏阿賴耶識之菩薩宣說假我五蘊之內涵與相貌，令菩薩能由有入空、由空入假，處中而觀，以此般若智境爲基礎而修道，以除人我執與法我執。故世尊於《華嚴經》中曾這麼說：【若諸眾生執著我法，爲說無我及諸法空，不說我、人、眾生、壽命、士夫、養育、補特伽羅假我法道。】[1]

五蘊法自身虛妄不實，無有自體性，皆是有所依、有所緣之生滅法。倘若不能體認五蘊無我、無我所之道理，或者執五蘊中之意識心爲眞實常住，卻要說另有一名言所安立、依於五蘊而安立之假我存在著，聲稱此假我即是繩上之蛇，認爲只要認清繩上無蛇亦無蛇之自性，就是證得法無我；但應成派中觀這種說法，實際理地仍是恆與緣於五蘊之分別我見相應而繫屬，因爲若未能了知五蘊繩之虛妄道理，也未能親證出生五蘊繩之眞實心體，絕對無法驗證經由眞實心體阿賴耶識而認取假我之所以爲假我之理，故彼等唯一途徑就是住於五蘊之虛妄自性中而作種種假想，這就是彼等爲我見繫縛之所在。

換句話說，世尊說我、人、眾生、補特伽羅爲假我法，絕對不是從被出生之色受想行識立場而說，說假者乃是依於一切法唯識所變而說。五根身乃是本識入胎識—如來藏阿賴耶識—藉眾緣所變生，六識身亦是阿賴耶識藉親生的六根觸六塵所幻化而生，故六根、六塵、六識依於能變生幻化之眞實心阿賴耶識而言，皆是假法；依止於如是本識所變生之蘊處界而立的假我法，才是世尊所說我、人、眾生、補特伽羅等爲假我法道之眞實義。如是依本識出生五蘊而觀五蘊爲假我法，才是菩薩斷除人我執與法我執之觀行內容；因為證得大乘人無我的道理，故得以斷除補特伽羅我見，此補特伽羅我見含攝了意識緣於五蘊行相所生之分別我見、俱生斷續我見，以及意根恆緣阿賴耶識、恆內執為我之俱生相續我見；但這個俱生相續我見並非未證法界實相心阿賴耶識之阿羅漢們所能了知，所以他們不曾證得法無我。

意識相應之分別我見、俱生斷續我見（人我執），以及意根相應之俱生相續我見（人我執），從二乘修證解脫道之內容而言，其觀行內涵純粹緣於五蘊之無常、苦、空之行相，以五蘊非真實我而是可滅之法，且以五蘊滅除之後非斷滅空而尚有不生不滅之法「寂靜、清涼、如、真實、寂滅」之本識作為依止，由信受佛陀此說，心無恐怖而確實斷除我執，斷除分段生死之煩惱障，其所得之智境稱為補特伽羅無我，或稱為人無我；然而未曾涉及假我法之內容與意涵。

反觀菩薩卻是於修道過程中，以親證阿賴耶識心體之般若智境為所緣而觀蘊處界為假我，觀察非即蘊處界法是真實有補特伽羅，亦非離於蘊處界別有真實補特伽羅，以此中道觀所得之蘊處界善巧而斷除我執，於七地滿心時圓滿補特伽羅無我智，而斷除分段生死之煩惱障。菩薩於入初地以後，亦少分斷除補特伽羅法我執，此分法我執純粹緣於阿賴耶識心體之眞如無分別、無所得體性，能藉眾緣生起諸法之無自性性而斷除；菩薩於十地滿心時究竟了知而圓滿此補特伽羅法無我智，方能成就法雲地無生法忍功德。也就是說，菩薩是於修道過程中，以親證阿賴耶識心體之般若智境爲所緣，進而現觀蘊處界爲假我，觀察非即蘊處界法是眞實有補特伽羅，亦非離於蘊處界別有眞實補特伽羅，以此中道觀所得之蘊處界善巧爲基礎，緣於阿賴耶識心體之眞如無分別、無所得體性與能藉眾緣生起諸法之無自性性，進修諸地所應滿足之現觀與道種智——於初地時能少分斷除俱生補特伽羅法我執；於七地滿心時能圓滿補特伽羅無我智，斷除相應分段生死之煩惱障及三界愛的習氣種子；更於十地滿心時究竟了知而圓滿此補特伽羅法無我智，方能成就法雲地無生法忍功德。

因此，二乘聖者雖亦證得補特伽羅無我，然而其現量所證以及智境所緣，都未曾證及補特伽羅法無我，因爲二乘聖者所信受者乃是世尊金口所說不斷滅、不生不滅之眞實、如、清涼、寂靜眞我之至教，由信佛語故而心無恐怖，才無斷滅之畏懼，並非於現量親證此不生不滅之眞我如來藏。也因爲依止於法界眞實不滅之法體，故二乘聖者滅盡含攝意識自我之十八界法而入無餘涅槃之解脫法道，才能不被常見外道法所摧毀，才能不被斷見外道法所夤緣，而能於末法時代重現於世[2]。如今應成派中觀月稱、宗喀巴等否定實有如來藏阿賴耶識，不許有意根之存在，不許五蘊爲我見之所緣，卻主張彼等依於五蘊而以名言施設安立的假我，能夠成爲習氣隨眠種子之所依，主張聲聞緣覺亦證補特伽羅法無我，因爲證微細我故能以一切法無自性而斷除依止於假我之習氣隨眠。彼等應成派中觀師如是之主張，從文字表相觀之，相似於菩薩證得阿賴耶識心體如來藏眞我，故菩薩能以現觀如來藏眞我之無我無自性性而斷除法我執；然而立論文字雖然相似，實際理地卻是天地懸隔，何以故？應成派中觀所主張之微細我乃是意識心之一分明瞭分，是五蘊法中識蘊所含攝之法，但意識我仍然屬於人我見所攝，不是眞實常住不滅之識，是根塵觸三法和合而由阿賴耶識所變生之識。如是有生有滅、緣生而有之識，既非常住心體，則其所持一切法種都將於眠熟位、正死位、悶絕位……等五無心位中散失無餘，顯然不能持種不失；由其無有眞實自體，故不能執持一切種子，則無有堪能承載一切法、生現一切法，如何得以替代阿賴耶識而成爲法我執之所繫？故彼等之主張純粹是住於我見者之虛妄想像，無有一人能因彼等之立論而於實證自己粗細意識我時摧毀其自身之如來藏眞我，法住法界法爾如是故。茲舉示彼等之立論以揭露應成派中觀邪見之事實：

【當知：諸法體性若不依名言分別、非由分別增上安立（而）說彼（如來藏）體性，即所破之我。此我於補特伽羅上非有，即補特伽羅無我；於眼耳等法上非有，即法無我。由此可知：若執彼體於補特伽羅及法上有者，即二種我執。如《四百論釋》云：「所言我者，謂諸法體性不依仗他，由無此故名爲無我。此由法與補特伽羅之差別，分爲二種，謂法無我與補特伽羅無我」。本論亦云：「由人法分二。」故二無我，不由所破分別，乃以所依有法而分。俱生我執薩迦耶見，本論破他以諸蘊爲所緣。釋論說：緣依蘊假立之我。故起我覺之所緣乃「唯我」及「唯補特伽羅」。其行相，釋論云：「我執於非有我妄計有我，執此是實。」】[3]

如上所舉，月稱與宗喀巴主張：若有某一法之體性，是能夠不依仗名言分別、不依仗分別增上安立而存在著，則此法及其體性即是無我法中所破斥的我；但這樣的我，在有情身中是找不到的，不是眞實有，這就是有情無我——人無我；這樣的我，在眼耳等法上並未真實存在，就是法無我。若是將這二種無我認定爲有實我，即是人我執與法我執。

這樣的我，彼等認爲就是他們無法實證的如來藏，因爲大乘諸經中說如來藏是不依仗名言施設而本自存在的，也不是依仗分別增上來施設建立的本有法；應成派中觀師認爲這個大小乘經典所說的眞實我，實際上在有情身中是不存在的，因爲他們一直都找不到祂，所以便撥爲不存在而名爲無我；這與大小乘諸經中實有這個藏識存在的說法，完全相反。復次，經中既說「**若不依名言分別，非由分別增上安立**」，這已表示這二句經文所說的那個法，是眞實存在而非名言施設有，亦非分別增上施設而有，則應是常住之法，亦應不是五蘊所攝之法，怎有可能會是我見所破之世俗五蘊所攝的我？如此強行扭曲轉接，可以是號稱最勝妙法的應成派中觀所應作的事嗎？當應成派中觀師無法實證這個眞我如來藏時，輕率否定了這個我，彼等便將世尊所說「**五蘊假有而非眞實**」所破斥「**我見**」的「**我**」，代之以如來藏，將世尊在阿含所說諸法本母的如來藏說爲所破我見之我；這是將世尊在大乘經中所說萬法根源、三界唯心的眞心如來藏，移花接木誣指爲解脫道中所破我見之我。彼等始終是如此移花接木將我見所破的我，從五蘊轉嫁植接在能出生五蘊的如來藏頭上說：如來藏在一切有情身中並不存在，若能了知此意即是證得人無我；若再詳細從眼耳等五根、五識中一一加以觀察，發覺五根、五識中也都確實沒有這個如來藏，能如此了知，即是證得法無我。

然而，究實而言，彼等心中所想所思之「無我」，原是來自於世尊所說如來藏無始本具之涅槃眞如清淨自性；可是自古以來彼等應成派中觀諸傳承者無有一人能親證如來藏，反而受到邪教導，認取意識之變相明瞭分為常住心，但此意識心卻不是世尊所說本來清淨自性所歸屬之心，反而正是世尊所說我見所破之我；而世尊從來所說是五蘊從如來藏中出生，如來藏非以名言施設假立，亦非由意識心的分位差別而增上建立；但彼等應成派中觀對此卻故意加以顚倒反說，迷惑了近代印順法師一生從事否定如來藏正法之愚行，導致印順法師一世都無法斷除我見。因為我見所破之我乃是五蘊，而應成派中觀卻說五蘊不是我見所破之我，所以印順終生不承認如來藏的實有，也不求證是否為實有，就建立細意識為常住法，隨順應成派中觀的謬說。故應成派中觀所推崇之眞實我，文字表面是盜用了如來藏之體性，而實際上卻是指向意識，是張冠李戴而欺矇學人；文字表面是敘述大乘經典，實則引用大乘經典文字來否定大乘經中的法義，因爲彼等處處錯解、曲解大乘經中的法義故。

月稱、宗喀巴等雖於文字上標出五蘊，並不表示彼等已如實了知五蘊之內涵，尤其是識蘊的內容；色蘊與識蘊都不懂了，更別說與六識相應之受、想、行蘊。筆者可以大膽明確地說，彼等心中所想乃是：「由意識分析出來之一分明瞭分不屬於識蘊，該意識明瞭分與五蘊不一不異的和合，該意識明瞭分就是微細我；此微細我及微細我之見聞覺知了知性不必依仗名言分別就存在著，不必依仗著分別增上安立就可存在著，這就是意識微細我之空性，這個細意識並不是我見所破之我；而大乘經中所說『不依名言施設安立，不依覺知心分別增上安立，本已存在』的如來藏，才正是我見所破之我。」如此說法正與大小乘經典所說我見及如來藏的內容相反。因此，宗喀巴所說「起我覺之所緣」—也就是我見之所緣—唯有意識微細我以及唯補特伽羅者，分明是既不許世尊所說五蘊爲我見之所緣，也不許五蘊爲俱生我執之所緣。正因爲彼等不許意根存在以及錯認意識常住的緣故，一方面爲了避開依於此理則意識見道以後應立即成爲純淨無漏之責難，一方面又爲了攀附般若經中所說之補特伽羅假我法故，背後的眞正原因則是以曲解手段來認定色陰、識陰、受陰的眞實存在而爲雙身法取得合法地位，遂於佛語經意穿鑿附會乃至陽奉陰違而主張我見之所緣是意識微細我，反稱如來藏是我見所破之我而貶斥如來藏，再增說俱生我執習氣隨眠所依止者是依於五蘊而另外增語建立名言假我。像這樣將我見與我執之所緣隨於月稱、宗喀巴等如是以自意誤計而轉嫁於世尊所說的常住的如來藏、諸法本母的如來藏頭上，試問合乎正理嗎？一切眞正學佛的人都應該予以詳細檢驗。

世間人所說之我，乃是緣於自身之所覺，說我胖、我瘦，是指色身——色蘊；我苦、我樂，是指覺受——受蘊；我知道、我不知道，是指覺想——想蘊；我作了什麼、我說了什麼、我想到什麼，是指身口意行——行蘊，我見到、我聽到、乃至我知道，是指識別——識蘊，都是先緣於五蘊之和合行相，然後才會認定是我。如是所說我之所緣是我自己，此我無常變異、不能常住，無有眞實自體，皆不是緣於眞實我而有，乃是緣於無常法而虛妄計度爲眞實有我常住不滅，這正是世尊所說我見所破之我；我見所破者並非應成派中觀所說的如來藏，而是這個應成派中觀認爲常住法的五蘊；故世尊說眾生因爲顚倒想而於五蘊法不淨計淨、無常計常、於苦計樂、無我計我，此就是我見之相貌，應成派中觀古今諸師正好都墮入此處而不能自拔。

我執者，乃是累世我見所熏之習慣性，由每一世我見之作用，導致造作種種貪愛執著五蘊之身口意行，以及因爲貪愛五蘊而引生之貪、瞋、慢以及慳吝、嫉妒、放逸、無慚、無愧等等習氣煩惱，一一皆能與意根及每一世重新出生現行之意識相應，呈現出來不肯使自己斷滅進入無餘涅槃之心行，就是我執之行相。因此，我執之所緣不可說不同於我見，只是依我見而出生對於自我的執著，本質是依我見而有，是依見起執；我執若與我見所緣不同，則日常生活中，應於說我之前，即經常要簡擇此時所說之我是何者？是我見之我或是我執之我？所緣不同所覺即不同故。現見世間人說我時並非如是而說，任何一人皆可現前檢查故。

若宗喀巴說，能使起我覺而生我見之意識微細我，對其所覺是知，而另一個起我覺而產生我執之補特伽羅假我，對其所覺是色等五蘊法性，因此說我見與我執所緣不同，則是宗喀巴不懂五蘊法而以自意轉計之方式籠罩他人所使用之手段。何以故？意識微細我之知，與色等五蘊法性皆是五蘊所攝故，意識微細我明瞭分是意根與法塵爲緣所生之意識所有的心所法，這個明瞭分不能外於意識而存在，只是意識的心行；而意識是與我見相應之識，意識明瞭分只是識蘊中意識之行相故。

若意識微細我是眞實我，則不應成爲我見之所緣，因爲一切我見，皆無實我以爲所緣之境界，意根雖恆內執阿賴耶識爲自內我，然而有情我見所執之人我境界，並不是阿賴耶識心體之常不變異清淨眞如法性，而是阿賴耶識所變生之蘊處界等虛妄法；雖然本識阿賴耶識心體是常住法，然而本識所變生之蘊處界卻不是常住不滅之法，正是我見之所緣，正是我見所破之假我。倘若意識能證悟如來藏，則意根與意識所緣即是本識眞實法——無我眞如法性，則應是無我之智慧而不是染污之我執煩惱；眾生皆因爲不知五蘊虛假而執著其中一部分或全部爲眞實不壞我，如同應成派中觀一般，恆執本識所親生虛妄法蘊處界爲我與我所，所以是染污之我見與我執。故宗喀巴主張意識微細我是我見之所緣，其餘五蘊並非我見之所緣；又如上所舉月稱論中說如來藏是我見所破之我，意識非我見所破之我；彼等建立出此種主張，就是意識將自我認取爲常住法所必然出現之結果，以此結果來建立雙身法樂空雙運貪欲境界的合法性、合理性。

依據世尊之聖教，彼等應該更改爲意識微細我亦是生起我見而與我見相應之行相，亦是我見所破之我，不再依於此我見而執取五蘊爲眞實。眾生執取五蘊爲眞實之過程，皆是由於恆與我愛、我慢、我見、我癡相應之意根趨役著意識，故意識隨著意根相應之四根本煩惱而作種種虛妄分別取著，如是不斷加重熏習意根及意識之我執，而說習氣隨眠繫屬於意根緣於蘊處界之我執，而此我執習氣種子執藏於出生意根意識的如來藏心中，如此於補特伽羅人我執之產生與見斷、修斷才符合正理。因此，應成派中觀否定另有意根，僅是爲了免除意識於見道以後尚有習氣隨眠存在，不能立即成爲無漏心之過失而作之挽救自宗之手段，完全不與眞實義理相應。

應成派中觀所立之論，經常墮於前後所說不能貫通而不決定之過失中，並且常常自相矛盾，尚有其他諸多過失而染污其言論。例如前六段文字中之辨正者，亦如彼等主張能起我覺之所緣唯有我及唯補特伽羅，而又由此二種分爲人我與法我，緣於補特伽羅而起我覺者即是人我見，那麼緣於「我」所起之我覺應即是法我見。若說人我見是依於補特伽羅五蘊有而起，則法我見依於「我」之有法，應即是意識微細我，因爲宗喀巴說二種無我是以所依有分而分故。既然法我見是依於意識微細我而起我覺，則習氣隨眠應攝屬法我之範疇，應當習氣隨眠所依止者爲意識微細我，而意識微細我亦應是確實可證之法；此細意識既是意識之一部分，則亦應可以隨意取捨業種而捨棄一切惡業種，如此，彼等先所立論而言之理方能成立。

然而於前一節所舉宗喀巴回應他人之質疑中，宗喀巴卻又說習氣隨眠乃是依止於緣於五蘊所安立之假我，既是名言安立之法，即是事實上不存在之無法，唯名而無法，怎能攝藏習氣種子而隨眠於其中？假使宗喀巴這個說法可通，則吾人若有多物無處可放時，亦可以用言語名相假立有一大屋存在，然後賦予此名言大屋功能，作爲存放眾多物品之所在；若此不能，則宗喀巴假立名言假我而攝藏習氣種子，作爲習氣種子隨眠之處所，亦不得成立，而這個部分也已經於前一節被末學正德所破。亦即若將意識微細我建立爲實我以後又另施設而稱爲假我，而此意識微細我之實質仍然屬於意識，不能外於意識範疇，則仍然應於意識見道以後運用見道智慧而立即分別作主，將一切煩惱習氣種子棄捨盡淨，不令繼續隨眠於意識心中；因爲應成派中觀所賦予意識之角色乃是持業種之心，亦是可以思量而作主之心，則持業種及作主之意識，一旦見道即應能以其見道之智慧善於分別作主而捨棄所執持之一切煩惱惡業種子；亦即不論大小乘行者，一旦見道便應立即或登地成聖或成就無漏，不應更有十住十地乃至四向四果之分別才對；然而你我皆可分明現見事證理證乃至佛語契經所載，全都迥異如此。

因此可見，應成派中觀一向之敗闕不外如是：先於他時彼處立下主張，又於斯時此處自己毀壞所主張之宗旨，首尾矛盾，以致前後言語不得不閃爍轉換，恆令一般初機學人難以了知其立論宗旨畢竟爲何，則於茫無所從之餘，唯能自嘆根劣慧淺而不敢臆度應成派中觀思想，修學應成派中觀之後只能空度一生徒呼負負而已。由此緣故，應成派中觀之習學者，縱饒數十年勤修其中觀見以後，仍然無法斷我見、證中道，當然也談不上中道的觀行，何況要眞正懂得中觀呢？應成派中觀此種立論，即是彌勒菩薩所訶責之錯誤立論者，也是有諸種過失染污其言論本質而墮在負處者。[4]

除此之外，應成派中觀如上立論又有諸餘種種過失。倘若彼等辯言：起法我覺時所緣之「我」就是依蘊假立之我，不是意識微細我，也不是依五蘊我而起，依此立論則人我覺與法我覺應皆是依於五蘊假立之我而起之覺，然此假立之我是不存在之法故，則應一切人皆應不能生起人我覺與法我覺；自違己立，所言不能成立。

宗喀巴所謂之無人我，是說於五蘊上無有眞實補特伽羅（有情），如此補特伽羅（有情）是依於名言分別而有，是經由分別而增上安立，故說五蘊無補特伽羅（有情）就是補特伽羅無我，則「五蘊」即非有情。此理不應成，何以故？一切有情眾生之心中，從未將補特伽羅這一句名言執取爲我，這一句名言並無任何作用能讓一切有情緣於它而起我覺，此乃凡夫位一切學佛人之意識心皆認可之實事；宗喀巴竟會將一句名言錯認爲佛所說的有情五蘊——補特伽羅，眞是令人無法想像他對佛法的思惟與認知可以愚癡至此。

且不說老參久學，一般初機學佛大眾之意識心也能返觀自身取爲我者，應當是先前所舉例之色身、苦樂受、了知、分別與身口意諸行，此即是五蘊之行相；故起我覺之所緣應是五蘊，而非依五蘊假立的一句名言。而五蘊皆是依仗他緣而生而滅，五蘊無有自在之體性故不能常住，故五蘊非眞實有我，故名無我；決不是如宗喀巴所說的以彼人爲施設之五蘊「名言」、補特伽羅「名言」無有自性，斯爲假我，假我故無我，妄說能得如此現觀即是實證人法無我。他實在是太會想像建立了。

簡單來說，有情無不緣於五蘊起顛倒想而執取爲我，學人若欲破除此顛倒想，則應觀察五蘊非常、非樂、無我、不淨以斷除我見；如是生起我覺之處及破除我見之處皆能於理回溯還滅歸源，事理相應才是眞實佛法。宗喀巴不此之圖，卻說有情無我是指依五蘊假立的一句補特伽羅名言並無眞實有情，依此虛構的無我法而建立五蘊爲眞實法；推究其如此說法的背後目的，其實是想要建立雙身法的樂空雙運、樂空不二的理論，以免五蘊被密宗信徒認定爲假有法時，其雙身法就不能成立了；因爲雙身法的一切境界都是依五蘊假我而成立的，五蘊若是虛妄無常而無我性，則密宗黃教依五蘊才能存在的雙身法便同歸於無常、無我之中，而不可能成立了。這即是密宗黃教應成派中觀特地假立補特伽羅一名爲我見所破之假我，或者有時說如來藏是我見所破之假我，反對世尊以五蘊爲我見所破之假我而堅持五蘊是眞實法、是眞我的目的所在。

二、五蘊法僅屬於人我所攝

應成派中觀所立之法我執，其實亦是緣於五蘊；宗喀巴說：「於眼耳等法上，若其自性不依名言分別而有，此自性非由分別而增上安立，則眼耳等五根、五識之自性即爲法無我。」但此處所建立之法無我，理不應成，何以故？眼耳等能見能聞之自性，雖然非由分別增上安立而有，雖然非經由名言分別而有眼耳見聞之自性，然而眼耳等及其見聞覺知之性，都是眼識耳識乃至意識六識，藉根觸塵生起現行時，經由六識擁有之觸、作意、受、想、思五遍行心所法，及欲、勝解、念、定、慧五別境心所法，共同於六塵上之作用所產生者；實質上本屬六識之心所法，是六識心之功能，仍然屬於五蘊人我所攝之法，是無常故無我之生滅法、虛妄法。倘若破除名言分別及分別增上安立之眼耳等見聞覺知性名言即是無我法，則見聞覺知性應爲眞實法，以此即與月稱所主張之依他起自性實有而非戲論境相符合；此說若成立，則彼說亦應成立；彼說者，即是宗喀巴主張人無我就是於五蘊上無眞實補特伽羅，則去除補特伽羅之名言以後，五蘊應爲眞實法而非戲論境，則其所弘揚之雙身法樂空雙運即可成爲常住法，即身成佛的理論就可以成立。然而這只是一種妄想，因爲五蘊亦是依他起自性故，依五蘊而有的樂空雙運境界隨之不離依他起性故。

依以上數章、數節舉證與辨正所得之結論，綜而言之，彼等應成派中觀之一切中心思想即是：去除名言施設（將五蘊除去五蘊這個名相）、去除經由覺知心分別增上安立之補特伽羅一名以後，五蘊中之見聞覺知性（色身及離念靈知）皆是實有法、常住法、本住法而非生滅法，故非戲論境界（雙身法的淫樂境界即可成爲即身成佛之法）。這樣的思想完全與凡夫外道邪見及世俗凡人之落處相同，尚且不能涉及斷除生死輪迴之聲聞解脫法道，遑論大乘菩薩無上之佛菩提道呢？

爲何說眼耳等見聞覺知性屬於人我法？世尊於阿含中這麼說：

如是我聞。一時，佛住舍衛國祇樹給孤獨園。時，有異比丘獨一靜處，專精思惟，作是念：「比丘云何知、云何見而得見法？」作是思惟已，從禪起，往詣佛所，稽首禮足，退坐一面，白佛言：「世尊！我獨一靜處，專精思惟，作是念：『比丘云何知、云何見而得見法？』」爾時，世尊告彼比丘：

「諦聽！善思！當爲汝說。有二法，何等爲二？眼、色爲二……」如是廣說，乃至「非其境界故。所以者何？眼、色緣生眼識，三事和合觸，觸俱生受、想、思。此四無色陰、眼、色，此等法名爲人。於斯等法作人想、眾生、那羅、摩㝹闍、摩那婆、士夫、福伽羅、耆婆、禪頭。」

「又如是說：『我眼見色，我耳聞聲，我鼻嗅香，我舌嚐味，我身覺觸，我意識法。』彼施設又如是言說：『是尊者如是名，如是生，如是姓，如是食，如是受苦樂，如是長壽，如是久住，如是壽分齊。』比丘！是則爲想，是則爲誌，是則言說。此諸法皆悉無常、有爲、思願緣生，若無常、有爲、思願緣生者，彼則是苦。又復彼苦生，亦苦住，亦苦滅，亦苦數數出生，一切皆苦。若復彼苦無餘斷，吐盡、離欲、滅、息沒，餘苦更不相續，不出生，是則寂滅，是則勝妙，所謂捨一切有餘，一切愛盡、無欲、滅盡、涅槃。耳、鼻、舌，身觸緣生身識，三事和合觸，觸俱生受、想、思，此四是無色陰，身根是色陰，此名爲人……。如上說，乃至滅盡、涅槃。緣意、法生意識，三事和合觸，觸俱生受、想、思，此四無色陰、四大，士夫所依，此等法名爲人……。如上廣說，乃至滅盡、涅槃。若有於此諸法心隨入，住解脫不退轉，於彼所起繫著，無有我；比丘！如是知，如是見，則爲見法。」佛説此經已，諸比丘聞佛所説，歡喜奉行。

略釋上舉經文如下：如是我聞。一時，佛住舍衛國祇樹給孤獨園。當時，有另一位比丘獨自在一靜處專心的思惟著，而這樣想：「比丘如何了知、如何見而能夠見法？」作這樣思惟以後，從靜慮中起來而去謁見世尊，向世尊恭敬禮拜以後退坐於旁，向世尊稟白説：「世尊！我獨自在靜處，專心的思惟，而這樣想著：『比丘如何了知、如何見而能夠見法？』」當時，世尊告訴那位比丘：「仔細的聽！好好的思惟！就爲你説明。有二法，什麼樣是二法？也就是眼根與色塵爲二法……」就像這樣的廣説，有耳根與聲塵二法、鼻根與香塵二法、舌根與味塵二法、身根與觸塵二法、意根與法塵二法，乃至聲塵不是眼根的境界，色塵不是耳根的境界等等。最後説到：「不是他們所知道的境界的緣故。爲什麼呢？有眼根、色塵之緣方能出生眼識。眼根、色塵、眼識三事和合而觸知諸法，與觸法同時生起受、想、思而成爲『名』。眼識、受、想、思這四個無色陰及眼根、色塵，此等色、識、受、想、思（行）五陰法，就稱爲人。於這樣有生的五陰法而作人想、衆生……等想。」

「於五陰法作人想、眾生想以後，又這樣說：『我眼見到色，我耳聽聞到聲，我鼻嗅到香，我舌嚐到味，我身覺知到觸，我意識了知到諸法。』於這樣的施設下又這麼說：『尊者叫什麼名字，出生於哪裡，姓什麼，吃什麼，受哪些苦哪些樂，壽量多長，住於世間多久，有壽量上之差別。』比丘！我、人、眾生、壽者等等，是依五陰而作名言上的分別，是依五陰而作識別記錄，是依五陰而有語言文字。五陰法以及言說施設之我、人、眾生等，都是無常法、有爲有作之生滅法，是於五陰法上造作而起願求，所以就緣於後世而有生；倘若是無常、有爲、思願而緣於後世而有後世之出生者，都是屬於苦法。又若色受想行識苦陰出生，則依五陰之存續期間有多久，苦就有多久；五陰滅了，苦也隨之而滅了；五陰不斷的出生，苦也就不斷，一切都是苦。倘若五陰苦法斷盡，不再出生，對於五陰之貪愛吐盡、對於五陰之欲求遠離、於產生五陰後有之一切行滅盡、於五陰常存之思願止息不起；則後有之五陰苦法不再相續，五陰不再出生，苦亦不再出生，這就是寂滅，是勝妙（非斷滅法故勝妙，尚有如來藏眞實法不滅故勝妙），是涅槃（如來藏不生滅故涅槃），也就是捨棄一切有餘苦，盡一切三界愛、於五陰自我無有欲求，滅盡一切苦而無生、寂靜涅槃。耳、鼻、舌、身根也是同樣的道理，身根與觸塵之緣生身識，身根、觸塵、身識三事和合產生觸，與觸同時便會有受想思三法生起，身識、受、想、思四法是無色陰，身根是色陰，此五陰法稱爲人。由五陰苦法之出生相續，一直到五陰苦滅盡、寂靜涅槃皆如上所說。緣於意根與法塵出生意識，意根、法塵、意識三事和合產生觸，與觸同時有受想思三法生起，意識、受、想、思四法是無色陰，以及地水火風四大所成的色陰，士農工商等一切人都是依止於此五陰，此等五陰法稱爲人。如同於眼根、色塵、眼識中所廣說，五陰人中之意識、受、想、思亦是可滅盡，於五陰人中每一法皆棄捨、無欲求而不再出生後世五陰，才是寂靜涅槃。若有比丘能於此五陰人滅盡、涅槃諸法如實了知而心隨入於一一法現觀，安住於不受後有五陰苦之解脱而不退轉，於五陰人所生起我與我所之貪愛繫著，如實了知而有了無我的實證；比丘！如是於五陰人諸法了知，如是於所了知之五陰人如實見無眞實我，就是見解脱法。」佛說此經已，諸比丘聞佛所說，歡喜奉行。

於此《雜阿含經》第三〇六經中，世尊很明確地宣說五陰法中之一一法都是稱爲人我，這是聖教中人無我的明確根據；世尊甚至不厭其煩地解析五陰人我之法相，首先是眼識藉眼根、色塵二法出生；又有眼根、色塵、眼識三事和合觸以後，與觸俱起之受、想、思，如是而有我眼見色之五陰人我。接著是我耳聞聲之五陰人我、我鼻嗅香之五陰人我、我舌嚐味之五陰人我、我身覺觸之五陰人我，乃至於我意識了知諸法之五陰人我。也就是說五陰才是生起我覺之所緣，正是我見之所緣，而不是月稱、宗喀巴所隨意轉計之言說分別假立之補特伽羅名詞。月稱、宗喀巴將五陰（人身中的色受想行識）妄說是眞實不壞法的眞我，將指稱五陰的五陰名詞妄說爲人我，再將依普遍指稱人間五陰的補特伽羅（有情）這個名詞妄說爲法我，根本是盜竊佛法名相而自行解釋其義涵的新創「**佛法**」，本質是藉佛法名相而以外道常見法及雙身法來建立密宗在佛教中的合法性，是外道滲透進入佛教中而入篡正統；猶如世俗法中掛羊頭而賣狗肉，並不是賣羊肉，故說密宗的法義本質，從來就不是眞正的佛法，都只是藉佛教表相而掛上佛法名相招牌來弘傳外道法。何以故？五陰本身即是佛教我見所破之我故，雙身法從來就不是佛教中本有的法義故，雙身法本質是使人墮落夜叉、畜生境界的欲界最低下的大貪境界故，全然不屬於佛法之解脫相應、法界實相相應境界故。

眼見色、耳聞聲乃至意識（知）法，此六識都得先藉二法之緣—眼色、耳聲乃至意法之緣—眼識、耳識乃至意識方得生起；倘若眼根毀損，則眼識缺眼根之緣即不得生起，則無三事和合之緣可出生與六塵相觸之觸，「觸」不生起則無受、想、思可俱起，亦無眼見色之五陰人。故說見聞覺知非眞實常住之自性，乃是依於六根、六塵、六識、觸及受、想、思諸法和合而生者，這就是五陰自身而非五陰名詞；然後再於見聞覺知中執取我與我所，就是人我見、人我執。貪愛見聞覺知、思著見聞覺知、於見聞覺知有願求，不樂於滅盡、不樂入無餘涅槃中，則後世無盡五陰的眾苦即數數相續出生；因爲世尊說五陰人我皆是無常法、生滅有爲法、是思願緣生之法，能使後世五陰相續不斷而生死不絕，故皆是苦法。想滅除生死輪迴之苦就一定要滅盡五陰熾盛苦，則必須於五陰人法之一一法聚如實了知，了知其不自在、不堅固、無常生滅、有爲有作、不可倚恃、不可繫著之不眞實法相；心亦隨入於一一法聚而現前觀察之、思惟之、確認之，否定「我眼見色」中實有眞實我可以常住不壞；亦應觀察見色之見乃是眼識所有的心所法，乃是眾緣和合而生，眾緣不具則不起，不應執此能見爲眞實常住法；既非眞實常住法，必定非眞實我，如是斷除我眼見色之五陰人我見，方可實證眼根、眼識無我。

我意識了知諸法，也是五陰人我見所攝，能了知諸法的自性只是意識所有的心所法；意識與意識的能知之性都同樣是眾緣和合而生者，於此法聚中如實了知意識及識性皆非眞實常住不壞之法，則知意識及意識之了知性皆非眞實我，如是於識陰一一法聚中斷除識陰人我眞實常住之我見，實證識陰無我；識陰如是現觀，亦於色陰、受想、行陰同樣現觀其因緣所成、無我、無我所；如是觀察五陰全部皆無常住不壞之眞實我，斷除五陰我見，則能棄捨對於五陰自身之貪愛、欲求，則不再思願後世五陰常存，才能到達滅盡五陰苦，五陰人我不再相續出生，捨壽時即滅盡五陰而入無餘涅槃中，常住於寂靜、清涼、勝妙之涅槃中，這才是聲聞聖人的解脫正道。

於領受世尊所宣說解脫道正法之意涵以後，反觀月稱、宗喀巴所說的解脫道等（他們從來不曾觸及眞正的成佛之道——佛菩提道），卻主張眼耳等見聞覺知性是實法，非戲論境；主張於眼耳等見聞覺知法中去除人、我、補特伽羅之言說分別執取，則此五陰及見聞覺知性就是無我之眞實法，聲稱這樣就是證得法無我，完全與世尊所說之解脫法背道而馳，是公然與世尊唱反調。月稱、宗喀巴非但墮於五陰人我之我眼見色、我耳聞聲……等一一法聚之人我見中，更以其堅固不可拔之意識人我見生起妄想，其意識聚人我與五識聚人我，於受用見聞覺知六塵境界時，於意識一聚人我之受想思中，生起此見聞覺知性都是緣起性空之空性的觀點，則聲稱如此就是證得意識微細我之法無我，並將此「所證」標爲最究竟之中觀般若法無我。此乃是一切與我見相應者、墮落於我見中之一切凡夫恐怖死後斷滅之必然心行，也是恐怖滅盡蘊處界而入無餘涅槃以後會成爲斷滅者之必然心行；如是類人恐怖執取爲我之五陰眾法非眞實常住，故於非眞實常住法中更堅固其執取，以之作爲依止。由此恐怖故，建立五陰爲常住法，唱言只需離開五陰及補特伽羅名相以後就是實證人無我、法無我，以此妄想自我安慰爲已證佛果，實則輪轉生死永無窮盡。

所以密宗所有應成派中觀師都會認取離念靈知意識心爲常住法、爲眞如、爲佛性，永遠難斷我見，尚難取證聲聞初果，何況能證第八識如來藏而發起般若實相智慧？更遑論成佛之道。世尊宣說解脫五陰人我之聲聞法解脫道中，特別說有勝妙法，倘若五陰人我滅盡以後是斷滅，則非**勝妙**，應是空無；空無既非眞實，有何**勝妙**可言？但世尊卻說五陰、十二處、十八界全部滅盡以後是**勝妙**。當知必須不生不滅、本來常住自在而且是無爲之法方是眞實法，以無爲則永不變異轉易其清淨自性，非有漏有爲法，才可說爲眞實；五陰人我一一法聚皆無此眞實法之體性，皆是不可倚恃而可滅盡者，皆是不能入住於無餘涅槃中者；唯有本識如來藏阿賴耶識心體具有本來自在清淨涅槃之體性，於五陰人我滅盡以後，尚有此一本識不滅故可稱爲**勝妙**。

三、證得細意識我不能解脫出離三界

信受隨學應成派中觀諸徒眾，否定實有涅槃本際勝妙法如來藏阿賴耶識心體，則其一切依附於佛法名相之所說，皆是從五陰人我之我見爲中心思想而妄計者，此墮永遠無可避免，所作中道之觀行皆不可能及於實相法界中道自性；所以彼等於大膽立論之餘，對彼等自宗所立宗旨亦皆無自我反觀能力，不能發現其自宗法義前後之自相矛盾，不能自覺其自宗其實是以意識心及其了知性貫穿全部法義，未曾稍離我見之拘束；由於常常違背世尊聖教量的緣故，又無法脫離其中之種種過失，是故全然不理會世尊聖教之內涵，所以他們從來都不宣講或引用四部阿含中的所有經典；對於大乘經典之所說，則一律加以曲解而套用，或妄稱其自宗所說法義與大乘經典完全相符。月稱、宗喀巴主張於眼耳等法證得無語言分別增上安立之名言諸法存在，稱爲於此證得法無我，此等「法無我」又與意識微細我是何關聯？由於彼等所說之意識微細我乃是以意識之一分明瞭分而稱之，稱此意識微細我是本住法、不可摧破，而其存在之法相就是在能取境界加以了知，因此彼等妄想覺知心在沒有語言分別增上安立的境界中，當時的見聞覺知（離念靈知）即是意識微細我所擁有之自性，是故妄稱見聞覺知性爲眞實自性而非戲論境。因此，在應成派中觀所立之各種主張中，時而說二乘聲聞緣覺證得補特伽羅法無我，時而說聲聞緣覺僅證得粗略之法無我，持續加行證得微細法無我者才是菩薩，時而又說證得微細無我者才能出離三界，其自宗諸師各說各話、莫衷一是。茲舉彼等之說如下，供大眾斟酌。宗喀巴之弟子甲操傑，於《菩薩瑜伽行四百論釋善解心要論》中，主張解脫三有必須證得微細無我（但解脫三有必須證得微細無我之說，並非《百論》之論意，乃是應成派中觀所有師資曲解《百論》後，以自意轉計之所說），因爲甲操傑也是同樣認取細意識我，作爲能貫穿三世而聯繫整體之主體識：

【此論是爲了說明，具足大乘種姓的補特伽羅趣入無上菩提的道次第，必須要有整體的聯繫故；主要的意義亦是抉擇諸緣起法沒有少許自性。所以自宗（中觀宗）從來沒有懷疑要許依他起有自性之處。又彼等宗許解脫三有不須證微細無我，而此論正是成立解脫三有必須證微細無我故。】[6]

宗喀巴於《入中論善顯密意疏》中引用其自宗所推崇之《寶鬘論》，依照論意說二乘阿羅漢已經斷盡緣於五蘊之我執，而只有其應成派中觀宗之「阿羅漢」如是：【《寶鬘論》云：「乃至有蘊執，從彼起我執，有我執造業，從業復受生。三道無初後，猶如旋火輪，更互爲因果，流轉生死輪。彼於自他共，三世無得故，我執當永盡，業及生亦爾。」初二句顯示若時於蘊有實執，即從彼執而起我執薩迦耶見。故斷盡薩迦耶見者，必須於蘊斷盡實執。由此可知二乘阿羅漢，亦於蘊斷盡實執。是則未破實執所著之境，即不能破薩迦耶見所著之境。故知大小學派共許之補特伽羅無我，但破粗分補特伽羅我，非是微細補特伽羅無我。】[7]

《寶鬘論》中說，因爲執取五蘊爲我，於此執取而生起我執；也就是說明我見、我執（亦稱爲薩迦耶見）之所緣即是五蘊，而宗喀巴竟引此論想要作爲其自宗法義之證明，在這種情況下即成爲以宗喀巴之矛、攻宗喀巴之盾。宗喀巴想要引用《寶鬘論》之論文證明斷盡薩迦耶見必須證得微細我之無自性「**法無我**」，否則我執不能斷盡、不得解脫，但是於我見之所緣是什麼，宗喀巴的說法顯然與他所援引的《寶鬘論》不相符合。《寶鬘論》所說「**我執當永盡**」，並不是因爲證得意識微細無我而斷盡，仍然是從緣於五陰我見之斷除，進而斷盡對五陰自我執著的我執，與世尊聖教所宣說解脫之義—**斷盡五陰人我執就能解脫輪迴三界之一切苦**—是相同的，卻與宗喀巴等人所說全然相反。應成派中觀月稱、宗喀巴、甲操傑等人，欲以意識爲中心來連貫二乘之解脫法，絕對不能到達出離三界之解脫標的，因爲期望意識不滅，正是五陰人我見之行相，與未斷我見的凡夫同一所墮；意識僅能在三界現行，三界中才有能生起意識之「**意、法**」二法存在故；意識若沒有在三界外存在之全存體性與功能，則出離三界之法不就等於斷滅法了嗎？因此，修學佛法者應當信受佛語、遵循佛之聖教、正解佛經菩薩論中之眞義，不可被邪解、扭曲之說法所崇。宗喀巴等人欲以其我見之邪論，月且世尊所開示之阿羅漢解脫法道，乃是盜取佛法名相而毀壞佛法者，如同披著羊皮之狼進入羊群而襲擊羊兒，所有羊卻都不知道誰是披著羊皮的狼，只能終年累月恐慌而不知所措。

宗喀巴於彼處雖說彼宗所立之二乘阿羅漢已證意識微細法無我，滅盡我執，而於此處解釋月稱之《入中論》時卻又說二乘阿羅漢僅證得人無我，前後自語相違：【（月稱之《入中論頌》）無我為度生，由人法分二，佛復依所化，分別說多種。如是廣宣說，十六空性已，復略說為四，亦許是大乘。諸法無自性之無我，佛說為二，謂人無我，及法無我。此二分別之理，非由人法上所無之我，有所不同故分為二。以所無之我，同是有自性故。是由所依有法，有蘊等法與補特伽羅之差別而分也。何故宣說彼二？為度二乘眾生解脫生死故，說人無我。為度菩薩眾生得一切種智故，說二無我。如前所說聲聞獨覺，雖亦能見緣起實性，然彼不能由無量門，經無量功，圓滿修習法無我義。僅有斷除三界煩惱種子之方便。亦可說彼等圓滿修習補特伽羅無自性之人無我。雖無以無邊道理破除補特伽羅實有之智慧。然圓滿修煩惱種子之對治。未圓滿修所知障之對治。】[8]

宗喀巴似乎忘了前面自己所說的，二乘阿羅漢要證得意識微細法無我才能斷盡我執，此處又隨著月稱而說聲聞獨覺僅僅證得人無我，已經有斷除三界煩惱種子之方便；到底二乘阿羅漢斷除三界煩惱的現行以後能不能出離三界？阿羅漢有了斷除三界煩惱種子的方便時能不能出離三界？出離三界到底要不要證得意識微細我之法無我？這些問題只有在其應成派中觀自宗之內才會如此莫衷一是；因為對於我見之內容完全不清楚者，對於如何能夠斷我見、如何是障礙解脫之我執、如何斷盡我執完全不能了知的應成派中觀師們，這是必然的結果。應成派中觀古今諸傳承者一向墮於我見中的緣故，始終未離開識陰境界的緣故，所以對於我見之內容與解脫道之內容懵然不知而各說各話，已是必然的結果。宗喀巴隨著月稱之唾沫而說聲聞緣覺未修學法無我，但已經圓滿修除煩惱種子，或已有修除煩惱種子之方便，不僅推翻其先前自宗之立論，也將其弟子甲操傑傳承於彼之立論推翻了。應成派中觀所說菩薩證得人無我與法無我的中心思想區分處，在於證得意識微細我之法無我者就是菩薩；但吾人觀之，卻仍然是五陰人我見中之意識我，尚是未斷我見之凡夫所見，何況能說是已證法無我之菩薩。若強說這就是菩薩，此「菩薩」之名稱亦僅是盜用而有，仍是假名菩薩而非實義菩薩，實質上，絲毫與佛法中之菩薩牽扯不上，何以故？菩薩乃是證得一切眾生皆有如來藏者，是已證得本覺心如來藏阿賴耶識心體者，是已證得涅槃之本際、不生不滅本來自性清淨勝妙法體者，是已證得出生蘊處界之心體而不會虛妄執取五陰爲自我者，如是實證之有情才可稱爲實義菩薩。

應成派中觀所有傳承者皆否定實有如來藏阿賴耶識心體，反將虛妄不實之意識自我認取爲常住不滅之本住法，如是邪見若可說是菩薩法而認定其爲眞正佛法者，則十方諸佛所說悉皆與其不同，顯然皆將成爲戲論；於佛世尊與佛法具有正信之佛子，皆應於此簡擇清楚，莫墮於彼等應成派中觀之文字牢獄中。而菩薩證得般若實相心如來藏阿賴耶識心體，必然能夠同時斷除五陰之人我見，因爲菩薩之人無我智境是緣自於本識阿賴耶識心體之眞如法性，來現觀五陰全部虛幻不實，而不是認取如來藏所幻生之五陰人我之法爲常住不壞法；菩薩證知本識心體不生不滅，而其所生之蘊處界卻是有生有滅；本識心體既無見聞覺知，法界實相中亦無能見聞覺知者，但蘊處界中之人我，不論是識陰全體或意識自體乃至細意識我，卻都是見聞覺知者，都不能離於見聞覺知諸種心行，都不外於六塵諸法而無法超越識陰境界；只有本識心體之眞如法性才是常住不變易之本住法，五蘊乃生滅無常有爲有作之法，不是常住不變易者。故菩薩法必能含攝二乘之五陰人我解脫法，菩薩所證之涅槃心即是二乘信佛語而於心想中所安住之眞實、清涼、勝妙、如、涅槃之本識，雖然二乘聖者未於現量親證此本識涅槃心，然而三乘菩提所有眞實法理皆是以如來藏心體爲所依，由此使得三乘菩提可以相通而互不衝突，只有淺深廣狹差別之不同而已；故世尊三轉法輪所說之三乘佛法，皆是依於如來藏法體而前後貫通，未曾如應成派中觀妄想以虛妄之粗細意識爲宗旨來貫通其主張，而無可避免地處處顯出矛盾，因爲一切粗細意識皆是如來藏所生之「子」法，「子」法永遠不可能成爲能生自身之母法故。

世尊之聖教中很清楚地說，二乘聖者不知不證眾生皆有之如來藏，故聲聞緣覺之解脫證境僅止於五陰之人無我，未曾觸及如來藏之親證，何況能觸及親證如來藏以後所應修應斷之法我執。應成派中觀錯解二乘解脫道於先，後又妄想成佛之法而計著菩薩法之修證。彼等心中實無解脫道與佛菩提道之正知見差別，因此忽而主張出離三界必須證意識微細之人無我，及證補特伽羅名言法無我；忽而主張二乘僅需證得人無我即能斷除三界煩惱而出離三界；忽而主張菩薩雙證人無我與法無我，才能出三界。於實義上，佛法中之二乘聖者必須證得意識自相之粗相與所有細相，乃至二乘聖者必須證得意識自相之粗相與所有細相，皆是無常可滅之五陰人我所攝之法，若於意識之心相尚有一分執爲實而不能割捨者，則不能斷盡煩惱障所攝三界愛之人我執，即不能出離三界。也就是說，於意識之一分心相執爲常者，縱使於心中安立緣於意識所假立之我乃是性空唯名而無自性，仍然是人我見、人我執之相貌；將無常法顛倒見執取爲常住法故，應成派中觀主張證得自以爲能聯繫整體之細意識我方得出離三界，無有是處。復次，意識我是所生法、有生滅之法，不論粗細，一切意識都不能出於三界境界之外，故不能住入無餘涅槃無境界之境界中，是故應成派中觀所說全然虛謬。彼等所說菩薩證得之法無我，就是繫於意識微細我，稱此不知不證「意識微細我」爲所知障，也就是宗喀巴隨意轉計所成繫於依五陰所安立假我之習氣隨眠。習氣隨眠依止於其所立之假我，此說已於前節中破斥而不能成。

彼等應成派中觀又主張煩惱障含攝所知障，則其矛盾又多一件，過失又增加許多筆。彼等說二乘證得人無我時，已有斷除三界煩惱種子之方便，則理應二乘阿羅漢已斷盡煩惱障；若煩惱障含攝所知障，則斷盡煩惱障時，亦應已斷盡所知障，即應所有阿羅漢都已成佛，則應無二乘阿羅漢與菩薩之差別，亦應無佛與菩薩、佛與阿羅漢之差別。倘若不是如此，則彼等所立之二乘阿羅漢即屬於尚未斷盡煩惱障者，因爲尚有煩惱障所攝之所知障未斷，未斷盡煩惱障之現行者又如何可稱爲阿羅漢？既然於諸蘊斷盡實執，爲何不能斷盡煩惱障？爲何不能出離三界？又到底煩惱障該不該含攝所知障？應成派中觀諸師於此都將進退失據，只能顧左右而言他，於此諸多矛盾必皆無法自圓其說。故佛門修學般若中觀者都應詳細審察，爲何應成派中觀會處處矛盾而不能前後一致？

二乘聖者未證大乘法無我，是因爲未破所知障、未分斷所知障故，煩惱障所含攝之內容僅止於五陰人我執之現行煩惱，二乘聖者雖仍有煩惱障所攝之習氣種子隨眠未斷，但此習氣種子隨眠並不遮障於三界之出離；而煩惱障之現行及習氣種子之隨眠，反而都是被所知障含攝，並非應成派中觀所說習氣隨眠函蓋了所知障。而所知障乃是菩薩親證本識如來藏心體以後，藉由如來藏所生萬法之現觀，進而證知如來藏心體能生萬法功德自性之無我性、無自性性，以及如來藏中含藏之一切法種；如世尊於《楞伽經》中所說，證知如來藏心體離於心意識、五法、三自性，即是菩薩所破之所知障、所證之法無我。故二乘未證如來藏而無般若實相智慧，當然未證大乘法無我，故應成派中觀之立論與主張皆是邪說謬論，於理無證、於教無據故。

第二節 應成派中觀主張煩惱障含攝所知障

世尊之聖教中，阿羅漢確實斷除五陰人我執之煩惱障而出離三界，而應成派中觀表相宣稱爲藏傳「佛法」，卻處處以違背佛所說法作爲其立論之宗旨，如此公然違反聖教者即不應該稱爲佛法，爲什麼呢？彼等否定諸佛世尊成佛之法體如來藏，使成佛之道的實證變爲不可能；又執取佛世尊所訶責之虛妄不實五陰人我法意識我，作爲眞實常住我，使聲聞解脫道的實證亦成爲不可能；又以未離我見而俱有之見取見，攻擊諸宗諸派正法，只因各宗派之法義與其說法不同，使應成派中觀成爲破法者。彼等又立論說，二乘阿羅漢必定要證得彼等所妄計意識微細我，才能斷除三界煩惱種子，才能出離三界；主張意識微細我執就是法我執，稱法我執爲煩惱障之細分，又稱此法我執爲所知障，故彼等主張煩惱障含攝所知障。這樣的立論與主張，完全扭曲了解脫道與佛菩提道中一切賢聖之所見、所修、所斷與所證，諸賢聖之一切有功用行、無功用行將於彼等之立論下悉皆唐捐其功，於彼等之立論下，我見凡夫即可超越佛世尊而成爲喇嘛「佛」故。因爲意識微細我，仍攝在「**諸所有意識**」中，世尊曾說「**諸所有意識，彼一切皆意、法因緣生**」，亦曾說一切粗細色皆是無常、苦、無我、生滅，受想行「識」亦復如是，意識是識陰所攝，故意識微細我即是緣生法、是生滅法，正是三界所繫之三界有。古今一切應成派中觀師徒全都寶愛意識我，正是障礙出離三界之煩惱；世尊說二法所生之法是五陰人我法，而意識不論粗細，乃是「**意根、法塵**」二法爲緣所生之法故，攝在生滅性的識陰中；應成派中觀師徒等人，都未能斷除五陰人我見，必定不能斷除依於五陰人我見而立之煩惱障，必定永遠輪迴生死而不能出離。世尊教導隨學弟子，要如實知、如實見五陰人我無常生滅而非眞實法之內容，如實的斷除五陰人我見與人我執煩惱障，依止於不生不滅常住之勝妙法，而得寂靜涅槃之解脫證境，這才是眞正不落於斷滅且眞實解脫之聲聞佛法。

於人我執煩惱障未斷除時，法我執所知障本已存在，乃是因爲人我執是迷於蘊處界諸事而產生的，迷於本識如來藏阿賴耶識藉緣出生蘊處界見聞覺知事，而顚倒計執諸事爲眞實有；而迷於本識藉緣出生蘊處界諸事而計執依他起、遍計執、圓成實三自性者，即是法我執所攝；亦即是未能親證本識如來藏阿賴耶識眞如心體者，不能眞實知見蘊處界諸事因於本識心體之本來清淨自性性而無三界我自性之法無我智境，所以說不知不證本識如來藏心體者不能斷除法我執。然而並非未證本識心體者即不能解脫而出離於三界，本識心體乃是本來不生不滅自住涅槃，本識心體雖然爲了酬償業報而不斷地出生六道異熟果五陰，所出生之五陰雖然無常生滅有爲，而本識心體之本來涅槃眞如無爲，卻不因五陰之生滅變異而有任何生滅變異。因此，世尊施設解脫之方便道，教導隨學弟子如實知見五陰人我之過患，如實知見五陰人我之積習、五陰人我之斷習，如實知斷盡五陰人我並非斷滅，仍有涅槃之本際、寂靜清涼之眞實法體本住不滅，但不必實證本識眞如心體；故阿羅漢所斷三界煩惱之現行，僅止於五陰人我見、人我執，而涅槃本際之本識心體本來即無見聞覺知事，亦無見聞覺知者，是阿羅漢所不需實證者，只需信受佛語，知有本識心體是無餘涅槃之本際即可，所以阿羅漢未證本識心體之所在、未知未見法我執之內涵，仍然可以因爲本識心體之涅槃性而將後有五陰人我滅盡，消失於三界而方便說為解脫。故應成派中觀主張煩惱障含攝所知障，認為必須斷除法我執才能出離三界之說，純屬攀緣附會佛法名相以後再以自意想像而說者，因果不能成、事理不能圓，全無可信之基礎。

佛護、月稱、宗喀巴等人，僅憑著住於五陰人我見中之虛妄想，套取《般若經》中「無自性性」名相，全然不知《般若經》中所說「無自性性」乃是依於本識心體之眞如法性而說，濫用無自性於其一切假名佛法之著作中。無自性性之眞實義，當於下一節中申論，此處不先表述，以免贅言。

彼等以意識我，於領受見聞覺知六塵時，心中妄想著於當時意識「我」之文字名稱是名言施設，名言所增上安立「我、五陰」等名詞，乃是依緣假立而無有自性，聲稱意識之明瞭分—細意識—雖有自我了別之自性而沒有名言增上安立「我」之名詞自性，說這樣證知時又能生起這樣的名言「我」無自性「智慧」，就是通達法無我自性，因此主張彼等所立之二乘阿羅漢亦證意識微細我而斷除法我執，圓滿通達法無我。宗喀巴如是說：【許二乘人亦達法無自性者，如佛護說：「聲聞藏中說一切法無我，其所無之我，謂自性有。」此亦許爾，彼即無我相之圓滿義。故知補特伽羅無我之圓滿相，即補

特伽羅無自性。欲如實通達補特伽羅無我，亦須如實通達法無我也。由是亦須安立法我執爲煩惱障。故明煩惱障有粗細二義。】9

依照宗喀巴之說，假如純以五蘊人法部分來觀察，觀察從五蘊假名所稱之「名詞我」無有自體，非自性而有，故此名詞之我，自相空、自性空，就可聲稱此假名所稱之「我」無自性，即爲人我空；此處宗喀巴所說之標的乃是在於假名所稱之名詞上的「我」，不是在於觀察五蘊我等法之無常生滅、無自體性、非眞實我而說，所以應成派中觀佛護、月稱、宗喀巴等人，實際上都未曾如實知、見五蘊我的無常性、生滅性，不如實知五蘊的緣起性空，故皆尚未斷除五蘊常住之人我見，三縛結具在，尚非聲聞初果；僅在名言施設之世間文字名詞「我」無自性的戲論上，談論補特伽羅名言無我、無自性，皆是憑空想像我見、斷我見、斷結縛，於聲聞解脫道及大乘佛菩提道而言，全部言不及義。

彼等又認爲此名言所施設之我是能取，能取五蘊及細意識爲我所有；然彼等一向主張能取身者是意識，那麼於其心中所想，取五蘊者亦應是意識，故將意識排除於五蘊之外，違背佛說而主張意識並非識陰所攝；由此緣故，彼等落入識陰所攝之意識中，永遠無法斷除我見、取證聲聞初果，遑論成爲證悟第八識的見道位菩薩。

依彼等所說，又應當是以意識爲實法，而使意識成爲施設名言我或補特伽羅我等名詞我之因由，然後於此名言我或補特伽羅之稱名上，遮遣名言之自性與實體，所說全都成爲戲論，如同討論兔無角之法性一般，言不及義。應成派中觀即是以此新創之名詞我，再來觀破此名詞我之虛妄，作爲佛法中的法無我的實證，以如是自創之法及加以觀破之因果關係，創建其人我執、法我執及人無我與法無我新義，托詞爲世尊所說的人無我、法無我等，而其意涵與三乘經典所說之意義全然無關，故非眞正佛法，只能說他們是附佛法外道。

爲何說應成派中觀如是主張是墮於我見中者？譬如名言施設之文字「我」、名詞「我」，本身實無能取任何一法之自相，全無一用而純屬名言施設之戲論，非如意識我有其世間法中之作用，純屬名言施設而無實法存在於現象界中，非如五陰之一一陰、一一識都各有其作用而可被學人現前觀知，全屬名言戲論。如前一節所申論，必定先於五蘊中受、想、思而起我覺，其後才執五蘊爲實我，以致流轉生死；名詞我、文字我既無我思、我覺，只是意識心中的一個觀念、想法，即無可能被世人執爲實我，亦無可能成爲流轉生死中的受苦、受樂者，故不必以此等假我作爲修斷之標的；只有落入常見、我見中的凡夫，爲了在表相上符合人無我、法無我的經中修證名相，才需要如此套用經典名相而曲解之。宗喀巴於《辨了不了義善說藏論》中也已經將其落於五陰人我見之本質顯露無遺，舉證如下：【其能立理，謂能取蘊者即說爲我，識取後有故立識爲我。此師不許阿賴耶識，故取身之識，許是意識。……次出正理，謂諸蘊等是我所取，我是能取，則識或餘蘊理皆非我。若不爾者，作者與業應成一故。……譬如由眼見色，能善立云，祠授見色；由祠授觀色能善安立云眼觀色，然亦不違見色之眼非是祠授，觀色祠授亦非是眼。如是眼痛、眼愈（癒），雖能立名我痛、我愈，亦能立名我眼痛愈；然非由世名言，安立彼眼爲我、我所。由此道理，我與所餘內外諸處，互相依托立聞者等，亦當了知。】[10]

如前舉證阿含部經中，世尊已說五蘊乃是人我所攝之法，於五蘊等法作人我想的緣故，因此說我眼見色、我耳聞聲，乃至我意識知法，這就是緣於五蘊所生我見之相貌。而應成派中觀卻以意識取身而住之邪見，觀見意識我能緣於色塵境而了知色塵境之內容，不是經由世俗名言施設安立眼為我與我所，而是實質於其自心中能領受意識我見色、意識我聞聲，乃至意識我知法，以此人我見而辨稱意識我與眼處等互相依托而立我見、我聞、我覺、我知，而此等我見、我聞、我覺、我知之名言所說之我，並非五陰自我，僅是因為意識與眼處等依托之因緣而有，非自性有，是名言假立，故別無自性。應成派中觀主張如此認知即是補特伽羅我無自性，如此即是通達補特伽羅無我；而彼等實際上是住於見聞覺知人我等五陰諸法中，執取此能見聞覺知之五陰為常住法，以為遣除而不執著我見、我聞、我覺、我知之「我」等語言文字，此時仍然認定五陰見聞覺知就是常住的自己，就是已證得人我無自性而得解脫。

但見聞覺知事與見聞覺知者，皆是五陰人我之法，意識是五蘊中的識蘊所攝，正是二法所生之識陰所攝，既是依五色根及意根與法塵才能出生之生滅識，則意識顯然是後於五色根出生者，當然意識不能持身、不能入胎，如是正理，已於前面章節中辨正；凡是將意識「我」執為常住法者，正是常見外道之法相，常見乃是基於意識分別我見所衍生者；世尊說，意識縱然能滅卻見聞覺知，仍然是內守幽閒而不離法塵分別，落入三界六塵諸法中，並非眞實心；更何況應成派中觀入於六塵見聞覺知中而執取見聞覺知諸事者，當然是落入識陰六識等生滅法中，如何能解脫於五蘊人我之繫縛？連聲聞解脫道的世俗諦都不懂，何況能知實相法界第一義諦的佛菩提道，竟敢寫作自己所不懂的「佛菩提道次第」而且「廣論」之，令人不免覺得可笑。

意識依止意根緣於五蘊而生起貪愛，導致現世之五蘊執取後世之五蘊種子，成就後有；故以此世之五蘊造作善惡諸行，能取後世之五蘊種子，因而有五取蘊之稱名。執藏我見、我執種子之心體雖然是第八識阿賴耶識，藉諸緣出生五蘊者雖然也是阿賴耶識心體，但能與五取蘊種子相應者則是意根與意識，並非阿賴耶識心體取五蘊爲我而與眼處等互爲依托而安立彼眼爲我與我所。倘若應成派中觀堅持主張是由阿賴耶識心體與五蘊種子相應，我見與我執是阿賴耶識心體所相應者，則應阿賴耶識實有，專弘應成派中觀的《菩提道次第廣論》中即不應否定之，宗喀巴又爲何要公然否定之？亦應阿賴耶識必定與我見我執煩惱相應，則阿賴耶識必定要能見聞覺知六塵，方得於眼見色時執取爲我與我所；然而世尊說如來藏阿賴耶識心體對諸六塵皆無見聞覺知事與見聞覺知者，不著、不取、不捨一切法，本性清淨；此本性清淨性、離見聞覺知而不與六塵相應，無始以來即於六塵萬法中如如不動其心，即是無所得之無我眞如法性；而應成派中觀於否定實有如來藏阿賴耶識之同時，以其具有我見及我執之意識心，不如理作意思惟而妄計意識心爲本來常住之入胎識心體，於謗佛所說清淨法外，又進一步毀謗菩薩藏，此等謗菩薩藏之無間地獄重罪，已不是宗喀巴一句愚鈍就能夠遮遣得了的！

佛護、月稱、宗喀巴等人，宣稱若不能證得人我、法我無自性，則不能證得解脫，但彼等所說之無自性性，並非大乘法無我所攝不增益不損減之三性、三無性，不僅否定阿賴耶識心體存在，成就損減之實，而且是各自於五陰人我生起增益執以後，所妄想之五陰名言無自性，尚不能及於五陰法無常無自體性之緣起無自性，連初果向的見地都沒有，所知與所見正與解脫道完全背道而馳。世尊所施設教導二乘斷除五陰人我執之方便，乃是如實知、如實見五陰人我中諸法之無常、苦、空、無我，以知五陰苦及知五陰過患爲先，再斷除五陰人我見，進而斷除五陰我與我所之貪愛執著，故世尊並未以蘊處界諸法無自性性爲方法教導二乘聲聞與緣覺，應成派中觀主張未能見諸法無自性性即不能斷除人我執與法我執，顯然違背釋迦世尊之聖教。茲舉《雜阿含經》卷三十一中世尊教導二乘斷五陰人我執之方法如下，供大眾檢查審思：

（第八七九經）如是我聞。一時，佛住舍衛國祇樹給孤獨園。爾時，世尊告諸比丘：「有四正斷，何等爲四？一者斷斷、二者律儀斷、三者隨護斷、四者修斷。云何斷斷？若比丘已起惡不善法斷，生欲、方便、精勤、攝受，未起惡不善法不起，生欲、方便、精勤、攝受；未生善法令起，生欲、方便、精勤、攝受，已生善法增益修習，生欲、方便、精勤、攝受，是名斷斷。云何律儀斷？若比丘善護眼根，隱密、調伏、進向，如是耳、鼻、舌、身、意根善護，隱密、調伏、進向，是名律儀斷。云何隨護斷？若比丘於彼彼眞實三昧相善守護持，所謂青瘀相、脹相、膿相、壞相、食不盡相，修習守護，不令退沒，是名隨護斷。云何修斷？若比丘修四念處等，是名修斷。」

爾時，世尊即說偈言：「斷斷、律儀斷，隨護、修習斷，此四種正斷，正覺之所說，比丘勤方便，得盡於諸漏。」

佛說此經已，諸比丘聞佛所說，歡喜奉行。

如四念處，如是四正斷，四如意足、五根、五力、七覺支、八道支、四道、四法句、正觀修習亦如是說。

（第八八一經）如是我聞。一時，佛住舍衛國祇樹給孤獨園。爾時，世尊告諸比丘：「如上說差別者，如是比丘能斷貪欲、瞋恚、愚癡。」

佛說此經已，諸比丘聞佛所說，歡喜奉行。

如斷貪欲、瞋恚、愚癡，如是調伏貪欲、瞋恚、愚癡，貪欲究竟，瞋恚、愚癡究竟，出要、遠離、涅槃亦如是說。

世尊於此經說，降伏貪瞋癡、斷除貪瞋癡，乃至究竟斷盡而遠離對五陰人我愛染、出離愛染繫縛，遠離瞋恚、出離瞋恚繫縛，遠離愚癡、出離愚癡繫縛，斷盡三界有漏苦法，證得五陰不再出生之涅槃解脫，要以四正勤之精進心，善於守護眼等六根，以遠離對於六塵之貪愛；對於不淨觀所得之種種決定境，時時思惟守護不使退失，以斷除對色身、眷屬之貪愛；如是以身、受、心、法四念處正觀修習為方便，乃至七覺支、八正道法為方便，能夠斷盡一切障礙解脫之有漏法。要能夠斷盡諸漏而出離三界，依照世尊之教導，首要斷除五陰之人我見，如實了知五陰非真實我，如實了知意識自我亦含攝於五陰人我中，了知意識是二法爲緣所生之識陰所攝，不能自外於識陰；亦應了知意識自我同於五陰，是無常法而不是常住法；應知意識自我若不能棄捨妄計自我眞實之執取，則苦法不滅，即不得解脫。世尊對欲求出離三界之佛弟子如是諄諄教誨：

【如是我聞。一時，佛住舍衛國祇樹給孤獨園。爾時，世尊告諸比丘：「非汝有者，當棄捨，捨彼法已，長夜安樂。諸比丘！於意云何？於此祇桓中，諸草木枝葉，有人持去，汝等頗有念言：『此諸物是我所，彼人何故輒持去。』」答言：「不也，世尊！」「所以者何？彼亦非我、非我所故。汝諸比丘亦復如是，於非所有物當盡棄捨，棄捨彼法已，長夜安樂。何等爲非汝所有？謂眼，眼非汝所有，彼應棄捨，捨彼法已，長夜安樂。耳、鼻、舌、身、意亦復如是。云何？比丘！眼是常耶？爲非常耶？」答言：「無常。」世尊復問：「若無常者，是苦耶？」答言：「是苦，世尊！」復問：「若無常、苦者，是變易法。多聞聖弟子寧於中見我、異我、相在不？」答言：「不也，世尊！」「耳、鼻、舌、身、意亦復如是，多聞聖弟子於此六入處觀察非我、非我所，觀察已，於諸世間都無所取。無所取故，無所著；無所著故，自覺

涅槃。我生已盡，梵行已立，所作已作，自知不受後有。」佛說此經已，諸比丘聞佛所說，歡喜奉行。】[11]

世尊說，於眼、耳、鼻、舌、身、意六入處中，能取六塵之見聞覺知及所取之六塵境，並非眞實我，亦非眞實爲我所有，因爲眼等六入處皆是無常法、苦法、變易法故；因此，經常聽聞世尊善說五陰無常無我、已斷我見之聖弟子，棄捨意識自我見聞覺知能取之心爲眞實不壞法之妄計，棄捨所取之六塵境，因爲如實了知於其中無有眞實常住我，所取六塵亦非此我所能眞實擁有，了知眞實常住之我，不與五陰六入十八界相在，故不隨著陰界入的無常而變異生滅。多聞聖弟子於棄捨五陰之我與我所見以後，不取著五陰世間，不取著器世間外六塵，不取著意識心之見聞覺知，如是一切無所著，而意識自覺自我可以滅盡無餘，因爲尚有世尊金口所說眞實不生不滅之涅槃本際恆存，如是於涅槃本際中無有五陰人我法現起，以本識之眞實自住涅槃而施設爲五陰人我解脫於三界，故能不墮斷滅。也就是說，五陰人我法中，無有一法能夠離開三界而存在，縱然處於意識五百劫不現起之無想天中，五百劫中都無意識現起時似是眞實無我，亦仍是三界中之有法，無想天之天身還是有五陰人我法繼續存在故，尚有意根執取無想天身之人我執而存在故，仍有天身色陰及意根心體故。因此，多聞熏習如實修道之二乘聖者，雖然不知不證涅槃本際入胎識之所在，未證蘊處界法與本識非我、非異我、不相在之現量，不能現觀一切法唯由本識幻化所生，不知此中如何是遍計執性、如何是依他起性、如何是圓成實性，如何又是本識心體之無所得無自性性之自性，卻仍然能夠遵循世尊之聖言教，而以五陰人我之無常、苦、空、無我為智境，以三十七道品為方便，斷盡五陰人我執所攝之煩惱障而出離三界生死苦，永遠不再有五陰出現於三界中。故二乘聖者不須斷除所知障所攝之法我執，仍然能具足方便斷除繫縛於三界之煩惱種子。但應成派中觀諸傳承者皆不知、不證如是法義，徒以凡夫身心而師心自用，非毀諸佛聖教，一切正信之佛弟子皆應慎思明辨，勿受其盜用佛法文字名相之後所曲解之法義所籠罩。

佛護、月稱、宗喀巴嚴重扭曲了二乘五陰人無我之內容，妄計能持身者為意識，妄言能藉緣生一切法者為意識；又說只要遣除意識依托於眼等諸處因緣而有之名詞施設我，了知此一名詞施設之「我」名確實無有自性，就是斷除煩惱障粗分之人我執；若證得意識明瞭分中之細意識我，觀察此細意識我於受用六塵見聞覺知時，「我」之名言施設亦非自性有，宣稱此爲破除法我執，是破所知障，則稱如是已斷除煩惱障之細分。因此，應成派中觀強言煩惱障含攝所知障，主張阿羅漢證得意識微細我之法無我才能出離三界，更將習氣隨眠繫屬於意識微細我，聲稱若不證意識微細我，則不能成佛，這也意謂著應成派中觀主張彼等所立之阿羅漢已經成佛。先舉示彼等之言論如下，後作辨正：【《入中論》釋云：「無明習氣，能障決了所知。貪等習氣，亦是身語如是轉因，以彼無明貪等習氣，亦唯成佛一切種智，乃能滅除，非餘能滅。」此宗諸教及聖父子無諍論中，未有較此更顯然者。言身語轉者，謂阿羅漢有身語粗重，如猿猴躍，呼他爲婢，大師雖遮終不能斷。言亦是者，顯貪等習氣，亦能障礙決了所知。故一切煩惱習氣，皆是所知障。其果現似二取相等一切亂分，亦是彼攝。習氣自體，如入中論釋云：「若法於心薰染隨逐，說名習氣，煩惱邊際，薰習，根本，習氣，是諸異名。」斷除此所知障，雖除前說通達眞實之道外，更無有餘。】12

辨正：如上宗喀巴於《入中論善顯密意疏》中所說，將習氣隨眠歸納爲細分煩惱障，再將此細分煩惱障稱爲所知障。依照彼等之立論：稱人我執爲粗分煩惱障，稱法我執爲細分煩惱障（也就是彼等所說能常住細意識我之名言我），因此煩惱障就含攝了所知障，所以他們認爲阿羅漢斷除煩惱障出離三界，必定已經證得細意識我之存在，並斷除「**法我執**」證得「**法無我**」。而宗喀巴宣稱此等習氣隨眠細分煩惱障唯於成佛時能夠滅除，這樣前後呼應的主張就表示著：彼等之所立論，必定證得細意識我才能出三界之阿羅漢，是已經成佛，所以出離三界之羅漢道就是成佛之道。然而釋迦世尊及十方諸佛皆未曾如是宣說「**證得阿羅漢者即是成佛者**」，反而處處訓誡著：阿羅漢不知不證一切眾生皆有之如來藏，阿羅漢之解脫道是方便道，不是究竟一乘道，阿羅漢僅斷煩惱障現行而未斷所知障等等。因此，依止於佛世尊之教導，僅斷除五陰之人我執而眞實出離三界之阿羅漢，尚且不列於親證菩薩藏——**本識入胎識如來藏**——之菩薩數中，更何況能成就佛果？而月稱、宗喀巴等應成派中觀師徒立論所稱之「**阿羅漢**」，淺如煩惱障所攝之五陰人我見尚且不能斷，何況能出離三界？更何況能證阿羅漢們所不知明心菩薩所證的如來藏？又遑論具足斷除煩惱障與所知障而成就佛道？

由於應成派中觀師徒千年來積非成是，邪毒入心，已難救轉，必須一再舉例辨正之，方有機會拯救彼等之法身慧命。以下針對「煩惱障所斷者爲人我執、斷煩惱障尚未成就佛道、所知障淨智非煩惱障淨智所攝」等三目，再分別論述，以茲辨正。

一、煩惱障所斷者爲人我執

煩惱障所稱之煩惱，乃是指顚倒計著非常、是苦、無我、不淨之五陰爲常樂我淨，產生了貪瞋癡（無明）慢疑，以及我見爲首之惡見（含攝薩迦耶見、見取見、戒禁取見、邊見、邪見）等六根本煩惱。隨著貪等六根本煩惱而增長之忿、恨、惱、害、慳、嫉、無慚、無愧、放逸……等隨煩惱，亦是煩惱障所攝之煩惱，不屬於所知障所攝之煩惱（斷此等六根本煩惱時，並不能打破所知障，更無法斷除所知障）。由於不知五陰無有眞實常住之體性而顚倒計著，貪愛執取五陰爲我與我所，乃至貪愛執取與五陰相繫屬而有之世間資財、眷屬、名聞利養爲我所；若生於欲界，則於五欲境界中貪瞋癡我見等種種煩惱數數相應現行，除了此等於欲界六塵境界中現行之煩惱以外，尚有已經成就而未能脫離繫縛之煩惱－欲界愛所繫煩惱、色界愛所繫煩惱、無色界愛所繫煩惱－

隨著有情之異熟果報而眠藏著，此等眠藏之煩惱則稱爲煩惱隨眠。此等在三界現行之煩惱與眠藏之煩惱皆是有記、有漏業種，也就是只要此等煩惱種子存在，必能引生後有名色五陰相續出生，乃是十二有支無明緣行所產生之煩惱所含攝的緣故。因此，二乘聖者除了致力於斷除欲界煩惱之現行以外，尚需身證初禪離欲界生斷除欲界愛所繫之煩惱隨眠，斷除五下分結成爲三果阿那含；或者身證八解脫而次第斷除色界愛所繫之煩惱隨眠、無色界愛所繫之煩惱隨眠，以欲界身斷除緣於五陰之我執與我所執以及微細之我慢，斷除三界愛之煩惱現行與煩惱隨眠而證得滅盡定，成爲世尊所授記所作已作、梵行已立、自知不受後有、自覺涅槃之阿羅漢。而阿羅漢所斷之三界愛煩惱，即稱爲煩惱障，也就是障礙出離三界之煩惱；其中之極微細我慢，即是意根所執取意識之微細了知性爲我，若以此我而領受「**我已離貪愛**、**我已離所取**、**我已寂靜**、**我已涅槃**」，則爲不能覺知此微細我慢之現行，尚有一分不寂靜、不離我取之煩惱障未斷除，並非已離愛、已離取、已寂靜、已涅槃，即屬**未得而起得想**之增上慢者。

微細我慢之所以不能斷除，乃是對於**諸所有受皆與名色俱**之道理不能如實了知；或是計著一**切受外別有實我是能受者**，以此為受者而領受離愛、寂靜等境界；或是不能如實了知，一切境界中之領受皆有分別而產生之我見存在，以為一切受都非受者；或者於無色定中之寂靜境界計著「**我**」應無覺受，「**我**」已寂靜、「**我**」已涅槃，由此而發起我慢。此微細我慢對於未能離欲界愛所繫，以及未能離色界愛所繫、無色界愛所繫者，皆屬於未害、未斷、不能覺察之煩惱隨眠；此煩惱隨眠眠藏而隨逐著有情，待未來緣熟，於境界中現行時，由意識所獲得蘊處界無我之眞實智慧予以對治斷除。此中最重要者，莫過於如實了知意識見聞覺知性之緣生法相：「**見聞覺知之領受緣於六入之觸而有，六入又是緣於名色而有，名色乃眾緣聚集所生者；名色無常生滅有為，故六入、觸等生起見聞覺知諸緣，亦是無常生滅有為；更何況名色中識蘊所含攝能領受六塵之見聞覺知意識心，如何能別於名色而成為常住法？**」如實聞、思、修蘊處界所攝每一法之無常無我性，未遺漏每一法者，方能斷除緣於蘊處界之我執與我所執所有煩惱現行與煩惱隨眠，安住於蘊處界滅後並非斷滅，仍有眞實、法、如之涅槃本際不生不滅之如理作意中，最微細之三界有——意識明瞭分、覺知分，方得以滅除而取證出離三界之解脫果，成爲阿羅漢。

因此，月稱、宗喀巴等應成派中觀門徒，欲以證得細意識我之存在，認取細意識之領受了知性爲離於領受粗糙五塵外而別有之實我，以此細意識我爲常住法，聲稱如是證得細意識實我無自性，就是成佛之一切種智；此種違背聖教所敘述之邪說言論背景，即是來自於我慢煩惱隨眠所繫縛，而以我見現行煩惱所呈現之作用。彼等正是因爲不能如實了知意識分別我見之所緣正是五蘊虛妄法，顛倒執取意識心之細分作爲外於五蘊而別有之實我。而彼等所執意識心之細分也僅止於受用欲界五塵中之男女交合所受細滑觸之範圍，未曾觸及初禪中離欲界愛繫縛之清淨意識，更何況離色界愛繫縛之四空定中意識？爲什麼是這樣呢？因爲藏密應成派中觀冠冕堂皇假借佛法名相所立主張之行門，就是男女雙身於兩兩交合中實修，以獲得領受身觸之樂中，無有餘暇分別身外五塵境時專心了別樂受之意識，認定此時樂受境界中之意識爲空性心，聲稱證此專心領受邪淫樂觸之意識心時，就是證得細意識我；若當時之受樂者，因爲練就寶瓶氣而能使精液不洩，則稱已證得如所有性及盡所有性，自認爲已經「即身成佛」。這正是以被三界愛煩惱隨眠所繫縛之凡夫身，不覺欲界煩惱現行相貌與過失，而妄想將有漏諸受中之意識見聞覺知性視爲常住之本體空性。如是執著意識之能取與所取之交合中觸塵、法塵作爲眞實法之人我執者，尚且不能害、不能斷欲界煩惱之現行，更何況發起初禪觸及欲界煩惱隨眠之存在？遑論觸及三界頂——非想非非想境界中微細意識所相應之極微細我慢？

因此，應成派中觀所有門徒皆是師心自用，而以男女交合淫行中強烈樂受的意識極粗心作爲極細心，以此管窺之見任意曲解佛教中阿羅漢所斷之極微細我慢，妄認爲等同於成佛時所斷所知障隨眠，及煩惱障所含攝之微細習氣隨眠；實際上，此微細我慢雖然是無色界愛之煩惱隨眠，但仍然繫屬於遮障出離三界生死之煩惱障所攝，仍屬於煩惱障所攝的現行法，仍與習氣隨眠無關。而阿羅漢所斷之煩惱從來未曾及於煩惱障習氣隨眠，更未涉及所知障隨眠之見斷、修斷內容。如是法界中存在之事實，非唯理證上必然如此，亦乃諸佛菩薩所明確教導與宣說者，茲恭錄經文、論文如下作爲證明：

《解深密經》卷二：【若迴向菩提聲聞種性補特伽羅，我亦異門說爲菩薩。何以故？彼既解脱煩惱障已，若蒙諸佛等覺悟時，於所知障，其心亦

可當得解脫。由彼最初為自利益，修行加行脫煩惱障，是故如來施設彼為聲聞種性。】

《分別緣起初勝法門經》卷下：【又阿羅漢雖盡諸漏脫煩惱障，應知尚有所知障攝無明隨縛。如是無明，應知極遠隨逐有情，唯除諸佛，餘皆隨縛，是名無明隨縛殊勝。】

《瑜伽師地論》卷三十五：【若諸菩薩成就種姓，尚過一切聲聞獨覺，何況其餘一切有情？當知種姓無上最勝，何以故？略有二種淨：一、煩惱障淨，二、所知障淨。一切聲聞獨覺種姓，唯能當證煩惱障淨，不能當證所知障淨；菩薩種姓亦能當證煩惱障淨，亦能當證所知障淨，是故說言望彼一切，無上最勝。】

聲聞、獨覺唯斷煩惱障之現行，不能斷煩惱障之習氣種子隨眠，更不能斷所知障，唯有菩薩能斷盡煩惱障習氣種子隨眠，乃至進而斷盡所知障而成佛。倘若聲聞、獨覺蒙諸佛菩薩之攝受迴小向大而覺悟涅槃之本際入胎識自心如來，則能緣於親證入胎識而現觀入胎識之本來清淨自性、本來涅槃體性之眞如無我法性，生起大乘無生忍之智慧，以此大乘無生忍進而修學種智，當能解脫於所知障所障之變易生死，最後使如來藏中一切種子不再需要有所變異而成就佛道。應成派中觀月稱、宗喀巴等，竟然以凡夫之知見，月旦諸佛菩薩之聖教量，認爲顯教所說之阿羅漢尚有如猿猴躍、呼他爲婢之身語粗重習氣，唯於成佛時以一切種智乃能滅除，而稱顯教之成佛需無量數劫，曠日廢時；忝然主張彼等應成派中觀行者，只需依照其所創立理論與行門而實踐者，只須遣除五陰人我之名言文字「我」，認取此名言之「我」僅有言說而無有自性，妄取所受用見聞覺知即是空性本體，而於欲界男女和合之大貪中，證知受樂時意識明瞭分微細我之存在，再妄想此微細我之我亦是假名施設而無自性，則稱此藏密行者已證微細我而斷盡法我執、已破貪等習氣隨眠、已證樂空雙運、已經出離三界而證阿羅漢果、已經成佛，狂言修學其密法者在六個月內即可成佛[13]。然彼等所說皆是虛妄想所成，安住於意識堅固難壞之我見煩惱中而捕風捉影、幻想爲實證佛地境界。應成派中觀之月稱、宗喀巴、達賴、印順、索達吉等人，如是墮於我見中而不肯斷除，堅持意識是不生滅的常住法，粗淺如意識分別我見之內容，彼等都無法如實了知而破除，如是愚於五蘊之內涵而不能脫離五蘊苦聚之出生者，如是否定法界之實相、涅槃之本際入胎識如來藏者，如何能夠解脫於三界？如何能夠證得入胎識？如何能現觀入胎識如來藏恆時顯示之眞實與如如法性？如何能因實證眞如法性而發起般若智慧？如何能入菩薩數修學佛道乃至成佛？自身不能斷我見、不能得解脫、不能實證般若智慧、不能成爲實義菩薩，更不能成佛，又如何教導他人解脫於三界？如何教他人親證菩薩藏而修佛道？如今西藏密宗卻一向主張彼等密法之即身成佛法勝於顯教，妄稱彼等欲界貪淫法門中之「阿羅漢」乃是證得人我與法我之無自性，方得出離三界；於其密法中，更以證得意識微細「我」之無自性，妄稱爲已得一切種智，妄稱爲已斷除煩惱障之細分所知障而成佛；更於毫無簡擇能力之社會大眾中，以其成佛之名相爲糖衣，包裹著陷眾生墮入三惡道之邪淫鐵鉤而蠱惑、勾引大眾，冠冕堂皇地推廣其男女雙身欲界大貪之邪淫境界，這是最令一切正信之佛弟子所不忍者。爲挽救被彼等藏密之毒所害而陷於邪見深坑、邪淫、亂倫、貪欲鉤鎖、破戒之眾人，實是一切正信佛弟子應有之責！眼見後世無量苦痛之果報必將降臨彼等眾生，而能無動於衷，即非悲心菩薩。

於男女身觸之樂生起希望追求，乃是欲界有情受到欲界愛繫縛而相應現行之貪欲煩惱鉤鎖，此亦是欲界有情汲汲營營追求、受用之大貪，於此數數現行之煩惱纏中，無知於自身已受到欲界愛種子現行所繫縛，正是藏密應成派中觀古今所有傳承者與隨行者之寫照。自身不能脫離欲界愛種子現行之繫縛者，數數被男女淫觸極重貪愛所纏者，已完全被三界愛之煩惱現行所繫縛，又如何能以此受繫縛之身心而聲稱自身已出離三界？或能教導他人修學出離三界煩惱障之法要？同樣的，自身被煩惱障之我見、我執、我所執、我慢所繫縛及數數現行不斷，並執取貪愛五欲六塵外我所爲自心內法者，尚不能遠離外我所的執著，又如何可以聲稱自身已斷人我執，乃至斷法我執而成就解脫果及佛果？古今應成派中觀師，對於煩惱障現行之內涵懵然無知、對煩惱障習氣種子之隨眠繫縛亦無所知、對所知障之現行更是無力察覺，連所知障的聞所得慧都付之闕如，所思、所知、所說全都屬於常見外道法，連正學佛法的初機學人知見都不具備，又如何能度眾生？竟敢大膽宣稱已經即身成佛，如同愚癡貧民無勢無財而自立爲王，豈非是自取誅滅之愚行！茲舉彌勒菩薩之開示，以利益諸多受到應成派中觀惡見所誤導者能如理思考：

云何建立煩惱雜染染淨差別？謂如所說本隨二惑，略二緣故染惱有情，

一、由纏故，二、隨眠故。現行現起煩惱名纏，即此種子未斷未害，名曰隨眠，亦名麁重；又不覺位名曰隨眠，若在覺位說名爲纏。若諸具縛補特伽羅生在欲界，成就三界煩惱隨眠；若生色界所有異生，成就欲界被奢摩他之所損伏煩惱隨眠，成就色界及無色界所未損伏煩惱隨眠；若生無色所有異生，成就欲界及與色界被奢摩他之所損伏煩惱隨眠，成就無色所未損伏煩惱隨眠。如界道理，隨地亦爾，諸煩惱纏未離自地煩惱欲者，自地現起；已離欲者，即不現起；若在下地，上地諸纏亦得成就，非在上地得說成就下地諸纏。[14]

略釋上舉論文如下：「如何建立煩惱雜染之對治前染污與對治後清淨之差別？就像先前所說根本煩惱與隨煩惱二種，略說有二種緣而說煩惱染污惱害有情，一者、由於在纏的緣故，二者、由於隨眠的緣故。於境界中與心相應而現行的煩惱稱爲纏縛，依這些能起現行作用之煩惱種子，在未經修斷、未予損害而潛伏在心中的狀態下，稱爲煩惱種子隨眠，又因爲這些隨眠不易斷除的緣故而稱爲粗重。此外，此等煩惱若是仍然未曾現起而未被自己察覺時即稱爲隨眠，若是已經現起而被自己所知覺，但是仍然無法加以斷除時，就稱其爲纏縛。

若是種種具足三界愛繫縛之有情出生在欲界中時，則表示他們都已成就了被三界愛所繫縛之煩惱與隨眠；若是生於色界中所有未斷我見、未得聖法之有情，則是已經成就被禪定所損伏之欲界煩惱隨眠，不再有欲界法的現行；此時成就色界及無色界有情所未能損伏的煩惱隨眠等現行。若是生於無色界之未證聖法之有情，則是已成就了欲界有情及色界有情中由禪定損伏之煩惱隨眠等現行，也成就了無色界諸有情仍未被損伏之煩惱隨眠之現行。如同三界凡夫有情中各各未被禪定降伏的煩惱隨眠常有現行的道理一般，煩惱隨眠隨逐於欲界地、初禪地，乃至非想非非想地之道理也是一樣，被種種現行之煩惱所纏縛者而未能離於自地境界之欲愛者，這些煩惱必定會於自己所住的三界境界中現起；已經證得禪定而遠離自地煩惱欲愛者，那一類的煩惱不會在他所住的三界境界中現起了；若是住在下地境界中，則上地所有煩惱纏也可以成就，而不是在上地境界者也能成就下地境界相應諸煩惱纏。」

彌勒菩薩之開示說得非常清楚，未能斷我見、未得聖法之有情（仍然認定意識的粗心、細心、極細心爲常住不壞心的人），因爲修證禪定而降伏欲界五蓋，證得初禪乃至四禪而得出生於色界天中，仍然會成就其定力所損伏而未能永遠斷除之欲界煩惱隨眠；意謂出生於色界之異生有情（尚未斷我見的色界天人）倘若於色界福盡、壽盡捨報以後，由於只是斷除欲界煩惱的現行，其欲界煩惱種子仍然隨眠而未斷除的緣故，仍然處於欲界愛所繫縛的狀況中；故未來在色界天捨報之後，仍然會還生於欲界中。而未能離於欲界地煩惱欲愛之異生（未斷我見者），諸欲界煩惱纏必定會於所受生的欲界地中數數現起（未斷我見者，縱使證得禪定，只能伏欲界愛，而不能斷欲界愛；已斷我見者，又證得初禪時，即能永斷欲界愛）。

何者為欲界地之煩惱欲愛現行？財色名食睡五欲及色聲香味觸法等六情貪愛追求，就是欲界有情心地之境界；其中更以追逐男女和合身觸之樂受以為妙欲之樂，故名欲界地。應成派中觀古今所有傳承者，皆屬欲界地之異生凡夫，皆是成就三界煩惱隨眠具縛之有情；何以故？因為彼等所渲染、所大力推廣的最高境界，就是二六時中不離於男女和合身觸，進而追求到達第四喜之全身遍受樂觸，每日念茲在茲、念念繫著者，乃是欲界煩惱現行之欲愛，此已是欲界現行可覺察之粗重煩惱相，已非隨眠，卻已是彼等所不能覺察者；更細之異生相，則是我見（以色蘊或識蘊意識為常住法，以受蘊—極粗重之淫樂覺受—作爲常住法，以想蘊—了知淫樂觸覺無物質相—作爲常住法，以行蘊—不斷運作意識及色身之身心二行—作爲常住法），彼等皆不能知，皆墮於其中，五蘊具足而未斷我見、我所執，竟然執著爲成佛境界，是故彼等都屬於異生所攝的凡夫。四阿含諸經現前仍然存在，仍可比對而加以檢驗，證明彼等都無智慧了知自己所墮的凡夫異生境界。

彼等又極力修證雙身法的極樂淫受，與色界境界背道而馳，趣向欲界中的最沈重境界，而非向上輕昇的境界，當然不可能與色界相應，即不可能發起初禪，絕對不可能超越欲界境界，死後當然亦不可能受生於色界中，只能永遠受生於欲界人間或三惡道中。由如是事實，顯示應成派所有中觀師尚且不覺自地境界中所受纏縛之相貌，又如何能夠瞭解煩惱障之內涵？又如何了知已離異生的阿羅漢們尚不能了知的所知障之內涵？設若彼等對大眾隱瞞其男女雙身修法之密法，亦能如同印順法師之摒絕雙身法的實修與希冀，實證初禪而以大乘止觀之名相，宣稱彼等有禪定之證量，仍然屬於異生類所攝；因爲彼等所寶愛、不肯棄捨與否定所能領受一切境界之意識心，正是具足我見之心，正是與斷我見修聖道之初果聖者之根本差別處。一切初果聖者都已否定意識心，同皆認定爲緣生緣滅之生滅法，皆不肯認定意識是常住法；而應成派中觀一切隨學者、弘揚者，多數不可能證得初禪以上之禪定境界，因爲男女欲愛正是使有情繫著於欲界之煩惱隨眠，彼等不能損伏此項煩惱，又怎能超越欲界而證得色界之禪定境界？故彼等僅是以其所捕捉到部派佛教發展形成之六識論影子，又再竊取大乘般若諸經中之名相作爲所依，將二者錯誤套用，以虛妄想而妄說煩惱障含攝所知障，再妄言斷除煩惱障者即已成佛，實無絲毫可信之處可成就其立論也！何以故？若彼說可以成立者，則一切阿羅漢應都已成佛，則佛世時應已有一千二百五十一位大佛陀同住於人間，亦應諸大阿羅漢座下的所有阿羅漢弟子們都已成佛了；則佛陀當年即不應授記說，五億七千六百萬年之後當來下生成佛者爲彌勒尊佛，故知彼等之創見都不如法。

二、斷煩惱障者尚未成就佛道

西藏喇嘛教藉著諸多佛法表相，將彼等得自外道（天竺坦特羅密教）的六識論邪法及雙身法，粉飾成相似佛教之餘，不僅無解脫法道及成佛法道之實質內涵，而且又缺乏佛法基本知見及愚於煩惱與智慧的情況下，以世俗凡夫之心量而致力鼓吹佛教界，應於男女雙身合修之大貪中追求大樂之淫欲享受，欲以世間不離諸苦之淫樂境界，來褻瀆諸佛世尊離分段生死苦、離變易生死之常樂我淨佛果境界。例如索達吉之弟子釋智誠法師與邱吉彭措所造之《般若鋒兮金剛焰》中這麼表白：

本基光明如何折射成貪等煩惱，在密續中有著深入論述，於此不予介紹。普通讀者只需了知，越猛烈的煩惱心，越是本基光明較高程度的能量投射就可以了。（除此之外，難道還能找出一個更加合理的終極能量源嗎？）儘管從始發到終點，在無序的“輪迴背景輻射”影響下，混入了一些雜亂的干擾信號，但通過大乘佛教頂尖的「濾波」、「還原」妙法，我們仍有足夠的把握將它認出來。正是有法法性的微密關係和圓活無礙的大乘精神，提供了即煩惱妄心而直接悟入心性大樂光明的機會。這個機會，在無上瑜伽中最沒被浪費。……藏傳佛教對**出離心**的重視，從《大圓滿心性休息》、《普賢上師言教》——《大圓滿前行引導文》、《菩提道次第廣論》、《解脫莊嚴寶大乘菩提道次第論》等法要中，可以很明顯地看出來。在傳統上，一名合格的密法行者，必定長期系統地熏修過暇滿難得、壽命無常、輪迴過患、因果不虛等前行引導，從而在內心深處對整個三有輪迴生起強烈出離心，了達一切有漏法均不離苦苦、變苦和行苦的本性。在有效壓伏了自相貪執心（包括男女情欲）的前題下，複以大悲菩提心和甚深實相正見攝持，並且嚴格按照殊勝竅訣行持，密宗的雙運法，當然和外道邪術、世俗淫樂有著本質區別。對如此顯而易見的區別茫然無知，並不是很體面的事。

有什麼理由能說明，凡夫欲貪和佛地大樂毫無關係呢？非常明顯，要證明此點，無異於證明世俗和勝義、有法和法性是絕對割裂的他體實法。這顯然是大乘佛法所不允許的。既然有聯繫，那又憑什麼斷定這種奇妙的聯繫毫無價值，不能為大乘行人的「濾波」、「解凍」事業做出關鍵性貢獻呢？

雙運法的特色，是在樂觸強烈之際逆觀其本解之法性，穿透煩惱現相直接安住大樂智慧本面。被認識了本面的欲貪，和完全隨虛妄現相而轉的欲貪，就像已化為水的冰和堅硬未化的冰一樣，名字雖然沒變，但實質卻霄壤有別。

除了想當然地將有漏煩惱排除在有法法性對應關係之外，謗密者的另一伎倆，就是將已攝歸法性本面的煩惱，和無有方便攝持的自相煩惱混為一談。一個排除，一個混淆，給咱們佛教界添了多少亂子！[15]

由於彼等西藏喇嘛教傳承於應成派中觀以意識爲常住法之宗旨，認取領受五塵時之意識心見聞覺知性，作爲常住不壞之眞實自性；乃至宣揚雙身法無上瑜伽時，更認定五蘊自身及五蘊所擁有之淫樂我所爲常住法，然而這正是凡夫我見存在之根本原因；然而一切欲界有情之欲愛煩惱亦正是建立於此意識，由於顚倒認取意識之見聞覺知性爲眞實自性，進而增長對五蘊及我所之貪愛；而此意識生起及存在之時，必然會與欲界五欲相應而發起、增長、染著。索達吉師徒於否定法界實相心本識如來藏阿賴耶識以後，落於**能量外道**之窠臼中，以爲只要意識心於淫欲境界中發起大貪之猛烈煩惱心，進而於男女雙身和合中追求身觸之至極樂受，認爲當時意識心領受此等身觸樂受時即是找到能量之源頭——意識心所發出之能量投射（企圖混淆佛法名相而說爲見到佛性、見性成佛）。彼等認爲能夠於身觸之樂中找到能量之源頭，猛烈之大貪煩惱心即是觸動點，因此而說淫觸的大樂與大貪不可互相排斥，若斷了欲界淫欲貪愛，則不能領受四喜之大樂。這樣赤裸裸地顯示藏密「**大師、活佛**」的異生凡夫心境，正是落入彌勒菩薩論述煩惱雜染相貌時所說「**諸煩惱**

纏未離自地煩惱欲者，自地現起」之欲界凡夫。索達吉師徒眾人，全都未離自地欲界煩惱而極力追求淫樂的最大樂觸，無一日不思念雙身法中的最大樂觸，正是住於欲界愛的最粗重煩惱中，未斷稍離如是欲界最粗重貪愛故。如是住於欲界地中，每日使其自地欲界煩惱欲現行而樂意每日與異性合修雙身法，想要每日住在樂空雙運、樂空不二的淫樂境界、意識境界中，尚不能與色界相應，遑論解脫於五蘊我及觸知斷盡所知障之成佛智慧。

意識心與欲界淫欲之貪愛心所法相應以後之染污心行，正是未離欲界愛貪欲所現起之煩惱行相，具足了五蓋與無明蓋；但索達吉等人在具足五蓋及無明中，卻抄襲了大乘佛法名相，於極度無知之中狂言意根、法塵為緣所生意識心之見聞覺知性，即是大乘自在不滅之精神，妄說覺知心處於雙身法最大樂觸猛烈欲貪中即可直接悟入而成佛。如是藏密無知師徒，是無法捨離欲界男女細滑身觸樂受之最重繫縛者，絕無可能到達色界初禪離生（離欲界生）喜樂之境界，更不能到達二禪定生喜樂之境界，何況能到達三禪離喜妙樂、四禪捨念清淨不動之樂？即使有人能證得色界禪定樂受境界，已非欲界凡夫所能到達，但還是屬於三界中之流轉境界，仍非已離三界生死，云何月稱、宗喀巴、索達吉師徒等欲界具縛者，可以主張彼等凡夫欲貪能與已解脫三界繫縛之常樂我淨佛地境界產生關聯？彼等於五陰世間、五陰熾盛之苦，尚不能瞭解其內涵，亦不能見其過患，仍不能生起深心厭離，故墜落於識陰及色受想行陰之我所樂空雙運境界中，一切所作皆是著於生滅相、苦相、染污相、煩惱相之「世間有」事相中，於此等世間事恆有願求而不斷貪求、不斷造作，不但違背了空、無相、無作之三三昧解脫行相，更不能與諸行無常（認取無常之意識心及見聞覺知性為本住法性）、諸法無我（認取諸法聚合而有之意識心明瞭分為能持種、入胎之常住細意識我）、涅槃寂靜（意識心與見聞覺知性皆是一期生死中之因緣所生法，非不來不去、非不生不滅、非不增不減、非不垢不淨之本來無生法）三法印互相印證。如是時時貪求欲界境界之藏密師徒，竟然口口聲聲說是修學出離心、重視出離心，顯然心口相違、名實不符。

很明顯的事實是：索達吉師徒一切作意，皆是對於世間盛事、欲界五欲六塵生起願樂，彼等假說一切修密法者已經長期的熏修暇滿難得、壽命無常、輪迴過患、因果不虛等，說此等人方能實證雙身法即身成佛境界；然而此等內涵的實修若皆屬實，依正信佛弟子而言，都能了知僅是止於信根之培植階段，距離成佛之道仍極遙遠，且與三乘菩提之實證背道而馳，彼等不應說爲已有成佛之資糧。若就菩薩五十二階位而言，此等次法之圓滿修集，僅屬於十信位之外門修集福德資糧過程，尚且無有堪能斷除我見，尚無堪能對治一切煩惱之能力。應成派中觀，從佛護以來到月稱、宗喀巴、達賴乃至今時之索達吉師徒，由彼等所說、所作，都很明顯地證明仍皆未斷我見，亦未能離欲而證初禪，全部無有堪能對治欲界最粗重之淫欲煩惱，皆爲欲界之煩惱障所嚴重覆蓋，其中也同時存在著彼等可能於無量劫以後，經善知識教導之因緣才可得知之所知障的繫縛；索達吉師徒卻強言彼等密法行者於男女欲貪中有著強烈之出離心，自稱已經壓伏了欲界地煩惱欲愛之貪執，宣稱於彼等密宗之男女和合雙運中，能證得佛地大樂法性而見性成佛。如是說法，顯然是睜眼說瞎話；明明是每日極力追求第四喜—**全身生起淫樂觸覺**—欲界最重貪愛，全無絲毫出離欲界之心意，亦無絲毫出離欲界之身行，竟然將出離心每日掛在嘴上欺騙世人。推究彼等所說**出離欲貪**之內容，則是想要常住於全身淫樂覺受之中而不貪求射精之樂受，認爲能控制而不射精，不貪射精之樂即是已出離欲界貪愛；強詞奪理、指鹿爲馬、顚倒黑白者，莫此爲甚。故藏密應成派中觀之佛護、月稱、寂天、阿底峽、宗喀巴、達賴、索達吉師徒等人，全都是口說出離心而實際上是極度貪著，完全沒有出離心的心口不一者，也是極力瞞騙世人之公然說謊者。

如是而言出離心、成佛，純屬空中樓閣、畫餅充饑；此空中所畫之餅乃是不可見、不可受用，純屬妄想籠罩他人，與事證、理證、教證完全不相符合。何以故？世俗諦與勝義諦雖然非是絕對割裂之他體實法，然而倘若受到無明等煩惱所遮障，否定眞實心體如來藏阿賴耶識之存在，而純粹沉淪於世俗五陰我法中，認取虛妄不實之五陰自性爲眞實法性，以意識心所領受一切六根觸六塵之身覺境界，皆屬世俗法之五陰法性，全然無關世俗諦，更無關於勝義諦。縱然能夠斷除五陰我見，斷除三界愛煩惱之現行與隨眠，所證得之解脫仍屬世俗諦範圍之滅除五陰苦法，所證只是聲聞道之解脫果，仍然無關大乘佛法之勝義諦所證法性；更何況具足欲界煩惱繫縛之所有藏密應成派中觀徒眾，連世俗諦所說無常生滅五陰「我」之內涵都不明白，全都墜落於五陰我所欲界淫觸中，卻奢言凡夫欲貪粗重淫樂境界可以相等於佛地常樂我淨之佛性，奢言彼等藏傳「佛教」極重視出離三界輪迴之苦，妄言極重視出離心，皆屬虛妄想像、大言不慚、誑騙世人之狂妄行舉。

五陰之法性乃是由本識如來藏阿賴耶識聚合眾緣所出生者，由於一切眾生皆有如來藏，故一切眾生悉有佛性。眾生以意識心所領受六根觸六塵之身覺及識陰之見聞覺知性，世尊說此等為凡夫隨順佛性；而未入地菩薩－十住菩薩－所眼見之眞實佛性，並非識陰六識之知覺性；凡夫因為受到無明等諸煩惱所覆蔽，故皆不能得見。十住菩薩親證本識如來藏阿賴耶識之所在，並以肉眼見到無形無色、清淨無染、無色塵相、無苦樂相、無五陰相之佛性，同時以意識心領受如來藏心體於六塵不動之本覺法性，世尊說如是見到佛性者為未入地菩薩之隨順佛性，尚且不是已入地菩薩之隨順佛性境界，更不屬佛地圓覺之隨順佛性。而此十住菩薩眼見佛性之基礎，必須先證得本識如來藏心體之所在，以緣於本識不與六塵相應之智慧，以及本識了知七轉識心行之本覺性等根本無分別智，現觀本識於無分別中能廣分別之智慧為基礎，進修定力及大福德以後，緣熟時方能眼見佛性而圓滿十住心。

此時菩薩雖然意識心仍然與貪等煩惱相應而起身口意行，然而現觀本識心體僅是了知七轉識心行卻不作主，處處隨順七識心而生現諸法，本識心體自身之清淨法性仍未曾受到煩惱之遮障而未曾不自在，第八識本識之眞如法性，則是藉祂自己所生的世俗法蘊處界而顯示出來，故說「煩惱即菩提，勝義因世俗而顯，無爲藉有爲而顯，有爲法從無爲法中生」，並非藏密邪法所說「貪等煩惱心行本身即是菩提、即是勝義、即是無爲」。而眼見佛性定力尚未退失之十住菩薩，僅需微風拂面，僅需蚊子輕輕踩過，即能以意識心領受本識心體之本覺法性；亦能在僅需微動一念之狀況下，隨心所欲而於一切有情身上眼見自他之佛性，亦能於一切無情眼見自身之佛性，如是能於六根及山河大地皆見佛性之現量境界，方是見性之實證，並非只能在淫樂中眼見；而此佛性仍是第八識如來藏之本覺性，並非六識對淫樂中六塵之領受了知。眼見佛性者之意識自身，雖然有時會隨著定力退失而暫時不能繼續眼見佛性，暫時失去眼見佛性之現量境界（但隨著憶佛拜佛動中定力之增強以後，仍可再度領受現量境界），而意識對於實證本識心體本覺法性之智慧境界卻不因定力退失而退失；不需如同索達吉師徒所說「在樂觸強烈之際……穿透煩惱現相（在遍身淫樂之第四喜強烈覺受之時，觀察樂觸無形色故是空性，正受大樂時，並無煩惱生起而穿透煩惱出現之相）」；因爲第八識之本覺法性—佛性—一向不在六塵中運作，一向不與苦受、樂受、捨受相應；既不與六塵相應而不觸知淫樂之覺受，則能一向不與煩惱相應，從來不與五陰法性及煩惱攪合在一起，又何需藉雙身法中，經由六塵而有的強烈樂觸來穿透煩惱顯現？當修雙身法者之意識心全然住於貪等心行所引之淫欲身行樂觸中時，縱然同時生起意識明瞭分之細意識我作為常住我，樂觸之身覺境界是細意識我本住法性之想法，然而此「我」僅是名言所稱，此「名言我」無自性等應成派中觀之宗旨思想，本質上全都屬於世俗諦中五陰人我法性之內容，與大乘本識心體本住法性之勝義諦法義全然無關，是故索達吉師徒這樣自作聰明而隱語描述的雙身法，所顯露的就是無明覆蔽而墜落於欲界我所中，也是彼等全然不識佛性之最佳寫照，何況能如十住菩薩而眼見之。

而淫欲相應貪，乃是一切正信佛弟子於聽聞、思惟正法以後，初始進入解脫道及佛菩提道之正修行時所必須對治伏除者，索達吉師徒竟大言不慚地說男女和合處於淫欲大貪之「無上瑜伽」（此名相亦是竊取彌勒菩薩所造《瑜伽師地論》中之瑜伽用語），是最能夠讓本覺法性穿透煩惱而現相之機會，豈但不是佛法中所說的佛性，本質上已是外道邪術、世俗淫樂、大增生死輪迴之煩惱；彼等對於此點茫然無知，是非常不體面的事，卻仍不知應予以覆藏，反而詳細廣爲宣示，令其凡夫我見之異生本質分明顯露，也爲佛教界增添了極多不可細數之亂象，成就了以外道法取代正法的破法行爲；如是不知己過，反而強詞奪理數說舉發眞相之菩薩，以法賊之外道身而指責實證正法者爲外道，其心顚倒至此，眞是可悲！今再舉彌勒菩薩之教導如下，供彼等應成派中觀之隨學者建立正知見：

又隨次第已說三支，謂聞正法圓滿、涅槃爲上首、能熟解脱慧之成熟；如是三支廣聖教義，謂十種，除此更無若過若增。又此三支當知即是修瑜伽因緣，何以故？由依此次第，此因此緣，修習瑜伽方得成滿，謂依聞正法圓滿，涅槃爲上首，能熟解脱慧成熟故。

云何修習對治？當知略說於三位中有十種修習瑜伽所對治法。云何三位？一在家位，二出家位，三遠離閑居修瑜伽位。云何十種修習瑜伽所對治法？謂在家位中於諸妻室有婬欲相應貪，於餘親屬及諸財寶有受用相應愛，如是名爲處在家位所對治法。由此障礙，於一切種不能出離，設得出家，由此尋思之所擾動爲障礙故，不生喜樂。如是二種所對治法，隨其次第修不淨想、修無常想，當知是彼修習對治。又出家者，於出家位中，時時略有四種所作……又於遠離閑居方便作意位中，當知略有四種所治。[16]

略釋上舉論文如下：「隨著次第已經說明了含攝修所成地七支中之三支，所謂無染污說法及遠離憍傲、輕蔑、怯弱、散亂等過失而聽聞正確的佛法，圓滿了如是正行；唯求眞實涅槃法，不爲名聞恭敬利養而聽法修道；於世間法諸增上盛事已無願心，爲欲斷除諸惡趣法而生正願，爲修習對治斷除諸惡趣法之所有善法、爲修習對治一切煩惱所有善法、爲欲證得對治果及自心令得清淨，以成就解脫慧使之成熟。依如是三支而廣說聖教義理，共有十種，除此以外，更無過於此者或其他增法。又此三支應當知道就是修習觀行而得解脫之因緣，爲什麼呢？由於依止此三支之次第，以此三支爲因、爲緣，修習觀行得解脫時才能夠成就圓滿，就是所謂依止正說法、正聞法之圓滿，以眞實、不生不滅、不來不去、不垢不淨、不增不減之涅槃爲上、爲首要，由於修習善法對治煩惱等能夠成熟解脫之智慧已經成熟的緣故。

如何是瑜伽師所應修習及對治？應當知道略說於三位中有十種修習觀行得解脫所應對治之法。所說三位是指哪三位？一者是在家位，二者是出家位，三者是遠離世間法諸盛事而獨居修習止觀位。哪十種是修習觀行得解脱者所應對治之法？是説，在家位中，對於妻室所產生淫欲相應之貪愛，對於妻室以外之親屬及資財寶物則因受用而有相應之貪愛，此兩種貪愛乃是在家位中修習觀行求解脱者所應對治斷除者。由於對妻室淫欲之貪愛與眷屬、資財受用貪愛之障礙，對於一切煩惱種子都沒有堪能可以出離；假設能夠出家修行，由於受到此種淫欲貪愛與資財等受用貪愛之反覆思念所擾動而障礙修行的緣故，所以對出家應修之法不生喜樂。像這樣的二種貪愛，修行者所應對治之法，應該隨其次第來修斷；先於妻室之淫欲貪，以修不淨想而對治之；再對眷屬資財之受用貪愛，以修無常想而對治之，應當了知這就是對二種貪愛來修學熏習對治之法。又出家之人在出家位中，大略來説，時時都應以四種所應作之事修，來對治懶惰懈怠、對治我見、對治飲食愛味貪、對治於世間種種樂欲貪愛……又於遠離世間盛事而獨居之方便作意位中，當知大略有四種所應對治者……」

瑜伽一詞直譯爲相應，乃是指以般若智慧或者以五蘊非常、是苦、是不淨法、非眞實我之解脱道智慧，於意識心所行之境界中觀察簡擇：何者是障礙身心解脫之貪等煩惱繫縛，於該煩惱繫縛處，以應理之無我智慧解縛斷繫以求出離、遠離，以依止、證得眞實涅槃爲最上首而與解脫相應，即是解脫瑜伽；或依實相之實證而觀察了知，法界實相之內容及世俗萬法之所從來、之所從去，證實「**三界唯是如來藏一心，萬法唯是八識心王所生所顯**」，如是與實相般若相應而名爲實相瑜伽；由與實相相應故，引生無上般若種智妙慧，如是修習對治、觀行而成就無上之涅槃之法的相應行，方得稱爲瑜伽行（在最後身菩薩位示現於人間，開悟明心而使異熟識轉成無垢識，引生大圓鏡智；再於夜後分明星出時眼見佛性而引生成所作智，同時具足上品妙觀察智、平等性智，導致四智圓明而成佛；如是最後明心與見性的相應法，方可名爲無上瑜伽，不是密宗淫樂相應的下墮法可以名爲無上瑜伽）。而於進行如是修習對治之前提，乃是要具備正說法或者正聞法之條件：不憍慢狂傲自大，不以自己之有限心量揣度甚深無上之佛地智慧境界，亦不妄想認爲自宗所學能超越諸佛的境界；不輕蔑無境界、無所得而遠離三界境界之菩薩藏正法，亦不輕蔑能於邪見亂流中排除眾議而能弘揚菩薩藏正法之善知識；不自輕蔑眾生能於菩薩藏正法之修證，亦不對自己修證菩薩藏正法之能力妄自菲薄。

彌勒菩薩說要能夠遠離憍慢貢高的雜染、輕蔑的雜染而熏聞正法，以涅槃為上首而修學習行所應對治之法，如是具足修習三乘菩提，解脫及實相瑜伽才能夠成滿；依如是瑜伽行之正義，不論出家位或者在家位，對於妻室之淫欲相應貪與資財眷屬之受用貪愛，都是必須對治而降伏或斷除之煩惱。如今觀察應成派中觀古今諸師，始從佛護、月稱、寂天，中如阿底峽、宗喀巴，末如今時之達賴、索達吉等師徒，卻反其道而行，於自身之修持及弘法之時，皆極力著墨於淫欲之極至大貪，將此修學佛法解脫道或者佛菩提道必須伏除對治之欲界最極重煩惱，反轉過來大力推崇而視為到達佛地之常樂我淨之最佳機會，與解脫道及佛菩提道都不能相應——不得瑜伽，卻謊稱為無上瑜伽。彼等盜用佛法「無上、瑜伽」名相之餘，更將解脫道及成佛之道之根本如來藏正法，完全否定，全力剷除，以外道法中墮於常見惡見的意識生滅心，及世俗邪淫貪欲之雙身法五陰我所覺受全面取代佛法，籠罩尚無擇法眼之世俗凡夫、初機學人，滿足其追求最高無上之虛榮心態；如是具足貢高我慢及輕蔑雜染，以外道法取代佛教正法之人，既不能正說佛法，也不能正聞佛法，必定不能成熟善根，不能成熟解脫智慧，永遠不可能進入涅槃為首之正法殿堂，這樣冠以佛法名相的外道法義理論與實修內容，實質上與成佛之道的「瑜伽」意涵全然無關，故知彼等應成派中觀所用之「瑜伽」名詞皆與佛法中之觀行、對治、得解脫毫無關聯。

任何一法生起時，不寂靜相自然隨之而起；由於此不寂靜法之生起而有不寂靜之身口意三行相續運轉，這就是煩惱之自性，即是煩惱之法相；生起淫欲之念而於此念生起作意，並思量而有所作，即是因隨眠所繫而起者，乃是隨順煩惱境界而現前者，是數數熏習之勢力所發起者，已是與欲貪煩惱相應之不寂靜意所行；後又引發尋伺覺觀之口行與身行造作，亦皆是不寂靜之煩惱行相，藏傳密宗之雙身法即是不寂靜相中之最劇烈者。被雙身法第四喜之淫欲貪愛煩惱所纏，隨著欲界男女法相存在之境界而現前，時時生起希望而追求、而造作，就是煩惱之自性；其猛烈相更能夠牽引學戒者毀犯正法戒之學處，能夠牽引藏密行者生起最粗重煩惱相，一世極力修學之後必然無法超越欲界，反而將出生於夜叉、羅刹等苦趣中或三惡道苦趣中，是求升反墮之愚癡行爲。索達吉師徒另一個伎倆，就是自創「法」與論說，自行解釋「法」之義涵而將此欲界最重煩惱中之覺知領受，曲解歸屬爲無漏法，聲稱此淫欲大貪已攝歸法性本面之煩惱，已不同於一般世俗煩惱之自相，故自稱彼等每日廣行淫欲大貪是合「**法**」的，如是大言不慚宣稱彼等淫人妻女的師徒亂倫行爲，合乎佛法精神及戒律。

煩惱之本質乃是與覺知心意識等七轉識相應，而產生不寂靜與熱惱之作用，受到淫欲貪等煩惱所纏縛著，其覺知心等七轉識都不能自在、不能出離，故受到纏縛繫著者乃是七轉識；如是繫著於欲界最重貪染之中者，即與出離心背道而馳。而平常生活中之見聞覺知已是五陰三界有之法性，受到煩惱纏縛之七轉識，處於見聞覺知中已然是染污之有漏法，故見聞覺知性不是常住不滅之眞實法性！更何況附屬於依他起性之識陰六識見聞覺知心而有的雙身法樂觸境界，當然是依附於依他起性的**我所**貪愛了；落入**我所**貪愛之藏密應成派古今一切中觀師，連五陰所擁有的我所都無法了知，更何況能了知五陰自我之虛妄？故說假藏傳佛教的喇嘛們根本沒有修學佛法的基礎，廣作淫人妻女惡業而捨報受生以後遠不如世俗凡夫，是故捨壽時若能不墜落三惡道中已屬萬幸，何況能妄想實證解脫、實證佛果，而言能與解脫及實相相應而自稱爲無上瑜伽？

若是已經證悟本識如來藏而未斷煩惱障之在家菩薩，與妻室或者夫婿行非梵行而履行同居之義務時，於彼境界中都能同時現觀自心如來不與貪欲等煩惱相應；自心如來隨順七轉識之心行而運轉時，恆時處於寂靜清涼涅槃之中，不於六塵相應故不領受苦樂等受，故永遠無貪、無求；亦能同時現觀意識心與貪欲煩惱相應，住於欲塵中領受了知而不斷起心動念，具足了熱惱相與不寂靜相。三賢位菩薩於如是境界中觀行而能了知：貪欲仍然是煩惱，七轉識覺知心受到此煩惱所纏而於境界不得自在；自心如來雖然隨順七轉識之心行而使七轉識相應之煩惱得以成就，自心如來卻不與如是煩惱相應；六塵境雖然是自心如來藉緣所現，而自心如來卻不了知其相，恆於如是境界中自在、清涼、寂靜。如是觀行之菩薩，將七轉識覺知心轉依自心如來本來清淨之眞如體性，於自心如來清淨之眞如體性中，現觀一切法不垢不淨、不生不滅，何有煩惱可言？何有能繫縛與所繫縛可言？然而七轉識覺知心卻深深了知貪欲煩惱應當降伏乃至斷除，證知不能解脫此煩惱繫縛者是七轉識，而不是第八識自心如來，由是而發起實相般若無上智慧。

假藏傳佛教密宗古今應成派中觀諸徒眾，企圖以淫欲煩惱攝歸於「法性本面」，奢想能夠排除於煩惱障之外，以淫欲之欲界鉤鎖而鉤住沉浸於欲界愛中之有情及自身，並以即身成佛之「佛」名籠罩眾生，同時迷惑自己，使此妄想施設之假佛成爲藏密行者及自身幻想之標的，狂言彼等於男女行淫和合「雙運」法中猛烈大貪中之強烈樂觸，了知所受四喜之樂與無自性空之非常住法之細意識我同在，妄想有著這樣的「大樂智慧」就是已將欲貪化解了。這正是具縛凡夫以堅固我見虛妄想像之非因計因、顛倒想之戲論境界，與佛法中之正知見、能對治、所修所證與法界實相之法性完全無關，正是迷於法界實相、迷於解脫道而與佛地無上瑜伽完全不能瑜伽—完全不能相應—的愚癡人。唯一可以找到之關聯，就是彼等所墮之「境界」乃是佛法中所說：所「受」是欲界凡夫之無明繫縛境界，所「行」乃是引生欲界苦趣惡趣之煩惱雜染諸行，所得之「果」乃是永遠沈淪欲界三惡道之不可愛異熟果，完全處於煩惱障所障之異生位中。如是全無能力斷煩惱障者，竟然大談能斷煩惱障，乃至能斷煩惱障習氣種子隨眠而成就佛地果德，如同癡人說夢，毫無可信之處。

三、所知障淨智非煩惱障淨智所攝

應成派中觀月稱、宗喀巴等所主張煩惱障含攝所知障之主要立論點，在於彼等認爲阿羅漢未斷盡貪瞋癡等習氣，而貪瞋癡等法屬煩惱障所攝，因此將貪等習氣判爲煩惱障之細分，認爲此煩惱障細分障礙所知境故不能成佛，故將此細分稱名爲所知障，以爲這樣就契合了大乘法中所說破所知障、斷法我執之修證。這一套將某法再細分爲某法之理論模式，如同彼等將意識之明瞭分從意識中細分出來而稱爲細意識，再以此意識所攝之細意識稱名爲第八阿賴耶識，將生滅性的細意識我取代常住不滅之第八識如來藏的手法一般無二，同樣是以虛妄想像建立的錯誤邏輯爲手段，攀緣附會大乘法種種名相而逃避大乘妙法實證上的困難處；如是迴避了如來藏妙法的實證以後，卻又因爲過於增益虛妄之五蘊法性爲眞實法，成爲增益執而使得我見與見取見堅固難壞；又因心中不能忍於有眞實如來藏阿賴耶識心體之可證，故極力予以否定、損減，墮於諸佛菩薩所訶責之損減執及惡取空等邪見中。阿羅漢確實已經斷除障礙出離三界之見、思惑煩惱現行，故離三界分段生死之繫縛，否則世尊對諸已盡欲漏、有漏、無明漏，而且已於解脫道所作已作、梵行已立、自知不受後有、自覺涅槃、已得解脫之阿羅漢給予金口授記，將成為世尊不如實語之證據。然世尊是如實語者，一向正知、無有虛妄念想，故永無誑語；而今世尊既說阿羅漢已盡諸漏、已脫離煩惱障，尚有所知障所攝之隨眠未斷，亦有煩惱障所攝習氣種子隨眠，故說只斷三界分段生死煩惱之現行而未斷隨眠，仍有煩惱障所攝習氣種子隨眠未斷；故摩頭波斯吒阿羅漢有時如猿猴般跳上樑棚或樹上，故迦葉阿羅漢有時若聞聖位菩薩演歌之時便不覺起舞，故畢陵阿羅漢對恆河河神常有慢語，此等乃無記業所攝之身行律儀，屬於習氣種子隨眠之現行，非因貪、瞋、惡見等煩惱障所攝之見惑、思惑所引生，然屬於煩惱障所攝微細無明癡分之隨縛，此等無明隨縛所引生之無記業，不屬於十二因緣法中無明支（見、思惑）所引有記業諸行，屬於異熟性種子而非分段生死種子，不障礙出離三界生死之解脫，故不因此無記業之律儀而成就後有之業。

摩頭波斯吒阿羅漢習慣性的如猿猴躍動，乃是無記業異熟種子之現行，畢陵尊者常常不假思索而稱恆河神為小婢，亦同樣是無記業異熟種子之現行，因為畢陵尊者見到恆河神時，並非經過尊卑之比較生起慢心之念以後才成就「小婢」之口行，畢陵尊者已斷貪瞋癡慢等繫縛三界之有漏法種故。直呼恆河神「小婢」之口行與猿猴跳躍之身行一樣，同屬於無記業所牽引之身語動轉，無關三界分段生死繫縛之解脫，故阿羅漢不因未斷此等無記業所攝之身語動轉習氣種子而不能出離三界，無記業所攝之身語動轉不成就未來世再受後有之有漏種子故。倘若無記業所攝之身語動轉能夠成就未來世後有之有漏種子，則應畜生道之有情永無出離畜生道之期；摩頭波斯吒比丘曾五百世為猿猴，其五百世之猿猴躍動若非是無記業，則此猿猴躍動之身行應再造成無量之有漏畜生果報後有受生，即不應有摩頭波斯吒比丘之人間果報乃至修證成為阿羅漢，故宗喀巴師徒所說錯誤，證明宗喀巴師徒是不懂佛法而依憑自意擅予詮釋，成就誤導眾生及以像似佛法取代正法之大惡業。

彼等密宗師徒說：「**阿羅漢證細意識我，斷除貪等習氣才能出離三界得解脫，並成佛。**」是暗指顯教阿羅漢因為不證細意識我，不斷貪瞋癡等有漏業習氣而遮障所應了知之異熟性無量法，故不能成佛。倘若宗喀巴等之想像能夠成立，當彼等因為證細意識我（細意識我，謂意識之一分明瞭分，不外於意識之自證分與證自證分）即斷除貪等習氣所引之身語動轉以後，則藏密自稱「活佛」之一切人，應該皆已不能再於男女和合中動轉；而彼等卻宣稱仍要藉猛烈大貪於男女雙運身業動轉中獲得全身淫樂之大樂光明，豈非自語相違而又不能自知所墮？如是妄想所得之主張，非唯理上、事上自相矛盾，於現法中，全球各地亦不斷出現彼等藏密「活佛」與信眾所發生之性醜聞事件，故其自宗所立之理、所申之論，與彼等所行之事亦恆完全相違背並互相矛盾，稍具正信之佛弟子，都不應忽略而繼續受其矇騙。

無記業所引發身語動轉習氣屬於煩惱障含攝之無明隨眠繫縛，所知障之無明則都是迷於如來藏自性及所含藏一切種子等法，異於煩惱障習氣種子之隨眠。摩頭波斯吒猴躍、畢陵尚慢、迦葉起舞，此等無記業之所以稱爲煩惱習氣，乃是因爲往世所熏有漏業之貪等煩惱習氣種子現行所引生之身語動轉行爲，屬於阿羅漢煩惱障所攝之不覺位隨眠，故又可稱爲習氣種子現行。煩惱障中之煩惱增長，則以貪等數數熏習爲因，亦以惡見等五利使之邪思惟及聞熏爲因；但煩惱障中異熟性所攝習氣種子之增長，則是因累世熏習無記業而增長，無關善惡性，故不障礙三界分段生死之斷除，不障礙出離三界生死。但煩惱障之現行及習氣種子隨眠，皆緣於所知障隨眠以爲所依，乃是由於所知障（對法界實相無所知、對一切法由如來藏出生無所知、對一切法含攝於如來藏中無所知、對如來藏中一切種子無所知）的緣故，故不樂於斷除煩惱障習氣種子隨眠，亦不樂於斷盡所知障隨眠所攝的異熟性，亦不樂於發起菩薩種性、不樂於久劫修行度眾而不能成佛，故所知障含攝煩惱障，非宗喀巴等人顛倒所說之「**煩惱障含攝所知障**」。

貪等有漏業之現行或種子隨眠繫縛，都是攝屬煩惱障之範圍，而貪等煩惱習氣種子等隨眠，卻要因所知障淨智之發起乃至深入實證方得斷除淨盡。阿羅漢雖然依止於有眞實法入胎識非斷滅法之正知見，斷盡了煩惱障現行（斷盡見、思惑）而在捨壽時不再生起中陰身，解脫於三界生死之繫縛，卻仍然無法開始斷除習氣種子之現行，對於眞實法體涅槃本際之所在與內涵亦不能了知，此乃尚有所知障所攝之異熟無明隨逐眠藏於如來藏中的緣故。對於眞實法體涅槃本際之所在與內涵不能了知，則屬於所知障而非煩惱障所攝；世尊說此等所知障所攝之無明，乃無始劫以前就隨逐於有情，無始以來不曾被有情所觸知，故名無始無明；無始無明不障礙阿羅漢出離三界生死，故阿羅漢不須打破無始無明、不須斷盡無始無明，亦不須斷除異熟性的無記業習氣隨眠，仍然可以出離三界生死；但菩薩卻不僅必須斷盡見、思二惑，更須打破無始無明，前後歷經三大阿僧祇劫斷盡無始無明隨眠，斷盡異熟性的無記業習氣隨眠，並且廣修大福德以後，始能成佛；此已顯示煩惱障與所知障的不同，亦顯示所知障之範圍極廣而含攝了煩惱障，故宗喀巴等人所說邪謬，是完全不懂成佛之道的妄想邪思，目的只是誘引眾生隨便面對顯教法義而妄說為已修已證，隨即引入密宗雙身法的樂空雙運、樂空不二、大樂光明之淫樂境界中；是故宗喀巴在《菩提道次第廣論》中，不但告訴學人意識是常住法、意識是能出生名色的本識，更告訴學人，亦可不必修學或修畢佛菩提道，可以直接修學密宗道的雙身法樂空雙運，以如是外道法、欲界頂極之大貪法、永遠沈淪於欲界之法，取代解脫生死、具足實證法界實相的顯教大乘法義。

阿羅漢雖斷煩惱障之現行（仍未能斷除煩惱障之習氣種子隨眠），能解脫於三界繫縛，卻不能證得所知障淨智，只有菩薩能夠同時證得煩惱障淨智以及所知障淨智，而且以一大阿僧祇劫斷盡煩惱習氣種子隨眠，繼之以一大阿僧祇劫斷盡異熟法種而成就佛道。修學菩薩道與修學阿羅漢道—學佛與學羅漢—在見道位時之最大不同點，在於是否親證涅槃本際如來藏心體之所在——在於有無現觀法界實相之智慧；若未實證如來藏心體所在，即無法出生眞如法性的實證智慧，故阿羅漢在初悟菩薩面前無法開口討論大乘般若法義，故諸阿羅漢所斷煩惱之內涵與所依止之智慧、所證得之解脫智境，亦因此而與菩薩迥然不同。

阿羅漢不知不證自心如來之所在，不覺無始無明之隨逐繫縛，但因信受世尊所說本識常存之聖教，故能滅盡蘊處界而入涅槃；阿羅漢仍在世時，常住於阿羅漢位之解脫智中，依止於眞實、如、寂靜、清涼、常住不變之涅槃非斷滅法，緣於蘊處界世間法之有爲生滅無常現觀智慧而斷盡四住地煩惱之現行，證得漏盡智、無生智等煩惱障淨智；進入無餘涅槃後，一切解脫智慧隨於蘊處界之滅盡無餘而全部泯滅——灰身泯智。阿羅漢以蘊處界無常、苦、空之無我慧爲方便，修學習行緣於蘊處界之空、無相、無作三三昧而發起解脫智境，其煩惱障淨智仍屬於有所得法之世俗諦蘊處界諸法之範疇，從來不曾涉及法界實相的第八識如來藏心，故不能現觀諸法皆由如來藏出生而不能了知法界實相，具足無始無明，焉能破除所知障？如是，能出離三界之阿羅漢無能稍知所知障義理，焉能主張煩惱障含攝所知障？故宗喀巴等人之說法邪謬，並非如理作意所說。

菩薩以親證、覺悟菩薩藏（一切菩薩法藏皆含藏於如來藏心體中）所在而稱爲實義菩薩，所依止之智慧、所緣之智境，乃是以親證如來藏心體而發起之般若實相智慧爲根本，以如來藏心體之第一義空性眞如無所得爲方便，修學習行空、無相、無作三三昧之大乘解脫智境。所斷之煩惱乃是藉由修學種智而斷除所知障所攝之無明癡闇，以此法界實相智慧爲緣，拔除煩惱障所攝煩惱現行與習氣種子隨眠之繫縛，乃是以所知障的斷證來修斷煩惱障所攝的見、思惑，兼具煩惱障及所知障的斷證，異於二乘純粹在煩惱雜染之現行上面對治斷除。煩惱障所障者乃是解脫道涅槃法，所知障所覆障者是佛菩提之修證乃至圓滿，然佛菩提之智慧含攝解脫道之智慧，是故諸佛必定已得阿羅漢果；但不可說得阿羅漢果者必定是佛，阿羅漢道之所知、所修、所斷、所行、所證不能含攝佛菩提之應知、應修、應斷、應行、應證故。因此，煩惱障淨智不含攝所知障淨智，道理極成，應成派中觀所說煩惱障含攝所知障之道理極不應成。再舉當來下生彌勒尊佛之開示，以幫助藏密應成派中觀徒眾建立正確知見：

云何煩惱障淨智所行眞實？謂一切聲聞獨覺，若無漏智，若能引無漏智，若無漏後得世間智所行境界，是名煩惱障淨智所行眞實。由緣此爲境，從煩惱障智得清淨，於當來世無障礙住，是故說名煩惱障淨智所行眞實。此復云何？謂四聖諦：一苦聖諦，二集聖諦，三滅聖諦，四道聖諦，即於如是四聖諦義，極善思擇證入現觀，入現觀已，如實智生。此諦現觀，聲聞獨覺能觀唯有諸蘊可得，除諸蘊外，我不可得；數習緣生諸行生滅相應慧故，數習異蘊補特伽羅無性見故，發生如是聖諦現觀。

云何所知障淨智所行眞實？謂於所知能礙智故，名所知障；從所知障得解脫智所行境界，當知是名所知障淨智所行眞實。此復云何？謂諸菩薩、諸佛世尊入法無我，入已，善淨於一切法離言自性、假說自性，平等平等無分別智所行境界，如是境界爲最第一眞如無上所知邊際，齊此一切正法思擇，皆悉退還不能越度。[17]

略釋上舉論文如下：「如何是煩惱障淨智所行之眞實性？就是一切聲聞、獨覺所修證而得之已盡有漏、欲漏、無明漏之無漏智慧；或者於蘊處界現觀無常、苦、空、無我而能引生無漏智慧之種種方法與觀行；或者生起無漏智以後展轉出生之解脱道所攝後得智，所引生之世間法中智慧所行境界，稱爲煩惱障淨智所運行之眞實境界。菩薩緣於如是煩惱障淨智之境界，從煩惱障淨智而去除人我執，使得自心清淨，是故發願一再受生於人間時，就能在後世自主生死而無障礙的安住下來利樂有情，因此稱爲煩惱障淨智所行之眞實智慧境界。這個煩惱障淨智指的是何者？就是大乘法中的四聖諦：一者苦聖諦，二者苦集聖諦，三者苦滅聖諦，四者苦滅道諦，即依於所證法界實相而觀察此四聖諦的眞實義涵，如理的、沒有偏差的思惟簡擇而證入四諦現觀，證入現觀以後，如實智（非二乘虛相智）即能生起；此四聖諦現觀，聲聞、獨覺之所能觀者唯有五蘊十八界等生滅性的假我可以現觀（現觀所得者唯有蘊處界之無常、變異法相），除了諸蘊假我以外，對於實相法界的第八識眞我是觀察不到的。由於聲聞、緣覺數數熏習的法義，是與蘊處界諸行生滅相應之智慧故；是不斷的熏習離於五蘊以外無有補特伽羅體性可得之無眞實性的緣故（不曾及於諸法本母的眞我如來藏心），所以能夠發起蘊處界無我的聖諦現觀。

如何是所知障淨智所行的眞實智慧境界？是說對於所欲了知的法界實相的各種障礙已經有智慧了知的緣故，即稱對於所欲了知實相的障礙爲所知障；從所知障之斷除而同時獲得解脫智慧時所運行的境界，當知即是所知障清淨後所生智慧運行的眞實境界。這指的又是何者？也就是諸菩薩、諸佛世尊所證入之法無我智境，證入此法無我智境以後，離於對實無法之增益執、離於對實有法之損減執，善於觀察一切法中離言自性及假說自性的簡擇，使這種智慧更加清淨無瑕；由此而獲得一切法平等、平等的無分別智，住在這樣的無分別智所運行的清淨境界中；像這樣行於法界實相的勝義智慧境界，是最爲第一無上之眞實、如如的至高無上所能證知的邊際；所有修行者觀察法界實相最多只能到達這個所知的究竟位眞如的邊際，即以此所知的邊際而對一切正法加以思惟抉擇時，都只能由此退還而不可能超出或越度這個諸法的邊際，這就是所知障究竟清淨以後的智慧所運行的眞實境界。」

聲聞、緣覺數數熏習者，都是侷限於與有爲生滅法相應之蘊處界緣生法中，所證入之四聖諦現觀也僅止於蘊處界之苦、苦集、苦滅與苦滅之道，或是十因緣及十二因緣等緣起法中，所獲得之無我智慧只是侷限於補特伽羅人無我智。因爲聲聞、緣覺數數熏習者，乃是蘊處界緣生法之有爲生滅，故無有眞實人我可得，而離於蘊處界以外亦無有補特伽羅人我之體性可得，此等蘊處界即異蘊無有眞實人我自性之無自性空，不屬於眞如法性法無我之法相，故其所證得之煩惱障淨智現觀純屬補特伽羅人我空之範疇，未曾及於破除所知障實證自心如來所證入之法無我智境，未曾實證補特伽羅之根源，不能了知一切有情蘊處界之所從來、去至何處，故未打破所知障，故無「法無我智」。法無我乃是本識自心如來運行於所生蘊處界等法之眞如勝義自性，是蘊處界等一切法中常時顯現之萬法根源，是萬法之實相；一切修行人了知之一切法，最多只能到達此一實相而都無法超越此一實相之範圍，都只能齊此而還、不能過此，乃是一切法之至極境界；而此實相法如來藏心，確實是眞實存在而有其特異於蘊處界之自性，能生萬法，故名眞實；但此實相法如來藏心，對於自己所生之一切法，卻是如如不動其心而從無貪瞋癡等愚行，亦從來不與無明及智慧相應，遠離明與無明，故名如如；合此眞實與如如，即名眞如；菩薩親證如來藏心而現觀如是眞如法性時，即名證眞如者。

而此眞如心如來藏，於一切法中示現及運行時永遠顯示其無我性，故名法無我；如是實證者方名已證法無我，都非阿羅漢與緣覺之所能證、能觀。此一味眞如勝義自性，於一切法中不可分別其差別性及差別品類，於十方法界一切補特伽羅身中都同樣一味不變；實證此一味眞如法性常住不變易、眞實不虛，即是如實了知平等眞如法性，如是智慧境界即是無分別智所行境界；對法界實相之觀察，無有一法可超越此眞如法性無分別智所行境界。依此如實證入而以此眞如慧觀察一切法者，現觀蘊處界諸法皆由本識自心如來藉緣所親生以及幻化而有，是故由自心如來藉緣所生之蘊處界一切子法，都不能越度眞如法我空之母法，是故觀察一切法之根源至本識自心如來時即悉退還不能越度；如是現觀者，堪能於一切處具平等見、具平等心，斷除法我執而證得法我空眞如。能證入此眞如心體之法無我性者，唯有諸菩薩與諸佛世尊，聲聞與緣覺所證之人我空，只在世間法蘊處界中觀察，未曾觸及萬法本源的如來藏心，何能觀察此第八識心於諸法中所顯示之無我性？是故未證此第八識眞如心之二乘聖者，尚且不能破除所知障，更何況能證入法我空之法無我智境？

聲聞、緣覺未能於蘊處界諸法證得眞實之平等見，所觀蘊處界諸法皆是有爲生滅之緣生法；蘊處界諸法各有其運行之自相，例如色蘊有其積聚相，受蘊有其領納相，想蘊有其了知相，行蘊有其造作相，識蘊有其了別相；五蘊又都有其無常相、變異相、苦相等共相，此等自相與共相各有其差別相及差別品類，所觀不外於蘊處界，未曾及於實相法眞如的境界，故於現觀中不能得諸蘊一味平等常住不壞滅之法相，全部屬於蘊處界等人我之生滅法相，不屬於法無我之法相。蘊處界諸法並非眞實常住不滅之法，因此蘊處界之自相與自性更無眞實常住不滅之體性；而且蘊處界諸法都是有人我性的（能了知自我的存在、能了知諸法而有取相之心行、能對諸法作取捨），不能如同法界根源的如來藏心，於一切法中顯示其人無我性，即不可能於蘊處界諸法中現觀法無我性。由此證實聲聞與緣覺之一切觀行、思惟，純粹只於蘊處界法中現觀五蘊之苦、五蘊苦之積集（生死因）、五蘊苦之滅（出離因）、五蘊苦滅之道，尚且不知本識自心如來之所在，又如何能夠證入本識自心如來常住不滅、無漏無爲之眞如法無我性？

應成派中觀師月稱、宗喀巴等人，強辯說：阿羅漢證知細意識我而破除所知障，證得法無我方得出離三界得解脫，將所知障歸屬於煩惱障所攝，皆非諸佛世尊所宣說之大乘佛法；彼等應成派中觀諸傳承者皆未能數數熏習蘊處界諸法與生滅相應之世俗智慧，亦未能數數熏習離於諸蘊以外無有補特伽羅體性可得，竟然將意識之明瞭分立為非識蘊所攝之細意識常住我，即是於異蘊主張補特伽羅實有性之身見、我見、常見者。對於蘊處界人我之內涵不能數數熏習如實了知，處處住於我見所攝之惡見、邪見中，不能忍於他宗、他派之正見而極力加以鬥爭，不欲其他宗派之正見繼續存在，非如其他宗派基於正法而出之以法義辨正，乃是以邪見而欲鬥垮其他宗派，本質是以鬥爭為業，故又墮於見取見中，充分顯示其凡夫之本質。如是主張又已具足顯示其五利使全未斷除，嚴重誤會解脫道而虛妄建立識蘊所攝的六識心自性為常住不壞法，具足我見，如何能夠證得聲聞解脫道所應證之蘊處界人無我、人我空？二乘人我空及大乘法我空俱皆未知、未證，不斷三縛結而不得聲聞初果，焉能了知人無我？更何況能了知阿羅漢所不知不證之法無我？而奢言已完成顯教法義實證、轉修密教雙身法樂空雙運法義？而其密教樂空雙運法義則又全屬五陰貪欲所行之我所境界，使人世世沈淪欲界至極大貪之中，尚且不能觸及人我見之斷除而沈迷於五陰人我之我所之中，久劫不得解脫生死，又怎能誇言密教之法優於顯教？

彌勒菩薩特別指出：聲聞與緣覺乃是「數習緣生諸行生滅相應慧故，數習異蘊補特伽羅無性見故，發生如是聖諦現觀」；意謂不能如是數數熏習者不能發起四聖諦現觀，不能獲得煩惱障淨智，不能清淨煩惱障，不能得當來世無障礙住，即不能證得阿羅漢果，更不能如同菩薩一般世世常住於人間而無所障礙。應成派中觀的修行道理則是反向認定五陰是常住法，五陰不是苦空無常，五陰的我所樂空雙運境界是常住而非生滅無常苦法，如是堅固我見及我所執，並且趣向最粗重之欲貪，來世尚且不得脫於三惡道正報，何況能得解脫、能得佛菩提智，故知應成派中觀諸傳承者尚且不能證得煩惱障淨智、得阿羅漢道，更何況否定法我空眞如法性所依止之心體如來藏阿賴耶識——第八識異熟識，又如何能夠證入法無我而行於中道、證得所知障淨智而成就佛道？故應成派中觀狂言斷除煩惱障即已成佛，誑騙眾生說修其密法不必三大阿僧祇劫，於現世便能即身成佛，皆是癡人說夢，僅能欺瞞世間無眼、無智之初機學者，乃是移花接木而不道德之公然欺瞞手段！

第三節　應成派中觀以六識識性而妄談三性三無性

一、正說三性三無性

世尊所說三性、三無性，是以第八識如來藏爲主體，說明如來藏出生了七轉識而成爲八識心王和合運作之時，所顯現出來的圓成實性、遍計執性、依他起性等三種自性，然後從萬法本體的如來藏自心境界而觀，再說三無性。應成派中觀師卻是否定了第七識意根與第八識以後，依於意識境界來說三性、三無性，成爲全面錯解的窘境，世尊於《楞伽經》中宣說：本識如來藏阿賴耶識能遍興造一切趣生，猶如伎兒一般的變現種種果報身，與七轉識同時俱在，令七轉識猶如海浪身一般常生不斷，然而如來藏心體自己卻離於所變生果報身及七轉識無常之過失，離於能計著執取之我與所執取之我所戲論，自己本身的眞如法性無始以來即已清淨無染，未來亦將永遠如是無染。眾生由於受到無明遮障，不能察覺無我性、無我所性之如來藏常住自性清淨心體之存在，不能察覺自性清淨心之圓成實自性（能夠圓滿成就一切眾生五蘊世間、器世間等世間法，能圓滿成就出離三界之解脫法，亦能圓滿成就出離三界又於三界中自在之佛菩提法等眞實自性，故名圓滿成就諸法之眞實性——圓成實性）以及眞如法性，顚倒計著而執取如來藏所幻生幻滅之蘊處界自我等法爲有眞實自性，因而熏習長養諸多引生後有苦果之虛僞戲論，不能察覺輪迴之苦因、不能到達解脫。諸趣果報身含攝於蘊處界等法中，皆是本識藉眾緣所生，而眾生也是由本識如來藏所生；但蘊處界等法乃是緣生之體性，全是此有故彼有、此生故彼生之法，不是自然而有、本來而有之法，故稱蘊處界等有生法之法相爲依他起相，具有依附他緣才能生之依他起性。

凡夫不能如實了知蘊處界等法之依他起性，不能如實了知能興造變生蘊處界等法之本識如來藏是本來具足之圓成實自性，虛妄計著依他起相的五蘊諸法有眞實自性而沈墜於我見、我執之中；又虛妄計著本識之圓成實性，具有如同凡夫對於依他起性之蘊處界所誤計之眞實自性，此等虛妄計著執取之性即稱爲遍計執性；換言之，遍計執性是將依他起性之蘊處界等法虛妄遍計爲實有，是故說爲遍計執性，是依附於依他起性諸法而生之執著性；由於此遍計執性之虛妄計著，產生了眾生之人我見、人我執以及法我執，因此眾生受到人我與法我之繫縛而不能得解脫，乃至導致大乘法中之修行者因此不能實證佛菩提。

本識所變生之五蘊等一切法，於如來藏心體所執藏之一切無始虛僞惡習種子尚未轉變清淨成爲無漏法種之前，亦即尚未滅除分段生死以前，依他起性之法皆因於被虛妄計著執取而具有遍計執性[18]，本識自身則是無始以來即已具足可以圓滿成就諸法的眞實法性——圓成實性，此三性乃一切修學佛道並已實證本識而得般若正觀之菩薩，所必須進一步修證之法相；善於了知諸法法相所具有之三種自性相，方能以緣於本識心體之清淨無我眞如法性爲大方便，善於勝解三種自性之無自性性眞實義，增益於道種智之修證而伏除人我執乃至法我執，最後成就一切種智之具足修證而成佛。因此，世尊於《般若經》中說一切法無自性，乃是依止於本識興造幻化一切趣生之圓成實性，而依本識自身之眞如法性密意而說三種無自性性，意即相無自性性、生無自性性、勝義無自性性。**相無自性性者**，指的是七轉識由於受到不實妄想所纏，於根塵觸三法和合中生起現行而攝取色聲香味觸法等境界，本無自性；由於不能覺察種種六塵境界皆是本識所變現之似外境色相，於種種形色處所妄計執著名等四法而生起世俗言說，生起我與我所之分別而執取；故遍計執性即是受到本識所幻化之色相，以及七轉識取識陰六識及種種境界之不實妄想相所繫縛；世尊爲令修學道種智之菩薩能解脫於此遍計執相之繫縛，因此以顯了本識時時呈現眞如法性之識相與識性而說相無自性性。

茲恭錄世尊於《解深密經》卷二所宣說相無自性性之聖言教如下，作爲如理申論之依據：【勝義生當知：我依三種無自性性密意，說言一切諸法皆無自性；所謂相無自性性、生無自性性、勝義無自性性。善男子！云何諸法相無自性性？謂諸法遍計所執相，何以故？此由假名安立爲相，非由自相安立爲相，是故說名相無自性性。】

略釋上舉經文如下：「勝義生！你應當要了知：我依三種無自性性的密意，述說一切法皆無自性，就是所謂相無自性性、生無自性性、勝義無自性性。善男子！如何是諸法相無自性性？是說於依他起的諸法中普遍計度而執著爲自我及我所的一切計執法相，爲什麼呢？因爲諸法中顯現的普遍計度執著的法相，是由於不了知諸法是依他而起的緣故而生誤計與執著，但這個誤計執著只是一個假名安立的法相，是在依他起性的緣生法上面存在的執著，不是有其自己常住的法相存在，是故並非由依他而起的各種緣生法的自相來安立遍計執的法相，由此緣故而說遍計所執的法相自身並無自性性，說名相無自性性。」

經中世尊所說之諸法，即是指本識如來藏所興造幻生之蘊處界，以及由蘊處界間接或展轉而生之種種法，例如由蘊處界展轉而生的世間法中之飲食、車乘等，出世間法中之四念處、四神足、五根、五力等三十七道品法。以五蘊中之色蘊為例，色蘊乃是四大聚集之相，有著眼能攝取色塵之自性事，耳能攝取聲塵之自性事，鼻能攝取香塵之自性事，舌能攝取味塵之自性事，身能攝取觸塵之自性事。眼等自性即是色蘊之自性事，有著種種差別之自性事，因於此差別之自性事而於眼之形色與觸色塵之處所而稱名為眼根，如是而稱名耳根、鼻根、舌根、身根。而眼等五根之色相以及眼等自性，非真實有自相與自性，若眼等色相有真實自相，則六道有情之眼等色相皆應同一相故，然而現見彼彼趣之有情眼等色相皆無定相；若眼等自性有真實自性，則應無眼盲耳聾之果報，亦應永無無眼耳鼻舌身等五根之無色界果報，若有真實自性者應不隨於所受業報而有變異及有無故。藉眼根、色塵二法之緣出生眼識，眼根、色塵、眼識三事和合生觸，由觸而有領受境界，與觸俱生則有受、想、思三法，同時即有作意繼續維持，故有眼行，眼等一聚之五陰即得成就，眾生視為自我；由於不能了知色、識、受、想、思此五法乃從如來藏正因而有、緣生而有、此有故彼有、此生故彼生，故愚癡無聞凡夫不能了知五蘊法無有眞實自相之體性，故於此五法之法相計作人想、我想、眾生想，於是生起我眼見色、我耳聞聲、我鼻嗅香、我舌嚐味、我身覺觸、我意識知法之想與言說。一切虛妄執取而本質上無有眞實自相之法相，緣於眼等色相事及眼等自性事之想而產生種種言說，例如於五根色相以及五根之自性，有著我眼見色、我耳聞聲等虛妄分別計著，皆是由想與言說假名安立，在世間中為便於言說表義而立名安立，並非名言有眞實常住之自相與自性，因此屬於無常法、有為有作之法、經過希望追求而生之法，故稱此等無有眞實自相體性之色蘊為相無自性性。

色蘊無有眞實之自相與自性，受、想、行、識亦復如是，十二處、十八界以及蘊處界展轉所生萬法亦復如是，因為蘊處界諸法皆是本識藉眾緣之力興造變生幻化而有之法故，世尊依此密意而說依他而生起之法相為生無自性性。《解深密經》卷二中世尊說：【云何諸法生無自性性？謂諸法依他起相，何以故？此由依他緣力故有，非自然有，是故說名生無自性性。】

略釋此段經文如下：「如何是諸法生無自性性？也就是說，諸法都屬於依他而生起之法相，爲什麼呢？這是由於一切依仗他緣之力而出生的諸法，並非自然而有，並非本來就自己已經存在著，因此緣故而說生無自性性。」

蘊處界諸法既是本識如來藏藉眾緣變生幻化而有，則需要他緣之力方可成就，因此世尊說諸法依他而生起之法相並非自然而有，乃是此有故彼有、此生故彼生之法。如依無始無明住地之勢力，故有導致流轉三界生死的煩惱障所攝四種住地勢力，產生諸多引生後有之善惡業行，於是又有了善惡業之勢力，如是長養後有果報六識之種子；然六識之現行以及種子之熏習都不能離於五蘊名色，而六識之現行與熏習亦不能離於六入處，於六入處有觸及作意故有受、想、思諸法生起，因此而有貪愛、希望、追求種種攝取後有之身口意業；於此世果報緣盡、身壞命終，由後有果報諸緣成熟之勢力故有後世之生，有生即有諸多老病死等變異法。如是生死流轉諸法都非自有、本有，而是假借眾緣和合所生之法，因此，蘊處界諸法皆是緣生法；由有眾緣之力可熏習長養，故此有故彼有、此生故彼生之依他起等五蘊諸法，亦可用來止息及斷除受生眾緣之勢力，所謂無明滅則行滅，乃至生滅則老死滅，即是此無故彼無，此滅故彼滅。故五蘊等緣生法非自然有，藉眾緣之力而成就其本無今有之生；此生不自生，也非他生或者自他共生，乃是由本來無生之本識心體藉眾緣之力而變化幻生；然五根身非單由本識自主所生，非單有父精母血與四大即能生五根身，亦非本識自主而與父精母血及四大共生五根身；本識之體性乃是無我眞如性故，無始以來從不作主，亦不於所幻生之五蘊身以及所執藏之一切善惡業種生起種種虛僞妄想，要藉親生之法及間接所生、展轉所生諸法爲緣，方能出生五色根及名等四蘊；而所藉之眾緣各各皆無自體，各自都由如來藏本識所生，而如來藏自心則是隨順眾緣之勢力幻生幻滅五蘊等諸法；是故蘊等諸法不自生、不他生、不共生、不無因生，皆由本識如來藏藉眾緣而生；如是得以圓滿成就諸法的圓成實性，即是本識如來藏法爾本有之眞如法性。是故諸法要依如來藏因及種種緣的和合才能生起，如是諸法依他眾緣而生起之法相，只是名言施設，意在顯示諸法不自生、不共生、不他生、不無因生，要藉如來藏因及如來藏所生眾緣之和合運作方能出生；

是故凡是依他而生的諸法並無自在之體性，故說亦無自性性。

依他而起之蘊處界諸法相，是依他起相，例如色蘊中五根之相，所具有之體性是依他起性；例如眼根之自性乃至身根之自性，受想行識之自性亦復如是，皆是依他起性，無有眞實自體與體性。本質上蘊等諸法皆非自然而有，乃是本識如來藏藉眾緣力幻化而有，本識所含藏之識種於蘊處界幻生幻滅時雖有變異，而本識自體卻離無常之過失：識體本來無生故無有生滅相，無有生滅相即離無常相。本識心體變化幻生之蘊處界亦非有自主性，而本識本來具足之七種性自性與七種第一義，能隨順眾緣力而圓滿成就種種眾生世間與器世間，但本識從來不認知自身的勝義性與依他起相的世俗性，故也無勝義的自性可言；又「勝義」只是依本識的圓成實性而安立名相，由蘊我所施設及了知，而蘊我亦無自性，故本識變生蘊等諸法之圓成實性雖是勝義，仍然是無自性性；即由此二種原由而說勝義亦無自性性，故《解深密經》卷二中世尊如是開示：【云何諸法勝義無自性性？謂諸法由生無自性性故，說名無自性性；即緣生法，亦名勝義無自性性，何以故？於諸法中若是清淨所緣境界，我顯示彼以爲勝義無自性性。依他起相，非是清淨所緣境界，是故亦說名為勝義無自性性。復有諸法圓成實相，亦名勝義無自性性，何以故？一切諸法法無我性，名為勝義，亦得名為無自性性，是一切法勝義諦故，無自性性之所顯故，由此因緣，名為勝義無自性性。】

略釋經文如下：「如何是諸法勝義無自性性？諸法由於依仗眾緣之力而生，眾緣若散壞時諸法即不可能自行存在，故諸法無有自體性，因此而說諸法緣生而無自行存在之法性；於一切緣生法自身而言，亦名為勝義無自性性，為什麼呢？於一切諸法中，若是本識心體以清淨體性攝持所變生諸法，而緣於此等諸法中的清淨境界，不緣於貪等不淨境界而遠離無明與明，如是本來清淨而住於無分別的自心境界中，則無勝義可說，由此緣故，我顯了指示這種如來藏清淨體性所緣的境界而說勝義亦無自性之體性。至於能夠實證勝義諦的圓成實性而能夠觀察依他而起之蘊處界等法相，確實不是有其常住不壞之自性，如是實證後所安住之智慧境界也是能與貪染境界相應的六塵境界，並非是勝義諦主體的清淨心體所緣之境界，依勝義諦而觀即無勝義可言，我也說這個勝義是無有自性之法性。還有能圓滿成就諸法之眞實法相，也稱為勝義無自性性，為什麼呢？於一切諸法中，不生不滅的本識心體之眞實自性雖然能生萬法，但祂在所生眾法中運作時卻一向都隨順眾緣而不作主，一向是如而從來不曾有絲毫的蘊我、處我、界我之性；如是常住於法無我性中，即是一切諸法中的法無我性；這個法無我性名爲勝義，也可以稱爲無自性之自性，因爲眞心如來藏對諸法能夠圓滿成就的法相，卻是法無我性而從來不曾自覺有我，這是一切法勝義的眞實理的緣故，也是藉諸法無我的自性而顯示出來的緣故；由於這些因緣，所以諸法圓成實相名爲勝義無自性性。」

勝義是指如來藏心殊勝的義理，如來藏心施設爲勝義的意思略說有十：

一、是指此法有其**眞實性**，是能出生名色及萬法者；不屬於名言施設建立法，而能圓滿成就世間、出世間、世出世間萬法，故是圓成實性。

二、是此法具有**自在性**，乃是本來而有故名自在——是能自己單獨存在，也是先於萬法之前即已存在者，不是倚仗他緣之力而有，不是生滅相中之無常法。

三、是此法恆具**人無我性**，遍一切時不改易此性；此一法性於成就名色及心所法而令名色諸法運作不斷之時，自身卻不具有眾生隨處思量作主之簡擇性與取捨性，故是清淨而不具有眾生我性。

四、是此法恆具**法無我性**，此法恆於千萬億法中顯現其作用時，卻對千萬億法永無執著與取捨，顯現法無我性。

五、是此法具有**支持性**，以其所含藏之一切法種來支應名色之運作與生滅，亦支應名色所屬一切法之運作與生滅；亦能同時配合共業有情之同此一法（如來藏），對共同變生之山河大地依業力而作種種轉變，令有情之正報及依報正常運作，亦不令正報、依報無因而滅、倏然而滅。

六、是此法具有**不可取代性**，此法為三界器世間、五陰世間之所依，三界一切境界都依此法而有，若離此法即無三界有情、即無三界境界；如是所依之功德，三界內外都無一法可以取代之。

七、是此法有**本來涅槃性**，一切賢聖所證涅槃都依此法而施設；涅槃並無實法，乃是依此法之不生不滅而立名。故二乘聖人斷盡見、思惑以後，滅盡蘊處界而入無餘涅槃時，該無餘涅槃只是依此法獨住而不再出生蘊處界，施設為無餘涅槃。大乘賢聖菩薩則因實證此法而在尚未斷除思惑之前，即已證知無餘涅槃中之無境界相，稱爲本來自性清淨涅槃；乃至佛地之無住處涅槃，亦依此法之種子不再變易而不住生死、不住涅槃，仍是依此法而施設。

八、是此法**攝受三性**，故名勝義；識陰六識之依他起性，以及意根對依他起性諸法普遍計度而執著之遍計執性，都依此法而有。

九、是此法**恆具三無性**，故能令菩薩依此而證無住處涅槃，後際得以成佛；此法於時時顯示其攝受三性之時，自身卻從來不認知自己爲三性之根本，亦從來不知自己對三性、三無性不加以了知，故是具有三自性又同時具有三無性之無我心；由此緣故，《心經》說此法無智亦無得，故離智愚二邊，不屬三界有情智愚二邊所攝。

十、是此法**恆具平等性**，於三界九地、六凡四聖中，此法無有差別相。

由以上十理，說此法爲勝義；由勝義故，離生滅二邊，離斷常二邊，離生死二邊，離垢淨二邊，離來去二邊，離一異二邊，乃至離一切無量無數二邊，於一切法平等平等恆住中道，永不墮於三界法中，故說此法如來藏即是勝義。

依意識所證此法之勝義法性而言（不依如來藏之自住境界而言），說此法有清淨之法性；此清淨法不受一切法生滅、不受雜染諸法增減之影響而有生滅或增減，故恆不變異；此法有眞實如如無我法性而又能生萬法，於一切法中無有一法能超越之、取代之，故稱爲勝義。此勝義眞如法無我性，亦是本識心體之圓成實性。但世尊稱此圓成實性爲勝義無自性性，並非指此圓成實性無有眞實自性，乃是指此法由於人無我性及法無我性故不反觀自己所擁有之圓成實性，恆不執著自身所擁有之圓成實性，故說圓成實性亦無自性；是菩薩應轉依此法如是恆時毫無執著之絕對清淨性，故說此法之圓成實性亦無自性性，是依他起性的意識心證悟此法而得勝義故，此法自身不了知自己的勝義性故。

由於依他起性及遍計執性無有眞實自性，故稱名生無自性性及相無自性性，而不以勝義之增言說之；因爲依他起性與遍計執性無有眞實自在之法性可稱爲勝義故，要依如來藏心之圓成實性方能有識陰等依他起性故，要依識陰之依他起性方有意根之遍計執性故。勝義無自性性之增言所要顯現的，乃是強調如來藏心的眞如法無我性才是勝義。眞如法無我性於蘊等一切法之運行中，無有蘊等一切法之假說自性，亦無有蘊等一切法假說自性之不眞實性，於如來藏眞如境界中並無勝義可言，故《心經》說「無智亦無得」，故稱爲勝義無自性性。無有蘊等一切法假說自性等無常性，即是由蘊等法依他起性之生無自性性所顯現；無有蘊等一切法之假說自性，即是由遍計執性之相無自性性所顯現，此乃世尊所說本識心體圓成實性之勝義無自性性眞義。

世尊除了說圓成實性之勝義無自性性以外，又顯了而說一種勝義無自性性，即是一切依他而起蘊處界法之生無自性性中，於此緣生法中指示出如來藏之眞如法性清淨所緣境界，即是勝義無自性性。清淨所緣之境界即是本識心體執持所變生之蘊處界等法時，自身恆住於不了別六塵、不起無明與明而無有我與我所之心境中；時時幻化顯現內六塵境，卻不分別、執取六塵境，恆住於無分別的本覺所行之境界，一向不分別我與我所故，不分別、不見聞覺知六塵境故；意識覺知心證此境界時，即是證得本覺智，故有根本無分別智，由此緣故《大方廣佛華嚴經》卷六〈入不思議解脫境界普賢行願品〉說：「諸佛菩薩自證悟時，轉阿賴耶，得本覺智。」意謂諸佛菩薩於三大阿僧祇劫修行過程中，首次證悟之時，即能運轉阿賴耶識而獲得本覺之智慧，即是證知如來藏心的所緣境界都與貪染或不垢法之境界無關；而此境界乃是意識之所證得，並非如來藏心之所證得，是由意識來證知如來藏心之所緣清淨境界，此亦是勝義之自性；但如來藏心對自己所緣清淨境界—自身眞實如如而緣於萬法—卻從來都不加以了知，故勝義之自性對如來藏自己來說並無實義，由是故說勝義無自性性。

一切法皆由本識心體所變生、所顯現、所執持，本識如來藏的本覺性，卻無有六識心取境界相之見聞覺知性及我、我所之分別；一切實證本識心體者皆可以意識心之智慧，親見如來藏心本來擁有的六塵外的本覺性，亦能領受此本識心體之本覺所緣清淨境界；由現觀勝義心如來藏清淨所緣境界，故能勝解世尊於經中之顯了指示，皆可於此與世尊以本來面目相見，能與一切眞悟禪師以本來面目相見。勝義法性的本識心體如來藏雖與七識俱，而自身猶如海浪身，六識心海浪只是由本識心體依無明及業力而顯現；六識心海浪雖然從本識心海所激起，然而本識心海恆住清淨所緣境界，恆不與無明相應，故是勝義自性，故無有依他起之緣生自性；六識心海浪恆住於本識心體所現之六塵境界中，恆是取境界而分別者，於分別中取諸六塵而執著，或證悟之後捨而不執，或凡夫位中分別爲我與我所，或分別爲非我與我所，故世尊說此依他起性之法非清淨所緣境界，亦因無有眞實自性故非勝義自性。

六識心是依他起性故無有勝義之自性，此乃一切應成派中觀等六識論者、否定實有如來藏阿賴耶識者、否定第七識意根者之無明所在，何以故？否定實有第八識如來藏阿賴耶識者，實乃依止於無常之法而計著爲常，恐怖墮於斷滅中，不能如實了知意識心之依他起性，皆於意識心執取境界之識性上計著，執取意識心於六塵境界中取捨相貌之種種粗細心行，妄計爲眞實、妄計爲如、妄計爲勝義；因此妄想意識之識性具有空有不二、樂空不二之空性，將意識之緣起無自性之生無自性性，曲解爲本來無生之清淨自性，以爲意識本來無生無形無色而說爲空性，同時認取有生之意識靈明覺了之「知」，作爲離言法性之勝義有，卻完全不能覺察已墮於意識分別我執中；由此分別我執進而導致意根對依他起性之一切有生法，普遍誤計而強烈地時時加以執著，墮入遍計執性中；因爲意識之識性純粹是緣生法所攝之有爲無常空而非能生萬法之空性，是待緣依他而生之法，世尊說待緣而有者，非無生法故。將此依仗眾緣之力而生之法，將此緣起性空無有眞實自性而以假名施設所說之六識識性，藉修行處於離念境界中，虛妄分別計度為勝義，則不能勝解世尊於此所宣說之依他起無勝義自性之勝義無自性性，一味於依他起之緣生法中炒作，以一切法無自性之佛法名相粉飾所有曲解與妄計所得之邪見，並且廣造文字著作而流通之、而破斥各宗各派，自立為最勝者，應成派中觀古今諸師則是此一邪見中之佼佼者。以下將針對應成派中觀所曲解一切法無自性為勝義之眞相，予以揭露並如理申論之。

二、應成派中觀主張圓成實性為漸修而得之性

否定實有本識如來藏阿賴耶識者，都屬於六識論者，攝屬常見外道，常見外道本是六識論者故，同皆主張意識是常住不壞心故。如是六識論者，因否定第七、八識故，則無修證第八識之動機，永無實證第八識之可能；又因未證第八識如來藏故，無觀察第八識如來藏眞如法性之智慧，故對於世尊在方廣唯識諸經所說如來藏心之圓成實性勝義，僅能憑空想像而套用在意識心上，僅能將意識心修行降伏欲界愛之未離煩惱心境解讀為第八識之圓成實性，如同外道修行離欲而得初禪者；或僅能將意識心修行繫緣於寶瓶氣、進

而實修雙身法樂空雙運而未離欲界貪愛之煩惱心境，解讀爲第八識之圓成實性誤認爲已成就報身佛果者，例如密宗應成派中觀師等附佛法外道，修習雙身法樂空雙運而墮入欲界最粗重貪愛者；如是二類人同以意識或識陰六識境界錯認爲圓成實性，則使其所認定之圓成實性成爲本無今有、不眞實、有生相、有所得相、不平等之法，違背世尊於經中所說一切法平等眞如之圓成實相是本來即已如此之聖教。舉宗喀巴於《辨了不了義善說藏論》中之言論作爲舉證：**【釋第三無自性有二道理，初立依他起爲勝義無自性，解深密經云：「云何諸法勝義無自性性，謂諸緣生法**（作者案：《大正藏》中文版：謂諸法由生無自性性故，說名無自性性），**彼由生無自性性故，說名無自性。即由勝義無自性性故**（作者案：即緣生法，亦名勝義無自性性），**亦名無自性。何以故？勝義生！於諸法中，若是清淨所緣境界，我顯示彼以爲勝義**（作者案：勝義無自性性），**依他起相，非是清淨所緣境界，是故亦說名爲勝義無自性性。」謂依他起由無勝義自性故，說名勝義無自性。若緣何法修習，能盡諸障，即爲勝義。緣依他起修習，非能清淨諸障礙故。】**[19]

宗喀巴引用此段經文最主要之目的，是要將經中所說之第八識清淨所緣境界，移接於第六識意識心生起法無我見地以後之境界，認為意識心住於法無我之見地中就是勝義，以意識修習佛法後所認知的法無我知見，取代如來藏心本來如是之法無我境界，認為若是以意識之法無我見解來修除諸障，即能將第八識的法無我自性移植於第六意識上，認為如此即能獲得原屬第八識所擁有的圓成實性。又認為，倘若意識心住於虛妄分別依他起之假說自性上，則無勝義之自性；宗喀巴以如是虛妄想而計度經中世尊所說之勝義無自性性，是移花接木猶如牛頭逗馬嘴，完全言不及義而悖反世尊三性、三無性的眞實義。謂清淨所緣境界是無始以來即離分別的本識眞如境界，絕對不是第六意識心修學而後所得之境界，何以故？因為世尊所宣說之清淨所緣境界，乃是意識永遠都無法到達之境界，有經文聖教為證，世尊這麼說：【我已顯示，於一切蘊中清淨所緣是勝義諦；我已顯示，於一切處、緣起、食、諦、界、念住、正斷、神足、根、力、覺支、道支中，清淨所緣是勝義諦。此清淨所緣，於一切蘊中是一味相，無別異相。如於蘊中，如是於一切處中乃至一切道支中，是一味相無別異相。是故善現！由此道理，當知勝義諦是遍一切一味相。】[20]

於一切蘊中，即是於色、受、想、行、識蘊中；於五蘊的一一蘊中的清淨所緣才是勝義諦，這種不在六塵中領受與了知卻能遍在五蘊中了知清淨所緣境界的無分別相，不是意識所能夤緣的境界；因爲意識的所緣永遠都不離六塵境界，不論是有語言文字的思惟或是離念靈知的了知，都是恆具六塵中種種差異分別相的境界，並非世尊說的「於一切蘊中是一味相，無別異相」，如來藏緣於一切法時永無分別而運作不斷故，方是清淨所緣境界。假如這個清淨所緣是意識心所緣之境界，則意識心必定要能夠遍於一切蘊中，因爲世尊說勝義諦是遍一切蘊、處、界乃至一切道支中；然而意識乃是意法爲緣所生之法，是根塵觸三法和合所生者，不遍於根塵之中，例如胎兒五根生起尚不具足時，尚且不能現起意識，彼時意根與法塵中並無意識，則彼時意識尚且不能遍於意根與法塵中，又如何能夠遍於一切蘊中？又如無想定、滅盡定、悶絕位中，勝義諦仍然遍在四蘊中，此時色、受、想、行四蘊中仍然遍有清淨所緣的境界——如來藏本覺之眞如境界，不屬於六塵所攝；此時意識等六識都已暫滅而不存在，如何能有遍於四蘊、遍一切時、遍十二處的意識清淨所緣境界？而在清醒位中的意識雖然存在著，卻無法離六塵取捨而同時遍緣於色蘊五根及受想行，只是依五色根、意根而緣於六塵而作了別，故意識不能出生六塵而作不分別緣，不能支持五色根而作不分別緣，更不能支持意根而作不分別緣，顯然不能遍在十二處中，當知不能遍一切蘊；既不能遍一切蘊，又如何能夠遍一切處、遍一切界乃至一切道支？不能遍於一切，即不能具有世尊所說遍「一切蘊中是一味相、無別異相」之勝義諦。

因爲密宗應成派中觀自佛護論師以來，一直假想意識之細分—細意識—是入胎識、是取後有身之識、是與身隨逐而能夠執持身根者，這是將意識之一分移花接木而取代出生意識之第八識如來藏心，並未實證第八識如來藏心，因此僅能以意識離念之不淨所緣境界——專心領受淫樂之不淨所緣境界，虛妄想像爲經文中所說如來藏之清淨所緣境界而曲解之。遍一切時與身隨逐之識，必定是具有大種性自性而能生名色五蘊之識，必定是恆常不斷而能受持業種入胎方是能結生相續之識；先前諸章諸節已經明辨意識無有堪能成爲持業種之識，亦無堪能成爲執持一切無漏有爲法種子之識，亦因不具有大種性自性而不能出生名色的緣故，不可能成爲入胎結生相續之識；更因意識是無常生滅之法是故無能持種、持名色故，亦是與「我論」相應之識而恆時有我性故。一切種子識乃是彼等所否定故不能實證之本識如來藏阿賴耶識，只有本識心體方能與身隨逐、如影隨形故，方能遍於一切蘊處界故，方能攝持一切蘊處界而離於我論、離於無常之過失，方能恆時隨順眾緣之力而變現一切趣生，方能忠實執行因果律而絲毫不爽的實現有情應有的異熟果報。故清淨所緣境界是入胎識之住胎境界，出胎後依舊以其眞如性而顯現其「**一味相、無別異相**」，是一切種子識如來藏阿賴耶識之眞如法性境界，不是意識心去除雜染煩惱後之所緣境界，因爲意識心永遠不可能藉修行而變成如來藏故，因爲意識心永遠不可能擁有如來藏所擁有的種種清淨所緣之自性故。

宗喀巴不知不解本識—**一切種子識**—之清淨所緣境界乃是一切眾生平等俱有之法性，不論聖凡、勝劣，一切眾生同共有之，無始以來恆不變異此性；眾生之蘊處界法中皆具此一味相之眞如法性，所有六凡四聖中亦皆俱此平等一味相之眞如法性，無有差別性，但佛護、宗喀巴……等人從來不知。而聖凡有情之本識本無差別，有差別者僅是聖凡有情之意識或得聖智、或未得聖智；聖人所得智慧有差別者，亦只是意識所修內容與所證智慧之差異，而三乘聖者各人之本識自性則無差別，恆時顯現如是平等性。二乘解脫智者未知未證此一味眞如法性，僅將意識心相應之人我見與人我執所攝之煩惱障斷除，所顯現之涅槃乃是人我空眞如，或者說生空眞如；而彼等二乘聖者無智觀察法界實相而不能發起般若實相智慧，故皆不得此一現觀眞如之智境，原因是未實證與身隨逐之本識心體所在故。唯有實證本識心體之菩薩，能現觀本識心體而領受遍一切蘊處界之清淨所緣智境，故得實相般若，能領受本識心體之眞如法無我性而轉依之，並於一切蘊處界法中實證「一味相」眞如法無我，止息妄求解脫、妄求般若、妄求佛果，方能發起道種智而伏除人我執及法我執，漸次斷除煩惱障習氣種子隨眠與所知障隨眠以求成佛。而未得聖智之凡夫有情，雖然住於意識相應之我見、我執所遍計之假說自性中而生執著，如同宗喀巴等人一般；但已實證本識心體眞如法性之菩薩，仍然以其慧眼觀見各各有情之眞如法性無有刹那不顯現，因爲現見一切眾生皆有第八識如來藏而了知其清淨所緣境界故。

本識心體之清淨所緣境界，無有依他起性之假說自性緣生法，因爲是本無分別之清淨所緣境界故，遠離我、我所之境界而不了知自我，亦是本來恆離一切明與無明境界故，說爲勝義無自性性；依他起性之假說自性則非本識心體之所緣境界，無有勝義眞如法性，故說依他起性勝義無自性性。而世尊所說圓成實性之勝義無自性性，乃是本有，無始劫以來本自如是而非修行以後方轉成無分別性，故非修所得性，卻被宗喀巴曲解爲意識修習而後能得之勝義，宗喀巴說：

立第二勝義無自性理，解深密經云：「復有諸法圓成實相，亦名勝義無自性性，何以故？勝義生！若是諸法法無我性，說名諸法無自性性，即是勝義。言勝義者，謂一切法無自性性之所顯故，由是因緣說爲勝義無自性性。〔作者案：中文版《大正藏》：復有諸法圓成實相，亦名勝義無自性性，何以故？一切諸法法無我性名爲勝義，亦得名爲無自性性；是一切法勝義諦故，無自性性之所顯故，由此因緣，名爲勝義無自性性。〕」此說諸法法無我性圓成實相，由是清淨所緣境界，故是勝義。由是諸法無我自性之所顯示，所安立故，亦名諸法無自性性，故名勝義無自性性。

又解深密經云：「若勝義諦相與諸行相一向異者，應非諸行唯無我性，唯無自性之所顯現，是勝義相。」又譬喻時，唯於無色立爲虛空，說亦如是安立無我。以於有爲有法，斷除法我。無戲論之滅，即安立爲法無我性圓成實相，極顯然故。若許此經說眞實義是爲了義，而不安立唯破所破，即是不變圓成實性，反說不待破除所破，唯於心現自然成就，實爲相違。

此宗圓成實，唯由破除諸法我性，說名諸法勝義無自性，非所破自由無自相而說爲無自性。[21]

諸法之勝義，表示一切法之往上追溯，都只能到該義理爲止，皆不能超越其上，故將該殊勝之義理稱爲勝義；勝義有別於一切法者，乃是一切法皆屬有因有緣所作，而此勝義乃非因非緣所生，常常時、恆恆時中，不論如來出世或不出世宣說勝義之眞諦，諸法中之如是勝義法性恆如是安住。諸法中之勝義倘若是由破除某些煩惱的情況下予以安立的勝義名稱，則此勝義即非世尊所說勝義，只是名言而無實義；亦是修得之假名勝義，後時修緣壞散則必壞滅而無勝義實質。若是將某些煩惱不存在意識心中的情況下，稱此時之心境無有該煩惱之自性爲無自性性，以爲即是勝義法無我，則該意識心境後時再與煩惱相應時，即已無有勝義法性；如是意識相應的勝義法性既非於常常時、恆恆時皆於諸法中遍一切處、遍一切時安住，而是有時勝義相應，有時非勝義相應，即非眞實勝義，必然與經中佛陀所開示的勝義法理相違背。

宗喀巴套用《解深密經》之經句，欲使人相信其所說一切法無自性性之意識認知境界是了義，卻因其繫於文字牢獄及否定如來藏、未證如來藏之緣故，不能勝解無自性性之眞義，以其凡夫妄想之意識心量而妄評經義，不認同世尊所說常常時、恆恆時諸法勝義法無我性之圓成實性是恆不變異，故不認同圓成實性非因緣所生、本來成就之法性，妄謂圓成實性是必須經由修行才能成就者，故不許世尊《解深密經》所說是了義經教，將成佛所依之一切種智經典貶爲不了義經，可謂狂妄至極。

宗喀巴心中所思所想之法無我圓成實性，乃是以有生有滅之細意識我作爲常住法，然緣於此細意識我而假名安立之「我見」我，並非是眞實能夠取境界之我，僅是繩上所安立之蛇，而此蛇（假名安立之名言我）無有繩之自性（無有能取清淨或染污境界之自性），因此倘若誤認假名安立之名言我爲有自性，亦是法我見。應成派中觀認爲，若破除了假名安立之名言我有自性之見解，證實細意識我之存在與其能取境界之自性，就稱爲此細意識法我是眞實我，誤認爲無有假名安立我之不實自性，然後假借世尊於《解深密經》所說無自性性所顯是一切法勝義之名身、句身與文身，聲稱彼等細意識我之自性乃是假名安立我之無自性所顯，說爲勝義無自性性。因此宗喀巴極力主張圓成實性乃是要相待於破除假名安立我之無自性才能夠成就，要經由修行才能達成這個「智慧」境界，故其圓成實性非本來已有；若有人主張不必經由修行而破除假名安立我之自性，認爲若有本來即已成就圓成實性者，則破斥爲與佛聖教相違背。但宗喀巴這樣的邪見應當予以申論辨正，使世尊之勝義眞如法無我法義，不受彼等六識論者之應成派中觀任意曲解毀壞。

宗喀巴爲何主張圓成實性要待於破除所立所破以後才能成就？因爲彼等自始至終皆以意識心爲眞實心而建立之所覺所知，虛妄想像意識具有一非意識心所具有、所能到之法性與識性，而以意識所作之法，與境界相俱生俱滅，離於所緣境界即不具全性之殘缺敗壞等法，妄想擁有本識如來藏本來而有、本來自在之涅槃法體，建立爲具有能生萬法之清淨眞如法無我之無爲體性，將本識圓成實性移稼於細意識再否定本識原有、現有、未來亦將繼續實有的圓成實性，如是邪知、邪見、邪說，於實證者眼前終究破綻百出，處處矛盾而不能前後連貫。由於意識心能夠與五遍行、五別境、善十一、根本煩惱、隨煩惱等心所法相應的緣故，意識依止於意根之遍緣一切法攀緣性，能遍分別、領受、了知、思惟、分析歸納一切所知境，並且能對過去生起憶想回味，能對現前境界沉溺耽著，能對未來生起希望欲求，於所知境生眞實想而起貪愛。受到意根人我執與法我執煩惱之牽制，意識不能了知所分別執取之自我法相並無眞實自性，由此貪愛妄想而緣於色、住於色之自性中，緣於受、住於受之自性中，緣於想、住於想之自性中，緣於行（思）、住於行之自性中，此即是世尊於阿含所說四識住[22]，識蘊因此而增廣其緣於五蘊之貪愛法相。因此而使意識與煩惱雜染相應，則其心境即產生我有煩惱之了知；倘若以意識依正知見如實觀行而具足五蘊非眞實我之正見，並且如實現前觀察五蘊之無常相、生滅相、苦相，包括意識自心之無常相與不自在相，此時意識發起了五蘊非眞實我之智慧，意識之心境即依止於五蘊無我之見地而破除貪瞋癡等煩惱，產生了此意識非眞實我之見解，同時具有無我之智慧、無煩惱繫縛之清淨了知。因此，意識之心境能隨著雜染之增減、智慧之有無而有種種我法與無我法之差別了知，然而皆屬於因緣所作而成之了知，如是智慧仍屬於有增有減、有垢有淨、有來有去、有生有滅之有爲法相，皆屬無有眞實自性之法，只能附屬於圓成實性而存在，故非圓成實性；何況宗喀巴等應成派古今中觀師並無如是解脫道智慧，更無解脫聖者所不知之佛菩提道智慧，都屬於誤會解脫道爲佛菩提道者，而其所知之解脫道亦是誤會而未斷我見之凡夫邪解。是故意識所分別、觀察之人我無眞實自體與自性，使意識獲得五蘊無我、五蘊不眞實之智慧，只是意識所有之智慧，捨報受生後將隨著生滅性的意識消滅而滅失，成爲潛藏於如來藏中之智慧種子，要待來世重新受學之後方得生起；意識滅後並不存有全性可得故，都屬於依他起相非清淨所緣之生無自性性所攝故，世尊說此等非屬勝義法性故。

世尊說有諸法中之清淨所緣境界，即表示有一法能以本然之清淨性緣於諸法，無有先後性，無有諸法之增減相、垢淨相、來去相、無常相與我相，無有諸法依他起法相之無自性性，世尊說此清淨所緣法性爲勝義無自性性，是諸法之勝義眞如法無我性，亦即圓成實性，是「不待破除所立所破，唯於心現自然成就」者，卻是宗喀巴所不能知不能覺而不許者；然法界實相中，唯有此圓成實性才得稱爲一切法平等眞如，餘者皆可依現量、至教量、比量一一舉示理由而數說其非爲平等眞如。意識之所緣乃是依他起性中非清淨所緣之境界，乃是依止於他緣之力而有之法，無有勝義之性，屬於生無自性性之體性。倘若意識心境由雜染轉爲清淨，因此有了清淨心能緣一切所知境；若如此就是圓成實性，則此時之意識心應轉變爲無生而不再有滅，則此後意識應無斷滅之時，眠熟、悶絕、正死、來世重新出生等位，都應是同一意識覺知心，必無胎昧而對往世所修所學一一了知而不待重新修學方知，則應宗喀巴等人都不需要轉世認證，都已遠離胎昧故；而現見彼等悉皆不能，故其所說虛妄。圓成實性之勝義眞如法無我性乃是無爲法故，無爲法不應有生滅故，無爲法不應與一切雜染法相應故；然而現見一切自稱已證法無我之藏密喇嘛、法王、活佛，乃至被封爲至尊之宗喀巴生前，皆有意識斷滅而不現前之眠熟時段，亦皆於男女和合身觸之樂生起希望追求，故每日皆與雜染法相應而有喜怒哀樂種種有爲有作之相，故彼等之意識無有絲毫圓成實性所應具有之清淨無爲自性。因此，圓成實性若如宗喀巴等人所說，是由破除所立所破以後方得成就，則過失極多，乃是彼等意識憑空想像妄計之所得，絕非世尊所說清淨所緣境界之如來藏心勝義無自性性。

宗喀巴唯恐他人不知其以六識之見聞覺知識性稱爲圓成實性，畫蛇添足地說：「此宗圓成實，唯由破除諸法我性，說名諸法勝義無自性，非所破自

性由無自相而說為無自性。」應成派中觀宗之思想，為了怕墮於有邊而被人指責為墮在我見中之常見外道，因此主張一切法皆無自性如微塵許，亦即一切法皆無自性、一切法皆空，誤以為如是主張即能免除他人對彼等墮於有邊、常見之責難；然而一切法皆空而不許有能生名色的常住法如來藏，已經很明顯的墮於無邊；又為了想要遠離無邊而主張緣生法之細意識為常住法，亦是想要維護雙身法之識陰所攝意識境界而作如是建立，轉墮於有邊而落入色我與識我等我見中，重新具足五蘊我見，顯然不能成立所謂不墮有無之應成派中觀見；因此彼等又主張能取境界之眼等自性乃是本住法性，如是主張一切法性空唯名而有作用，以為即可遠離無邊，仍屬墮於有邊，同於常見外道。所以宗喀巴不許他人破除六識心能取境界之識性為無眞實自性，倘若六識心有自在之法相、有眞實自性的主張被破除而不能成立，應成派中觀師所建立之宗旨即不攉自壞，即墮於無邊之斷滅法，故古今一切應成派中觀師都不敢宣講四阿含諸經中之聲聞解脫道法義，皆因世尊於四阿含諸經中處處說「**眼、色因緣生眼識**」，乃至「**意、法因緣生意識**」，已分明破斥意識等六識之實有性故，已先預破應成派中觀所說意識及意識自性常住之邪說故。

識蘊六識心及色受想行蘊皆是世尊所說依仗他緣之力而有者，非自然有、非因緣有，乃是如來藏藉種子因與四大等緣才能自然出生，故說五蘊爲依他起相之法，爲生無自性性之法；世尊又說依他起相非清淨所緣之境界，雖然是因爲本識心體清淨所緣而變現之光影，而此等五蘊自性乃聚合而有，無有眞實自性，亦非勝義性，故說依他起相勝義無自性性。這正是在破除識蘊六識無有眞實自相而說六識無眞實自性，故是預破應成派中觀邪見；故勝義無自性性，並非宗喀巴所說識蘊六識破除諸法之法我以後，以領受諸法無我之取境界自性而可稱爲勝義無自性性。六識心中之意識縱然已破除諸法之法我見、法我執，眼等六識取境界之見聞覺知自性仍然屬於依他起性，仍然非眞實自性而無勝義性，永遠不能取代如來藏心之圓成實性；而宗喀巴卻主張破除諸法我性以後，眼等六識取境界之自性即是圓成實性，意即眼等六識見聞覺知自性之作用是不可毀壞之本住法性，是可用來取代第八識的本住法性；若眞是如此，則應大乘菩薩證悟以後將永遠不會老死，因爲五蘊及意識心已變成圓成實性，而圓成實性法是本住法、常住法、不壞法故；然而自有佛教至今，未曾見有如是事，故宗喀巴等人的說法屬於虛妄想。世尊於阿含中亦早已顯了明說：我眼見色、我耳聞聲乃至我意識知法，皆屬於人我之法，皆是藉根與塵二法爲緣所生；或說是根、塵、觸等三法和合方便所生，乃無常、有爲而由思願所作之法，既屬於人我之法即不能改變法性而成爲本來無我之勝義眞如法性，故宗喀巴妄想以生滅性的意識取代本來常住不壞的第八識，永無可能成功。

宗喀巴以爲於六識之識性破除法我性以後，改稱其爲圓成實性，即能符合世尊所說：「若勝義諦相與諸行相一向異者，應非諸行唯無我性，唯無自性之所顯現，是勝義相。」但卻永無可能，因爲六識之識性即是諸行見聞覺知之行相故，因此彼等應成派中觀以爲如是錯誤安立之「圓成實性」可以不落於「勝義諦與諸行相一向異」中；但是《解深密經》中已說「勝義諦相與諸行相都無有異或一向異，不應道理」[23]，六識能取境界之識性，於未破除法我性之前，與破除法我性之後，於五蘊行相中確實有其異相，是大乘證悟者都可以現觀者；若如宗喀巴說都無有異相而將識蘊六識行相認定爲即是勝義諦，認爲如是所建立之圓成實性與諸行相都無有異，則世尊所說即不應道理。然實宗喀巴所說方屬不應道理者，因爲眾生六識之現行乃是依他起相，六識之取境界相亦是永遠伴隨於遍計執相，然於如是行相之中能變現出六塵境界者並非六識，能變現境界者乃是本識如來藏，此一能現境界而不與境界相應、不於境界見聞覺知、不與雜染相應之清淨所緣境界，才是圓成實性，是本識如來藏方能顯示之清淨自性，並非意識所能作到。本識如來藏能現境界之圓成實性，與諸行相非無有異、非一向異，故於見聞覺知者（六識之了知）與見聞覺知事（所取六塵境界）中，於見聞覺知者與見聞覺知事之無自性性中，同時同處而顯現本識如來藏現境界相之法無我眞如勝義諦相，唯是實證本識如來藏菩薩之法無我智境。應成派中觀師佛護、月稱、宗喀巴等人未證圓成實性之如來藏心，以凡夫心之六識境界妄談第八識圓成實性，強行切割第八識如來藏之圓成實性稼接於意識心，純屬臆想，毫無實義；彼等又否定意根之存在，故又轉計意識爲常住法而無法現觀意識的虛妄，或現觀以後仍不能接受自己的現觀，由是緣故，對於四阿含所說「**意、法因緣生意識**」之聖教，從來不肯信受奉行，故亦無法斷除我見而落入意識我見中。自相矛盾，乃是古今諸應成派中觀師自己創造出來之局面，證悟菩薩們本無加以摧破之意願；但彼等不願與眞悟菩薩和平相處、各弘各法，反而極力破斥眞悟菩薩所弘正法，謂為不究竟、法義有誤；如是混淆法義大是大非，故使眞悟菩薩不得不出而造論加以摧破，乃是彼等咎由自取。

前面宗喀巴說圓成實性乃是由破除所應破煩惱以後方得成就，後面宗喀巴卻又說六識取境界之自性並非破除其無有自相而得破之，即表示六識取境界之見聞覺知自性爲圓成實性，乃是未破其假立及所應破之時已然存在，則已經與經中所說一切有爲法無自性空及其自宗所主張一切法無纖毫自性相違背了，然於自身之自律悖反事實仍無所知。應成派中觀執取此破除我相之六識識性爲自相有，認爲可破者爲我相而所取境界相不可破；有自相即是有自性，稱此有自相之自性爲勝義有，因此主張眼等取境界性不可摧破，成爲假立之我相性空唯名而有作用之依附處所，不符邏輯而全面違背自宗所傲之因明學。彼等不知眼等取境界之自性皆是根塵觸三法和合方便生起之六識及心所法之作用，非本來自在、非無取無捨、非畢竟清淨，緣於六塵境界時亦非清淨所緣故墮於樂空雙運之淫欲法中，乃是依他起性而與六塵境界相應之生滅法，但宗喀巴等人爲了維護我見法相之眼等作用不墮於斷滅，欲維護彼等所弘傳之雙身合修追求淫樂境界之法，故意曲解彌勒菩薩之論意而引用，以支持眼等取境界自性爲勝義有之邪說，以下當再分別申論之。

三、應成派中觀主張眼等取境界依他起自性是勝義有

世尊宣說諸法依他起、依他緣之力而有，故說諸法生無自性性，已顯說依他起之法無有自體性；無有自體性而需依止他緣之力方能出生、方能繼續存在者，必有其生滅之法相，此生滅之法相即是依他起性所顯法相，爲顯依他起相非爲本來自在常住者，故說諸法有生相而非有自體能生之性，即是諸法生無自性性。世尊又說諸法由生無自性性故，說名諸法勝義無自性性，並非指諸法依他起性之無自性性爲勝義，而是指於諸法依止他緣之力而有生滅法相之生無自性性中，能藉衆緣之力而興造變生諸法之本識如來藏心體，於所幻化諸法之無自性性中，即顯示了本識心體之本來無生體性，此本來無生之體性即是超越諸法生無自性性之勝義法性密意。如何得知此爲世尊所說之密意？因爲世尊於《解深密經》說：「即緣生法，亦名勝義無自性性，何以故？於諸法中，若是清淨所緣境界，我顯示彼，以爲勝義無自性性；依他起相，非是清淨所緣境界，是故亦說名爲勝義無自性性。」於緣生法中，若是

清淨所緣境界，無有依他起相之無自體性並遠離我與我所等煩惱過失相貌者，方是本來無生心體之勝義法性；若是眾緣聚合而有之無有自體性、非本來無生、非本來存在之依他起相諸法，則無有本來無生、本來自在之體性，即非勝義法性。因此，緣生法中有非依他起相但有自體性之本來無生勝義法性，以及非勝義法性之無自體性之依他起相諸法，不可說為一向異或無有異，而是和合似一、非一非異之中道性，故應將依他起性及遍計執性攝歸本識的圓成實性中，才能說是世尊所說「即緣生法亦名勝義無自性性」之密意。

眼根能觸外色塵境乃至意根能緣外法塵境，眼識能了別內色塵境乃至意識能了別內法塵境，皆是依仗眾緣之力而有之法，正是世尊所說諸法依他起相之生無自性性，正是有生之法而無有自體性者，並非無自在之體性、亦不能生諸法者而可說此無自性之法為本來無生；如是之法生起後若已永斷思惑而不受後有時，則是成為斷滅後的空無，不可說為本來無生法；唯有眞實法、常住法、恆住不壞、本來自己已在者，方可說為本來無生，是法常住法位而能生諸法，諸法滅盡而不受後有時，是法亦自獨存而不墮斷滅空故。世尊於《楞伽經》中已辨正而說，並非斷滅後無自性者可說為無生，亦非待緣而有者可說爲無生，然觀眼等取境界自性皆是藉緣而有者，如是無有自體性之「**生無自性性**」者無有勝義法性，僅屬於本具勝義法性之如來藏心體藉眾緣而生之依他起法相，不外於生滅法之範疇，不應認定爲常住之結生相續識。而應成派中觀月稱、宗喀巴等人爲成就其守護見聞覺知性爲本住法性之立論，以免樂空雙運、樂空不二之雙身法理論意識境界，隨於意識等六識之生滅性而遭破壞，乃不顧經中世尊顯說明說之眞心妄心差別法義，極力主張眼等依他起法性爲不可摧破之勝義有法，更以曲解彌勒菩薩論意之手段而欲說服他人信受，背後之目的只是在於建立不離六塵見聞覺知之雙身法之合理性、合法性。茲舉實例證明如下，供大眾判別：【若如菩薩地及決擇分說依他起是勝義有者，云何《解深密經》說凡諸有爲，皆非勝義。……不違之理，茲當解釋，謂安立世俗及勝義有，有二理門，第一理門由名言增上建立有者，名世俗有，非是由彼增上安立，由自相有者，立爲勝義有……又決擇分云：「若諸名言熏習之想所建立識，緣色等想事，計爲色等性，此性非實物有非勝義有，是故如此色等想法，非眞實有，唯是遍計所執自性，當知假有。若遣名言熏習之想所建立識，如其色等想事離言說性，當知此性是實物有，是勝

義有。」】[24]

應成派中觀師所慣用之手法，乃是於自宗所立已成自我矛盾的情況下，自己施設此矛盾之問，然後再引用菩薩之論予以隨意扭曲轉計，使未具慧眼者不能責難其已呈現之自我矛盾，達到模糊焦點、移花接木之目的。宗喀巴引用《解深密經》中世尊以三種無自性性密意所說之一切諸法無自性爲究竟了義之法性，曲解世尊於三自性中顯說之三種無自性性密意，卻不能免於世尊以明顯之聖教區別非勝義之法所說「**若從因生應是有爲，若是有爲應非勝義**」之預難，因爲彼等應成派中觀師正是認取從因而生之有爲法依他起性之意識心，作爲常住之勝義法性。因此，宗喀巴以爲引用《瑜伽師地論》〈攝決擇分〉中彌勒菩薩論述諸法中，勝義離言法性之清淨所緣境界，即能證明彼等所妄想眼等取境界之有爲法爲「勝義有」，自認爲能契合彌勒菩薩所說種智法義，以爲如是即能避開世尊之預責。但《瑜伽師地論》卷七十四〈攝決擇分〉中所申論者，是彼等所曲解後之依他起爲勝義有之意思嗎？於此應當正解論文之義，以破除應成派中觀攀緣附會之詭計：**【復次，云何當知色等想事、色等施設是假名有非實物有？謂諸名言熏習之想所建立識，緣色等**

想事計爲色等性，此性非實物有、非勝義有。是故如此色等想法非眞實有，唯是遍計所執自性，當知假有。若遣名言熏習之想所建立識，如其色等想事緣離言説性，當知此性是實物有、是勝義有，此中道理言論成立，如菩薩地應知。】

略釋如下：「決擇分說：若是由取境界而了知境界相之熏習，以及經由了知境界相施設語言之熏習，因而建立之眼識、耳識、鼻識、舌識、身識及意識，此眼識乃至意識緣於色等事而攝取爲所了知之境界相，因此計爲有色之質礙性、受之領納性、想之取境了知性、行之造作性及識之了別性，此色等性非實物有亦非勝義有，因爲色等性乃是依於積聚相而有，是依於根塵觸三法方便生起識及相應之心所法而有，因此經由取境了知所得色受想行識等法並非眞實有，唯是遍計所執而有之自性，應當知道僅是假立而有。倘若遣除取境了知以及語言熏習所建立之眼等六識之虛妄計著，即於所了知色受想行識等事有離言法性清淨所緣境界，此離言法性非依於積聚相而有、不依於根塵觸三法之方便而有、不依於根塵觸而施設其自相，當知此不待所餘、不依所餘施設自相之法性，是實物有，是勝義有。」

彌勒菩薩所闡釋之勝義有，並不違背世尊於《解深密經》所說「若是有為應非勝義」之至教量，因為有為法皆是從因而生、待緣而有，也就是待所餘而生並依所餘而施設其自相，此乃有為法之根本法相；而勝義有所攝之諸法中離言眞如法性，不是從因而生、待緣而有之有為法，更非僅遣除世俗語言施設建立之名言等有為法本性可以充當替代。例如五蘊中識蘊所含攝之眼識，必須藉由眼根不壞為增上緣，意根作意為等無間緣，色塵現前為疏所緣緣，心所法現行運作為親所緣緣，種子識阿賴耶識中之意識種子流注為因緣，四種緣具足以後眼識方得生起，故眼識之生起與存在，必待所餘諸緣，也是從因而生之有為法；至於眼識之名，乃是由於依止於眼根攝取色塵境界而了別色塵內容，因而將此了別色塵而依止眼根之識稱為眼識，故眼識能了別色塵、能見色之自相，乃是依於眼根、色塵而施設，並非不待所餘、不依所餘施設自相而能有其本然自在之法性。眼根之眼球、眼角膜、視神經等扶塵根若毀壞，或者頭腦中掌管視覺之神經、視丘等勝義根結構毀損，則由於缺少增上緣而使四緣不具足，眼識即不得生起，眼見色、眼了別色塵之自相即不復存在。倘若遺除眼見色、眼了別色塵等名言施設以後，眼取境界、眼見色之自性仍須四緣具足方得成就，仍屬依他起性之法相，故非實有常住之圓成實法性；若四緣不具足時，縱使遣除了眼根、眼識等名言施設，已了知眼識等名言施設之虛妄，眼識仍不能生起、不能存在，眼識功德仍不得成就；此乃依他起性諸法無有自性性之眞實道理，故眼取境界、眼見色乃至遣除名言施設以後之眼取境界之自性，皆非自相有之法性，乃是世俗假立而有，仍屬於非勝義法性，故又稱爲無勝義自性，這是月稱、宗喀巴等人所不知者。

遣除「眼識」語言施設以後之眼取境界法相，爲何仍不是勝義有？因爲眼識於根塵相觸之處生起以後，同時有與眼識相應之觸、作意、受、想、思等遍行心所法生起，例如取境界相即是眼識之「作意、觸、受、想、思」心所法功能，了別色塵之內容即是眼識之「欲、勝解、念、定、慧」等五別境心所法功能。而此眼識之取境界相了知與了別色塵之功能體性，並非依止於語言施設安立而有，除去語言施設安立以後，仍然爲眼識與所相應心所法之取境界相了知與了別色塵依他起法相，與除去語言名相施設之前對照，體性並無絲毫差別。例如耳聾者以及一切不懂人類語言，而眼根未曾損壞之畜生道有情，其意識覺知心中並無語言施設之「眼識」名相存在，而其眼識仍然具有同樣取境界了知與了別色塵之待他緣而有、依他緣施設自相之依他起法性；眼識生起以後所具有之自性，仍屬於和合而有，依止和合而有之自性予以施設眼見色等言說建立，故除去言說建立以後，眼見色之自性仍然是依他起性，仍是生無自性性所攝，並非如同宗喀巴所曲解「**非由名言增上安立，由自相有者**」，是故宗喀巴將此「**生無自性性**」所攝之依他起性有為生滅之識陰六識「**立為勝義有**」，是無智之說。眼見色之自性非由名言增上安立而有，然而卻是從因所生、待緣而有、根塵觸和合而有之有為法，故眼見色之自性非自相有、非勝義有，應成派中觀師說之為勝義有，違教亦復悖理。眼識乃是待緣而有、從因所生，是依他起之法而非勝義有，更何況眼識生起以後與心所法功能所呈現之眼見色自性，正是依他緣施設而有之自相，如何可說眼等取境界性遣除言說以後為自相有、勝義有？

眼識以及眼識現行以後與心所法共同和合呈現之眼見色自性非自相有、非勝義有，耳識之耳聞聲自性、鼻識之鼻嗅香自性、舌識之舌嚐味自性、身識之身覺觸自性以及意識之意知法自性，皆同樣非自相有、非勝義有之法性，同屬識陰所攝故，同是依他起性之生滅法故，若離根、塵二法藉緣及如來藏因即不能存在故。總而言之，眼等六識見聞覺知性，皆是待他緣而有、依他緣而施設自相之依他起法性，眼等六識皆是從因而生之有爲法，皆是世尊所楷定依他緣力而有生、無自性性之非勝義法性。應成派中觀始自天竺佛護，後由月稱、寂天、宗喀巴繼承以來，乃至今日之達賴、印順等人，皆不能如實了知依他起相五蘊諸法之內涵，因此不能了知眼等能取六塵境界之自性亦是從因而生、依他起性之有爲法，實質上已經違背了世尊之聖言教，也悖離了一切實證菩薩之現量眞觀；只爲維護其所立以意識爲常住本住法之邪見宗旨，只是爲了掩護雙身法六識境界不墮於依他起性之過失中，欲逃避眼、耳、鼻、舌、身非有本來自相則同樣能取境界之意識亦不能免於被破斥之窘境，乃強詞奪理而於名言增上安立及非名言增上安立等名相中耍把戲，炫人眼目而模糊焦點。至於名言增上安立之辨正，將於後續之遍計執性中申論，此處不預先贅言；但月稱、宗喀巴等人欲以意識住於眼等取境界法性中，不住於緣眼等自性所安立無有能取境界之假名名言我，聲稱如是即已證得世尊所說法無我清淨所緣境界，妄言能得圓成實性，妄稱已經證得假名名言我無能取境界自性之無自性，自認爲已破遍計執之法我執，全是虛妄想像之戲論。

清淨所緣境界，如前所申論，乃是本來無生之本識心體本來具足清淨自性之勝義眞如法無我性，彌勒菩薩所說「若遣名言熏習之想所建立識，如其色等想事緣離言說性」之義，即是遣除眼識乃至意識取境界以及取境了知分別之虛妄性，其中本識心體顯現境界而不取境界、不了知分別境界之眞如離言說性，本來無我、無說、無示、無相，非名言所能增上安立，此清淨所緣勝義眞如法性即是世尊所說「於諸法中，若是清淨所緣境界，我顯示彼以爲勝義無自性性」。由於勝義眞如法無我性，並非如同依他起相之無眞實自性故，亦非待他緣而有、依他眾緣施設自相和合而有之自性，故世尊特別顯說勝義法性之無依他起自性法性；彌勒菩薩所申論之勝義有，即是同於世尊所說清淨所緣離言說性之勝義眞如法性。應成派中觀師宗喀巴等曲解佛意及彌勒菩薩之論意，欲以待緣而有及實質上無自性之法—六識自性—假說爲本來無生具足眞如法性之勝義自性，誤以爲破除無有能取與所取作用之假名安立我，則一切蘊處界有爲法都可以成爲勝義法性，期使雙身法的六塵貪愛境界成爲合於勝義的境界，其實已明顯的墮於遍計執性中，不離依他起性。此處亦同時證明彼等確實具足緣於蘊處界而生之我見與我執中，大眾皆可以世尊聖教之正知見加以檢驗故。

應成派中觀師雖然濫用「一切法無自性空」之名相，實質上卻又不許「一切法無自性空」；因爲眼等取境界之作用，乃是一切陷於我見中者所不能棄捨者，屬於凡夫異生惡見境界，佛護、月稱、寂天、宗喀巴等人不能自外於此，更因此而深陷於遍計執中，故意扭曲依他起性、曲解勝義圓成實之事相與實證之正理，茲舉例如下：【除於所破加不同簡別之外，其於破事緣起法上唯遮所破之我，即安立爲勝義諦者，兩宗符順，故立餘勝義不應道理。……有法緣起與法性勝義諦，見有能依所依者，是於名言識前，非於根本無漏理智，故於彼前唯有法性，全無有法，而不相違。然於觀察諸法自相實性，以如何有爲勝義有者，若無有法，則彼法性無力獨立，故前宗說，若依他起緣起諸法自性空者，則圓成實亦無自相。此宗亦如是說。】[25]

應成派中觀師維護其自宗之慣用手法，即是採用無意義的作爲來取代有意義的作爲，（增上安立於佛法中無必要破斥之名言，然後加以破斥，謂爲已經否定虛妄法而有實證，即是無意義之作爲。譬如水非實有，因緣生滅；將「水」一字之名言建立起來說爲眾生所執著之虛妄法，再加以破斥之後，認定「水」一名爲虛妄法，而認定水是眞實法，非緣生緣滅之法，如是而說爲已經滅除虛妄法，證得眞實法。然而水是生滅法，是應觀滅者，才是知道水的生滅眞相者；「水」的名字不需建立起來再加以破斥，因爲建立及破斥之後，水仍是生滅法而不改其生滅性，故說應成派中觀建立蘊等名言而加以破斥，取代蘊等生滅無常之觀行，結果仍是不知蘊等生滅的愚人，即是以無意義之法取代有意義之法。）宣稱已經完成有意義的作爲而自稱爲實證者：彼等以名言增上安立作爲所應破法，亦將非名言增上安立之依他起性五蘊簡別爲非可破法，對於所破之緣起法亦唯是遣除無有所破假名安立之我，認爲假名安立我之能取所取自性不可得、假名安立之名言我無自性，則安立緣起法諸法之法性爲勝義諦，宣稱如是妄想而知者爲證得法無我。縱然緣起法必須待緣而有、有生滅相，但彼等同於把頭埋於沙中之鴕鳥一般，以爲只要遮除緣起事無有所破名言施設我之無自性性，則緣起事之五蘊自性即成爲有自相之勝義自性；這樣的妄計與執取，完全違背世尊於阿含諸經、般若方廣唯識諸經之聖言教。一切有爲法無有眞實自性，故爲無自性空，此即是依他起諸法之生無自性性；依他起諸法是緣生法，是依他眾緣之力而有，故一切緣生法無有一絲一毫可以脫離此依他起性之法相，應成派中觀師卻將如是依他起之五蘊建立爲實有不壞法，而將指示五蘊而建立之「五蘊」一名建立爲假我，宣稱若已了知此名言五蘊我爲假法，即是已破法我執，令有智者聞之不免啼笑皆非，只能憐憫彼等諸人之無知、造業。

彼等否定藉眾緣出生諸法之本識如來藏心體，僅於依眾緣之力生起之緣生法事相所設名言加以遮破，僅於緣生法事相中建立世俗諦及勝義諦，不許別有本識如來藏心體之離言眞如法性作爲諸法之勝義，則等同於建立有生有滅之法爲不生不滅法一樣，將生滅法誤計爲常，這就是世尊所說愚癡無聞凡夫之我見相貌，名爲常見外道。倘若依他起性諸法之緣生法性即是勝義法性，則彼法待緣未生時亦應是勝義無生，則待眾緣之力而生之無有自生體性之一切生滅有爲法，亦應是勝義無生，則難逃自相矛盾之窘境；然世尊於《楞伽經》中卻開示說：「非無性無生，亦非顧諸緣，非有性而名。」很明顯的，世尊不許無有自體性之法可稱爲無生法，亦不許待眾緣而有生之法可以稱爲無生法；無有自體性及待緣而有之法即是緣生法，則緣生法已屬於有生之法，自然不許有無生之名；既然不能稱爲無生，就不是勝義法性，不應建立爲勝義範疇之無生。但應成派中觀之月稱、寂天、宗喀巴、達賴、印順等人，對此竟然不知自省，竟然仍能迷惑當代自稱有智之人，同墮其矛盾中，令人深覺不可思議。

不是勝義法性者，如何可稱爲勝義諦？但月稱、寂天、宗喀巴等人外於世尊所傳之佛法而自創非佛法，聲稱爲最究竟佛法；彼等主張勝義諦與緣生法性是能依與所依，也就是勝義眞如法性是依止於緣起法而有，這是其心顚倒、邏輯顚倒之說，也是嚴重的誹謗十方諸佛及一切如來所說之聖言教。唯有非待緣而有、非依他緣施設自相而本自存在之法，才是勝義法性，世尊於《楞伽經》如是開示：「遠離諸因緣，亦離一切事；惟有微心住，想所想俱離，其身隨轉變，我說是無生。」緣生法皆不離因與緣，緣生法皆不離蘊處界事，緣生法皆不離想與所想；惟有隨緣而生起諸法之本識如來藏心體方能本來自在，方能不依仗他緣、遠離諸因緣而自在，亦能不與所生之蘊處界相雜相在故離一切事，於所生之蘊處界皆是清淨所緣而無有想與所想，本識如來藏心體以其微細心行之法相住於法界之中，這個法身可以隨著業因外緣而隨其轉變，或者出生人類五陰，或者出生欲界天人五陰，或者出生色界天人五陰，或者出生無色界天人四陰，或者出生三惡道五陰，確實可以隨於業因眾緣而有所轉變，卻又不改其性，正是「其身隨轉變」，才是世尊所說之本來無生法。唯有本來無生之法才有堪能成爲緣生諸法之勝義，無生法第八識心體俱離想與所想，一向一味離言之眞如法性遍於十二處、十八界中，眞實、清涼、常不變異；如是勝義眞如法性離一切事相、遠離諸因緣，才是勝義之眞實道理，故稱爲勝義諦。宗喀巴否定緣生法之母法本識如來藏心體，當然是不知不證本識心體者，遮住其雙眼、雙耳，僅以其意識（即是其所稱與語言文字相應之名言識，再遮除語言文字相而住於離念靈知境界中）妄想唯有能取六塵境界之見聞覺知性而無有諸緣生法（住於離念境界而計著遮除語言文字相之緣生法五蘊即是勝義法性，即是無生，說如是無生故名空性），以如是虛妄想而宣稱已證得無漏之根本無分別智。然世尊於般若經說勝義法性無見聞覺知者，亦無見聞覺知事（無生之法離一切事──離能取與所取──從來不了知六塵境界，既無暗昧亦無了了靈知），也就是說勝義法性離諸色、聲、香、味、觸諸塵事業而別有自己獨特之全性，具有能圓滿成就諸法之眞實性；但月稱、寂天、宗喀巴等人，都不顧世尊無上勝義法性之諄諄教誨，只爲成全彼等自宗六識常住之邪見以維護其雙身法之合法性，而諍論說勝義法性無力獨立，諍論說勝義法性是依自相」，其謗佛與謗法之心行、口行已顯露無遺。若彼等應成派中觀欲脫離謗佛、謗法之罪，應早日對外聲明更正：彼等所弘並非佛法，彼等並非佛教宗派，所說之法乃是喇嘛教法，方能遠離謗佛、謗法之大惡業；因為他們宣稱自己所說之常見外道法是世尊所說，然世尊從來未曾如他們所說，佛法中亦未曾有他們所作之謬說，故其宣稱所說為世尊所說、為佛教正法之時，即成就謗佛、謗法之大罪。如是證實已，所有正信佛子皆應摒除藏密應成派中觀於佛教之外，眞學佛人只欲修學佛法而不欲修學喇嘛教法故。

依他起之緣生諸法，自性空，無有眞實自性，乃是《解深密經》中世尊宣說諸法生無自性性之一分勝義無自性性，因為依他起相諸法之所緣境界都在六塵中，不離三界流轉境界，非是如來藏之清淨所緣境界故，無有勝義自性故；由於依他起相諸法之無有勝義自性、無自性空，而其中卻有本自無生卻能作為其餘二種自性之所依者，與其同時同處而恆常不斷的運作著，故已顯示了遍一切處、遍一切界中恆是一味勝義眞如法無我性之圓成實性，此亦是《解深密經》世尊所說之諸法圓成實相。但月稱、寂天、宗喀巴竟然否定世尊所說之至教，爲維護其自宗所立眼等六識取境界自性爲本住法性之邪見主張，欲使其與六識相應之雙身法合理化，乃公然篡改佛法而妄說「**依他起緣起諸法自性空者，則圓成實亦無自相**」，不僅謗佛、謗法，更推翻了其開宗明義所說不許諸法有纖毫體性之自性，成爲自律背反，則其所推舉一切法空、一切法無自性之旗幟亦不支倒地，已成爲砍斫彼等自宗辛苦所立之根本支柱故。

四、應成派中觀之宗旨墮於人我執之遍計執性中

應成派中觀月稱、寂天、宗喀巴等人，不許依他起緣生諸法（五蘊）自性空，欲於本質無有眞實體性，藉眾緣之力而有之五蘊法中，執取其中一法乃至多法爲常住不變異之眞實法，建立爲常住不壞法，才能成立雙身法樂空雙運之合理性，正是世尊於一切經中處處所宣說之四倒者：「**爲四倒之所顚倒，於有漏法中妄想所見，無我見我、無常見常、無樂見樂、不淨見淨。**」應成派中觀於無常生滅有爲之五蘊無我法中遍計有我，於無常之五蘊見以爲常，正是不能如實了知緣生法——有漏五蘊諸法之無常、苦、空、無我法相，

正墮於我見之中，與三乘菩提之任何一種都全面違背。身、受、心、法四念處觀，是世尊為對治墮於四倒者所給予之法藥，於前面章節中已多次引用、申論、辨正，但應成派中觀古今諸師對此竟然都無所知，或已有所知而皆繼續狡辯五陰為實有我、為常住法。殊不知取境了知諸法，並於所了知諸法中起心造作，即是依他起緣生法之眼識乃至意識現行以後，與心所法「觸、作意、受、想、思」運作時之法相，其中呈現了見聞覺知事以及見聞覺知者，也就是宗喀巴等所執取為常住法之「我、自性」，然而此見聞覺知事及見聞覺知者，若離了色聲香味觸及六根等境界，即無全性可得，故是有生有滅之無常法、無我法，是自性空、無有眞實自性、依仗他法他緣之力而有之緣生法。由於五陰諸緣生法無常，並無眞實自性，自性空故非眞實我，縱然去除「語言施設我」之假名，五陰仍然無有眞實自在之體性，並非眞實常住不壞之法性；執取如是依他起自性為眞實、為圓成實自相者，即是墮於遍計執性之人我執與我所執煩惱惡見中，由此證明宗喀巴尚且不知所知障之法我執為何物，更何況能言及圓成實之眞如無我法相？何況能了知自身於圓成實自性之遍計執相而得破除之？

眼識乃至意識心，雖是能取六塵境界而分別六塵境界之內涵，但意識等六識乃是藉根塵觸三法和合之方便才能生起之生滅識；而且意識等六識都不具有大種性自性，故皆不能攝持四大所成之色蘊，因此意等六識只能觸內相分六塵，並非能與外六塵相觸者，故亦不許為能變現內六塵境界者，當知意識細分後之一切粗細識皆不可能成為「結生相續識」；故六根、六塵諸法運行之先後性與邏輯性，不許應成派中觀以自意妄行加以任意轉計，不許彼等隨意以虛妄想而主張意等六識能夠攝取四大極微言為能現六塵境界者；故亦不許彼等因此而特別遍計執著意識能持身、能持業種、能入胎結生相續及常住不滅。意識乃至眼識皆是依他起性之緣生法，同屬有生滅相之無常法，應成派中觀師對此悉皆不知，於此等無常之法妄見為常並執取之，亦是墮於遍計執性之人我執煩惱惡見中。應成派中觀主張五蘊性空唯名而有作用，僅是於語言文字「**我**」之名稱上，述說此五蘊我之名稱自性空、唯假名，並非說有情眾生之五蘊自體性空唯名，故皆無法斷除我見；彼等遺除了此一假我之語言假名以後，認為細意識「**我**」以及有作用之見聞覺知性「**自性**」，即是彼等所守護之圓成實自相，是嚴重誤會佛法而落入五陰中，永無斷除我見之可能。茲舉示宗喀巴之言論以作證明：【通常諸有情類，於見聞等義及眼色等內外諸事依他起上妄執為我。即當以此為空依處，決擇其空。非於圓成實上執有眞實餘二自性而起迷亂。豈是決擇圓成實性由其所餘二自性空而為無我，又執有法我，非執有他實事，如執某處有火，以自內心是見外境內心似各別有，如其所見便執為實。其能對治謂當顯示所見心境無有異體能取所取，非說無餘能取所取。】[26]

宗喀巴主張若於見聞覺知等，以及眼色等十二處依他所起等法，妄執有一假名之我，以為能取所取是此假名我之所作，倘若決擇此假名我非眞實之能取與所取主體，則我之妄執即是一切法空之依處；意即能夠決擇見聞等及眼色等事無有假名我之無能取所取自性，依他起法之見聞等即由遍計執之我空而成為圓成實，這是認定五蘊為實有法，稼接為世尊所說第八識專屬的圓成實性；於五蘊假名建立之名言我—名詞上所說的我—方是依他起性。宗喀巴此處所說乃公然違背世尊所說之聖教。

其一：圓成實乃是諸法勝義，專屬於第八識眞如心；此圓成實性倘若需經由助緣方能轉變而生起，則屬從緣所作之生滅法，即非勝義。

其二：世尊處處宣說圓成實之勝義法性，離一切想與所想，超過一切尋思境界，超過見聞覺知境界，不墮六塵中；而宗喀巴所說的實我其實只是五蘊離念靈知，假我—**法我**—則是依五蘊離念靈知而施設的色受想行識等名相或五蘊名相，誤認爲凡是名言所說之法相都是法我；又認爲法我虛妄的實證，是只要了知如是名言所說法我虛妄者，即是證得法無我而成佛了，其實都落入人我的我所之中，不離妄想相。佛說的假我、無我，是指五蘊自身，並說明五蘊皆是因緣所生法，都攝屬依他起性，如實證知五蘊虛假，名爲證得人無我；佛說的法我，則是以意識等六識爲自我中心，內執著阿賴耶識之功能爲內我，成就阿賴耶性而輪迴生死，外執色受想行蘊、十八界等所衍生之諸法爲外我，此等執著名爲法我執，都攝在遍計執性中；若能如實觀察而了知此等諸法無我性，名爲證得法無我。佛有如是聖教，與宗喀巴所說全然相異。

其三：佛說的能取與所取，是指識、受、想、行蘊，共同攝受六塵萬法，名爲能取與所取；宗喀巴則移花接木，說能取是有念靈知，所取是依蘊處界施設的名言我，當離念靈知取六塵境界時，認爲所取六塵境界是識陰六識所顯現，故說「當顯示所見心境無有異體能取所取」；但是另外還有能取與所取，即是以有念靈知為能取，以名言施設的名言我、名詞我為所取；誤認為意識覺知心不取名言施設的所取假名之我，即是已離能取與所取，如是錯會而說名等四陰取六塵（特別是涅槃中的觸塵）時，並非佛法中應該遠離的能取與所取，故說「非說無餘能取所取」，與佛所說完全不符。

其四：佛所說的圓成實性，是能生五蘊、十二處、十八界（含六塵）及萬法的心，宗喀巴卻將藉十二處為緣而生的識陰六識當作能生萬法的生因，然而六識既是由十二處為緣才出生的，是先有五色根、意根及六塵境界以後才能生起六識的，但宗喀巴卻說六塵境界是由六識心所生的，故說「當顯示所見心境無有異體能取所取」，意謂所見六塵中的心境，就僅有能取的六識心與所取的六塵境界而無六根為俱有依，亦是完全不符佛說，並寫在著作中永續誤導眾生，是公然違背世尊的說法，也是造就破法的大惡業。

他的《辨了不了義善說藏論》這一段論文中所說，尚且有其餘種種過失；略說餘過，可以參考本章第二節第三目所說，一一加以思惟即知，此處不必再詳述。

不論是有念靈知境界而落入語言名相所說的名詞假我中，或是離念靈知而不落入語言名相所說的名詞假我中，只要是對六塵有所了知，乃至在二禪等至位中遠離五塵而只對定境中的定境法塵有所了知，即已是能取所取具足了：能取者爲離念靈知，所取者爲定境法塵。故所取的六塵或只剩下定境法塵而無五塵的等至境界中，離念靈知即是能取之心，定境法塵即是所取的境界。由此可知，境界是相對於有念靈知或離念靈知而存在的，而有念或離念的靈知心，都是依靠境界才能生起及存在，況且所取的內相分六塵境界是先於能取的離念靈知而存在的，是由如來藏識所出生而不是由離念靈知心所出生的；而外相分的六塵境界從來不曾被離念靈知心所觸知，這已不是宗喀巴所能理解的。宗喀巴則說六塵境界是由六識心所生的，他說「**當顯示所見心境無有異體能取所取**」，所說完全不符三界法界中的事實。可見他的觀行尚未入門，仍在人間的世俗我見中沈淪，連世俗凡夫的未到地定觀行都不曾完成，至於世俗凡夫的初禪境界觀行更未完成，何況能知菩薩所證之觀行境界？竟然廣談證悟菩薩方能理解的唯識種智法相，如同不識字的小兒談論《古文觀止》一般的可笑，然而竟有大師、法王、活佛崇拜不已，令人難以思議。

不論了知之時是否有語言在心中出現，一旦了知之時已經雙具能取與所取，謂了知之時已有能了知者及被了知境，能了知者即是能取，所了知境即是所取；具有能取所取二法，即是有表示、有言說之尋思境界，非勝義法性；於離念靈知境界中，亦有所取之定境法塵與能取之離念靈知，亦不離尋思境界，亦非勝義法性，所了知之六塵境界、所有境界都不外於覺觀境界故；見聞覺知具足乃至唯餘定境中的了知境界時，仍不能外於六塵、法塵境界故，覺觀境界即是尋思境界故，即非勝義境界，佛說第一義諦離見聞覺知境界故。於見聞覺知性以及眼色等依他起諸法不執爲我，乃是二乘斷除緣於五蘊所生我見、我執之方法，二乘斷除對於無常有爲生滅之見聞覺知以及眼色等五蘊人我法所生眞實常住之顚倒想，斷盡五蘊人我執之煩惱即是滅除五蘊人我受生之緣，故依他起之意識等六法可經由眾緣之散壞滅除而永滅，滅盡依他起性之意識等六法以後而不受後有，不復有意識等六法繼續被如來藏藉六根、六塵爲緣重新出生，即成爲無餘涅槃；無餘涅槃中並無境界，既無能取之有念及離念靈知，亦無所取之六塵或遠離五塵之定境靈知境界，如是方名已離能取與所取；而如是絕無能取與所取之涅槃，見道菩薩則是五蘊俱存之時即已證得，即是現觀如來藏獨住之無境界境界時自己親身證明之事實，即是將蘊處界等萬法摒除在外之如來藏自心境界。如是現觀者，方名實證圓成實性之勝義諦，是開悟明心後深入現觀第八識如來藏所知之境界，不是否定第八識的宗喀巴所能稍稍猜測的實相境界。

倘若於見聞覺知及眼、色等依他起諸法，去除人我執以後即可成爲圓成實性，即是勝義諦，則勝義諦即是世俗諦，與聲聞解脫道完全相同無異故，證知宗喀巴如是所說邪謬；又見聞覺知及六塵等法亦應不可能永滅，阿羅漢應當無法於捨報時滅盡十八界而入無餘涅槃，亦證知宗喀巴如是主張不符聲聞菩提；又因爲圓成實性乃是無爲法所含攝，無爲之法應無生無滅故，依宗喀巴如是主張，則阿羅漢之見聞覺知心及六塵都應永住不滅而不會死亡散壞，則永遠不能取證無餘涅槃；則俱解脫之阿羅漢亦應當不能入於滅盡定，入滅盡定者必定要捨六識心以及第七識之受與想心所法故，由此亦證知宗喀巴完全不懂佛法。若如宗喀巴所說，見聞覺知性及六塵應都已是圓成實性，則俱解脫阿羅漢之六識心及六塵境界應當已成爲無生無滅之無爲法，永無可以斷滅之時，則將無有滅盡定可證；世間凡夫亦應無法證得無想定，無想定中並無見聞覺知及六塵故，已無離念靈知及定境法塵故，凡夫之離念靈知與聖者之離念靈知同屬有為法故；如是則與世尊之至教量完全違背，因為實有阿羅漢捨報入無餘涅槃，亦實有證滅盡定之俱解脫阿羅漢，亦有證無想定而滅盡意識等六法之凡夫故，都已滅盡宗喀巴所妄計「圓成實性」之離念靈知及六塵境界故。由如是正理，一一證知宗喀巴對基礎佛法尚未正確理解，四大部阿含諸經聖教歷歷猶可稽查故。

六識心於見聞覺知中能間接見知外境，如其所見，執所見與外境似各別有；宗喀巴主張只要能了知所見之外境即是見聞覺知心境之所現，並無異體法是能取外境者，但是又另行施設有念靈知能取名言施設之「五蘊」假我。他認為離念靈知能取離念境界中之六塵或定境法塵，只要不出現語言妄念即是遠離能取、所取的聖境；但他認為還是另有別的能取與所取，即是有念靈知能取名詞施設的名言我，所以另外還有別的能取與所取，了知此一事實而常住於離念靈知境界中（不論是平常境界中的離念靈知，或是雙身法樂空雙運中的離念靈知），即是證得法無我的佛果境界了，認為如此即是遠離能取與所取；

認爲若能這樣的了知，即是已對治遍計執另有「我、法」能作爲能取與所取而斷除了法我執，即是證得眞實能取與所取之圓成實自性。

但宗喀巴這些境界都不離能取的意識覺知心與所取的離念六塵境界；如是虛妄想像而攀緣套用唯識種智三性、三無性名相所組織出來之邪論，所能籠罩之對象僅侷限於信受六識論未斷我見者、否定實有如來藏阿賴耶識之凡夫、以意識心之離念靈知爲眞常如來藏之錯悟者，以及一般未具佛法正知見之淺學凡夫，卻同時暴露自己之無知及曲解佛法之事實於已悟者眼前。倘若有佛弟子能具備大乘佛法所攝《阿含經》聲聞解脫道之正知正見，能確實了知五蘊之內涵，如實正思惟意識等六心需藉眾緣而有之依他起性，以及現前觀察五蘊無常苦患等過失，是苦之根源；應特別如理思惟：能觀察、思惟、分別、領納、了知種種法相之意識自我，永遠是無常之法相，不再認取一切粗細意識自我以及所領受五蘊爲眞實常住我，如是而斷除緣於意識或五蘊之我見。能斷除緣於意識或五蘊我見之佛弟子，對於應成派中觀月稱、宗喀巴等主張去除「**名詞施設我見**」後之見聞覺知性即爲常住不滅之圓成實性邪論，已能不受籠罩而且具有見地，何以故？斷除緣於意識、緣於五蘊所生我見之佛弟子，已能觀察必須先有六塵存在之時方能有六識心存在，亦能現前觀察意識等六識心現前時才有六塵被吾人所覺知，才有六塵中之見聞覺知事以及能知六塵之見聞覺知者；但是夜夜睡著無夢時、頭腦受損悶絕時，意識等六識暫時斷滅即無覺無知；或者入無想定、滅盡定時皆是意識等六識暫滅所成就之無心位；既然意識等六識心有生有滅、有間斷，見聞覺知性亦是隨意識而有生有滅、有間斷，故非本住法、不壞法。如是已知意識等六識都是生滅法，是夜夜眠熟即斷，是悶絕位、無想定中、滅盡定中都必斷滅之心，即能依於此六識心無常之現觀而斷我見，如何會再認取六識心之見聞覺知性爲常住法？但宗喀巴顯然不懂佛法中最粗淺的聲聞法解脫道正理，作出如上所說種種嚴重錯誤之認知而寫書造論，過失無邊，吾人應予補救。

認取六識心之見聞覺知性爲常住法者，必定屬於我見未斷者；我見之相貌即是以意識覺知心住於色蘊、受蘊、想蘊、行蘊中，依識陰所住如是四種境界而於五蘊生起希望、欲求；月稱、寂天、宗喀巴等人不捨我見，而以意識爲主之四種識陰所住境界，執取能見聞覺知之能取性及所了知之六塵相所取法，妄認爲眞實自性，而使得意識及五識能長養熏習未來世後有名色之苦果無明等行蘊更加增廣。認取六識心為眞實常住法即是五蘊人我執之內容，世尊已明白宣說五蘊十八界一一法皆是人我之法故；經由上述六識虛妄生滅之觀察而了知六識都是依他而起，已能夠否定六識心之眞實我性，如何會再認定六識所取之我所六塵境有眞實性？因此，斷我見之初果須陀洹，能夠依止於五蘊非眞實我之智慧，漸修而使五欲六塵之煩惱淡薄，進入二果薄貪瞋癡之斯陀含證境，接續斷除欲界愛而發起初禪，成為解脫欲界繫縛之三果阿那含，最後斷除色界愛及無色界愛而解脫於三界繫縛，實證四果慧解脫阿羅漢。如是從初果乃至四果，皆是斷除緣於五蘊之人我見以及人我執（此人我執之內容即是障礙出三界之煩惱障所攝），是全面否定五蘊及全面斷除五蘊之自我執著，並不僅是對名言施設的五蘊法相名言而斷除執著。而針對六識心所取（所了知）之六塵境，到底是六識心所現？或者由異體法——**名言施設之五蘊我**——所現？或是由入胎識如來藏所現？二乘聖者修證解脫道時並不需要於此有現量增上觀、增上忍之「**見到**」；因為世尊僅對二乘聖者開示有內六入、內六入處與外六入及外六入處，只需善於觀察內外六入處之無常變異不安隱，斷除對於五蘊自我及六入之欲貪，即可斷除後有內外六入處之長養熏習等行，息滅後有名色出生之無明因，獲得解脫果而出離三界。

六識心所見之六塵境並非眞實外境，六塵境並非意識自心所現之境界，略說其理有二：一者，六識之出生，必須先有五色根、意根與六塵，然後由六根觸六塵以後才能出生；由此可知六識依六塵爲緣才能出生，故六塵境界並非意識或六識所變生。二者，依聖教量及證悟後之現量觀察，皆證明六識心與所分別之六塵境界——能取與所取，皆由本識如來藏所變生、所顯現，能取之意識等六識與所取的六塵相分都是由第八識如來藏所生，而如來藏不落入能取與所取之中；此乃菩薩於眞見道實證本識如來藏之處所以後，藉由現觀而發起之般若實相智慧所能觀察者，才是世尊在佛菩提中所說雙離能取與所取的眞義；出生意識等六識所必須的助緣是五色根、意根與六塵，這些意根以外的助緣都是從如來藏入胎以後才由如來藏製造出來的，而意根也是無始以來就從如來藏中流注種子才能存在的；當五色根生成以後，才能由如來藏藉五色根來接觸外塵，再於勝義根（頭腦）中變現與外境似乎不二的內相分六塵；若五色根被毀壞時，如來藏即不能藉五色根來變現內六塵，六識即無法生起，由此證明六塵並非六識所變現。但宗喀巴等人對此完全無知，故主張六塵爲六識心所變現，不但違於聖教，亦悖離理證。若六塵眞是由六識所變現，則所有凡夫都應能自行變現六塵，從此以後永遠不必再領受惡劣的六塵境界，即無三惡道的惡覺觀，正當被人凌虐時也可以自行變現快樂境界的六塵，不再領受苦楚；然而現實法界中顯然不能如此，故知六塵並非六識所能變現，宗喀巴所說錯誤，由此證明宗喀巴完全不懂唯識學中的三性正理，對於三無性等正理的了知就更不需再討論了。

六塵非六識所變現，菩薩悟後進修更可以深入了知；已明心菩薩進修眼見佛性證境所得之世界身心如幻觀之證量，再經過十行位、十迴向位於理路上次第進修而通達唯識性、相，於初地入地心時首次獲得初地法無我之第一分無生法忍智慧，開始分斷遍計執性及斷習氣種子隨眠；於初地滿心時證得之無生法忍，是現觀如來藏顯現六塵猶如鏡像一般，故能圓滿初地法無我之現觀；於二地滿心時，現量證知如來藏變生之六識其實會被六識與意根之執著習氣所影響，由此而證得猶如光影之現觀，成就第二分無生法忍的法無我實證。經由初地、二地猶如鏡像、猶如光影之法無我證境，菩薩繼續斷除法我執，此法我執即是於圓成實性之遍計執所產生者；意即諸地之無生法忍，皆在證實六識心所取之六塵境及其衍生之萬法並非眞實外境，而是如來藏藉五根觸外五塵所顯現之內相分，於是一再深入觀察其細微之處，相續斷除對各類心所法及如來藏無漏有爲法之執著而斷盡法我執。此乃所知障所攝之法我執內涵，二乘聖者不因未斷此法我執而不能出離三界，也不因不能證實內六入相分皆由如來藏顯現而不能斷除對於內外六入之貪愛，世尊於四部阿含之聖教量仍在，皆可稽查檢驗故；故宗喀巴所說出離三界者必須證實六塵由六識心所出生，並非正確，而且是極嚴重違背聖教之邪說。

六識心能取境界之自性，本屬虛妄不實之法，所取之六塵亦僅是本識如來藏所顯現，是如來藏自心所現而無所得故說所取空；能取的六識心及所取的六塵境，都是由如來藏所生，都是緣生法，依附如來藏方能存在及運行，故說能取空、所取空，這是菩薩之所證，阿羅漢不須證得此一現觀。六識心是如來藏自心所變生，隨著如來藏所顯現之內相分六塵境而生起現前，並非六識心能夠離於所取之內相分境而可獨存、而具全性，故六識心之能取亦空。

菩薩經由大乘眞見道位前之觀行，觀察能取空之六識心及所取空之六塵境都是無常生滅法，故證實能取空與所取空，已斷我見而不落入五蘊中，進而由參禪一念相應慧，親證如來藏之微細行相與所在；乃至於初地及二地得現量證境，更深入領受六識心能取境界所呈現之能取與所取並非眞實自性，了知心、境皆是唯本識如來藏所變現，而本識對自己所變現之一切法都無執著，此本識並非外於能取與所取之五蘊，故現觀能取所取與如來藏並非異體者，皆能爲人詳細解說六識心與六塵之能取所取空。本識如來藏雖變生能取境界之六識心與所取之六塵境，但本識心體卻不取所顯現之六塵境，亦不執著所變生之六識心爲我，此亦是證悟菩薩所證能取空、所取空之另一智慧，是法無我所證的能取所取空，並非阿羅漢純依能取所取悉皆無常而作的二空觀行；故菩薩所證的能取空與所取空，所顯現的不但是六識心與六塵的無常故空，也是顯現本識心體之眞如無我法性，此即是菩薩所證得之勝義眞如法無我。

故能取與所取皆是遍計執性所攝，而圓成實性必須在五蘊六識心運作之時取證，不能外於五蘊六識的運作過程來取證，故六識心能取境界與所取境界等二種自性都非眞實自性，皆是依本識而有的自性，都是在無自性性中所顯現的本識存在、運作之法相，就是諸法之圓成實相；而本識在此圓成實相中都不自覺而不加以了知，如是勝義即因此而說爲勝義無自性性，因此世尊於《解深密經》卷二中說：【復有諸法圓成實相，亦名勝義無自性性，何以故？一切諸法法無我性，名爲勝義，亦得名爲無自性性，是一切法勝義諦故，無自性性之所顯故，由此因緣，名爲勝義無自性性。】

一切諸法法無我性所說者，即是本識心體能顯現六塵內相分境及變生六識心之眞實性，以及處於自己所變諸法之中的如如不動性，名爲法無我之法性；由於六識心及內相分六塵境之能取與所取皆是依他起自性無自性性之體性，故亦由能取空、所取空之無自性性中，顯現了本識之眞如無我法性，故此圓成實相之眞如無我法性又名爲勝義無自性性，此是世尊所說之密意所在。

倘若不能如實了知六識心與六塵境之無自性性，如同應成派中觀執取六識心之能取境界性爲眞實性，以及妄想外塵境是由六識心所現，以此執取與妄想而排除無有異體法—無有本識法—是眞實法而能現六塵境界，堅持六塵一切境界是意識所生顯，如是見解非但沒有破除法我執，反而是不覺不知的落入本不存在而自己施設的法我執中，連事實上存在的法我執都無法觸及，並且墮於五蘊人我執之惡見煩惱中。執取六識心之能取境界性爲眞實自性者，必定同時執取六識心爲常住不滅之法，此種執取之法相即是遍計執五蘊人我及名言施設我爲眞實我者，六識乃是五蘊人法所含攝故，六識妄想而施設的名言假我亦是五蘊人我所持有故。

由於意識等六識所觸知的內六入六塵境乃是六識現起之所緣緣，故意識等六識未生起之前，六塵境已由本識如來藏藉五根觸五塵而顯現內相分法塵；而六識現起所依之等無間緣是無間心意根，由於意根緣於內相分法塵時有著想要了知六塵之作意，而且已經有思——決定要了知六塵，六識心種子方得由一切種子識阿賴耶識流注現行，方能有意識等六識的生起及存在，然後方能有受、想、行三陰的生起及存在；因此，若如寂天、宗喀巴一般，認定六塵境是由六識心所現者，正是遍計執圓成實性爲六識自性之法我執者。如今應成派中觀師月稱、寂天、宗喀巴等人，將其人我執及法我執之遍計執法相顯露無遺，主張除去我執以後之見聞覺知性是常住不壞之眞實自性，將遠離二取過失之如來藏眞如法無我性曲解爲六識之能取、所取，乃是源於不知不解人我與法我遍計執之內涵，源於不知意識等六識之依他起性，亦源於不知不解依他起自性之無自性性而計著爲有眞實自性，未曾有能力可以除去遮障解脫道之人我執，更何況能夠除去菩薩所觀之第七識意根遍計執性？而奢言能斷除遮障佛菩提道之法我遍計執，都無實義。

將無有眞實自性之依他所起見聞覺知性執爲眞實者，將無常之意識心計執爲常住法者，將緣於六塵才能出生的六識說爲能出生六塵者，正是遍計執所呈現之增益執；自墮於增益執中之應成派中觀月稱、寂天、宗喀巴等，以專門曲解經意、曲解菩薩論意之手段，移花接木而將外道法一一取代佛法，使人相信彼等之邪論爲眞實佛法，是謊言欺騙之惡行，並非修學佛法者應有之行爲。列舉事證如下：【此宗教典除說執異體能取所取，是法我執外，多未宣說餘法我執，解深密經，說依他起，由偏計執自性差別皆無自相，是相無自性，即法無我。由此返顯於依他起執其假立自性差別是有自相，即法我執。菩薩地，決擇分，攝大乘論，亦多勵力成立彼所執空所顯空性，是究竟中道義，及法無我圓成實。故若未知於依他起增益法我偏計所執，必不能知此宗之法我執及法無我。若執偏計所執是有自相，即法我執。其偏計所執者，謂於蘊等假名安立此即爲色，此爲色生等，或自性相，或差別相，假安立性。然於彼中蘊等容有，故執彼有非是增益，要執蘊等於彼自性，爲自相有，乃是增益。】27

宗喀巴於上列文句中，以其不知不解遍計執性、依他起性及圓成實性之凡夫身見、邪見，深陷人我執及法我執之見取見中，認爲彼應成派中觀宗所立斷除法我執之理，勝於《解深密經》中世尊所宣說法教；以凡夫身而月旦佛典聖教，何等高慢狂傲！實已具足七慢。此段所舉文字，宗喀巴說執蘊等法假名安立自性爲自相有，即是於依他起增益法我遍計執，但主張執著五蘊等法實有者爲已離人我執、法我執；彼宗之宗旨所論述者乃是於蘊等法假名安立自性中，排除無有異體之能取與所取，認爲實有異體能取所取之法存在，成爲心外有法之外道。彼宗又以爲能取與所取，無假名所說我之無自性性，即是對治法我執之方法，是認爲能取與所取的覺知心及六塵，都是實有法，與常見外道無異。

事實上，不於蘊處界等法分別有我，不執取蘊等法之自性爲眞實自性，乃是斷除緣於蘊等法所生人我見之基本法要，因爲蘊等法皆無有眞實自體及眞實自性故。無有眞實自體與眞實自性之法，本是無常故無相之法，無有常住不變之實體與自性可成就常住之自相故。因此色受想行識以及彼等之自性與差別相，皆是藉緣而生、依緣而有，非因自體而有、非因自性而有、非因自相而有，故若有執取蘊等之自性爲眞實有自性者，不因排除文字施設或非排除文字施設而有差別，同皆屬於遍計執取五蘊之自性爲眞實自性者，未斷我見、常見。至於應成派中觀假名安立之名言五蘊、名言能取所取等法，都與五蘊眞實或虛妄之觀行無關，彼說觀行「名言五蘊、名言能取」等法虛妄之理論，純屬戲論，與斷我見、斷我執之觀行無關；何以故？謂世尊將色等諸蘊施設名言之事，只是爲了容易一一指稱而說明其虛妄性，目的是想要使人對五蘊之義理一一現觀爲虛妄生滅法而斷除自我執著，不是爲了想要使人了知五蘊名相、能取所取名相的虛妄性；但應成派中觀將人我與法我的意涵完全錯會，是故產生了如是多世紀以來的最大戲論，教人應在這些施設的名相上面斷除執著，說如此即是斷除法我執，可笑之至。若如宗喀巴所說，佛法弘傳之目的只是要教導眾生將對五蘊等名言法相的執著加以滅除；則世尊不需前來人間建立五蘊等名相，也不需說明五蘊等名相所代表之意涵；當眾生在無佛出世時本來不知這些名相，自然對這些名相無所執著，依宗喀巴所說應即是已斷滅我執、法執之阿羅漢或菩薩，又何需宗喀巴針對五蘊等名相而作解釋及斷除執著？是故宗喀巴所說皆成邪見，是移花接木妄說佛法而建立其樂空雙運的外道邪法，並無絲毫可信之處。

六識見聞覺知性及眼、色等十二處之能取與所取，乃是宗喀巴等應成派中觀宗所認可之實性法；而指稱六識及見聞覺知性等名言，則是宗喀巴等應成派中觀師所指斥的，認爲這些名言是無實性之虛妄法；但有時卻又不排除有異體能取所取的存在，意謂這些名言雖然性空卻有作用，如此主張則是自生矛盾而成爲自理背反之可笑邪說。此等六識心與所取境之能取與所取，於凡夫位的本質上卻是由假名而安立之自性相，何以故？因爲是由於遍計執依他起性之六識心爲常住法，以及遍計執本識如來藏眞如法無我性中之圓成實性而呈現者，這正是《解深密經》中世尊所宣說之正理，亦是宗喀巴心中所不能信服者。宗喀巴等人不能覺察自身遍計執本識如來藏眞如法無我性之圓成實性，恆內執阿賴耶性之第八識功能爲自內我，卻又不能自知，即是由於所知障所攝無始無明隨眠之作用；而宗喀巴等人亦不能覺察自身遍計執依他起性蘊等諸法之虛妄自性，竟然假名安立其爲常住不壞之眞實法，此即是四住地煩惱所攝煩惱障現行之作用，仍在一念無明範疇而不曾涉及無始無明，故其廣論法我或法無我等，概屬奢談，並無實義。

因此，應成派中觀所有傳承者與隨學者，皆虛妄計著無有自體、無常住性、無有眞實自相之意識心爲常住法，認爲見聞覺知自性實有而不滅，墮入識陰而不自覺；雖一向奮緣般若、方廣、唯識經典之無自性性密意名相，看似與佛陀所說一致，實質上卻處處違背世尊之聖教而處處自相矛盾。應舉宗喀巴所述及關於《解深密經》中之經文予以申論其正義：

經文一：【云何諸法遍計所執相？謂一切法假名安立自性差別，乃至爲令隨起言說。】28

略釋經意如下：「如何是諸法遍計所執之相貌？也就是於本識心體所變生之一切無有自體、無有自性的諸法上，以假名安立自性及自性差別，乃至於有人在假名安立之自性及差別所施設之名身、句身、文身上面依文解義，產生了種種不如理作意而生起種種言說，這都是諸法之遍計所執相。」

經文二：【復次德本！相、名相應以爲緣故，遍計所執相而可了知；依他起相上遍計所執相，執以爲緣故，依他起相而可了知；依他起相上遍計所執相，無執以爲緣故，圓成實相而可了知。善男子！若諸菩薩能於諸法依他起相上，如實了知遍計所執相，即能如實了知一切無相之法；若諸菩薩如實

了知依他起相，即能如實了知一切雜染相法；若諸菩薩如實了知圓成實相，即能如實了知一切清淨相法。】[29]

略釋經意如下：「復次德本！由於與種種法之相貌相應，以及與依種種法相而假立之名、句、文身相應，而生起錯誤計度作為所緣故，對於諸法遍計所執的法相即可顯現出來而被探究了知；在依他起相上產生的普遍計度執為實有的法相，可以從執著依他起相的五蘊等種種不實諸法執為實有的種種因緣之中，蘊等種種法的依他而起的相貌就顯現出來而可以探究清楚了。在依他起相上的蘊等諸法上普遍計度執著的法相中，從本來就無所執著的法性作為探究之緣的緣故，圓滿成就一切諸法之眞實性的法相就可以了知。善男子！若諸菩薩能於諸法所顯示的依他起的法相上，如實了知虛妄計著依他起相有眞實自性之不實遍計所執法相，即能如實了知一切無相之法；若諸菩薩如實了知依他起相諸法之緣生自性，知道依他起性的諸法都是此有故彼有、此滅故彼滅，並無眞實不壞自性，對於這些依他起相能夠如實了知，則能如實了知雜染相所攝之一切法；若諸菩薩如實了知圓滿成就一切諸法之眞實相，即能如實了知一切法中法無我性所顯之眞如無漏無為的清淨相法。」

經文三：【爾時勝義生菩薩復白佛言：「世尊！諸佛如來密意語言甚奇希有，乃至微妙最微妙，甚深最甚深，難通達最難通達。如是我今領解世尊所說義者，若於分別所行遍計所執相所依行相中，假名安立以爲色蘊；或自性相，或差別相，假名安立爲色蘊生，爲色蘊滅；及爲色蘊永斷遍知，或自性相，或差別相，是名遍計所執相；世尊依此施設諸法相無自性性。若即分別所行遍計所執相所依行相，是名依他起相；世尊依此施設諸法生無自性性，及一分勝義無自性性。如是我今領解世尊所說義者，若即於此分別所行遍計所執相所依行相中，由遍計所執相不成實故，即此自性無自性性，法無我眞如清淨所緣，是名圓成實相；世尊依此施設一分勝義無自性性。」】[30]

略釋經意如下：「爾時勝義生菩薩又向佛稟白：『世尊！諸佛如來依無自性性密意增言而說之語言，甚爲奇特而希有，乃至是微妙語中之最微妙，甚深語中之最甚深，難通達中之最難通達者。如是，我今時若是眞的已經領解世尊所說微妙甚深難通達法之義理，我則可以如此說：倘若於覺知心所作之種種分別運作的行爲過程中，所產生的遍計所執的法相所依生滅法之行相中，以假名而方便安立此爲色蘊；或者只是單純依色蘊一法的自性相，或者依於色蘊一法的種種不同狀況的法相，而以假名方便安立此爲色蘊出生故是本無今有，而以色蘊相續變異之後歸於壞滅而名爲色蘊滅；以及假名安立此狀況爲已經了知色的內容、色的韻味、色的過患、色的遠離，而施設爲遍知色蘊的虛妄及對色蘊執著已經永斷，遍知色蘊執著已經斷除；或是依有情對色等五蘊自性的執著等相，或者依有情對色等蘊的種種差異性普遍執著，即是遍計所執相；但如是等相皆屬虛妄、非有實性，世尊即是以此道理來施設諸法所顯的一切法相都沒有自性性，若是由覺知心的虛妄分別而產生的遍計所執相所依的緣生法的種種行相，這個遍計所執相所依的所有緣生法就名爲依他起之法相；世尊即是以依他起相來施設諸法的生無自性性，以及依此道理來施設一分勝義無自性性。如是，我今時若是已經領納及解了世尊所說之法義，就可以如此說：若能在這個虛妄分別心運作過程中所住的遍計所執相所依止之依他起的緣生法的種種行相中，由於遍計所執相不能成爲眞實性的緣故，這個遍計所執自性沒有眞實自性的法性，是法無我性的眞如之清淨無爲所緣境界，這就是世尊所說的圓成實相；世尊即是依此而施設一分勝義無自性性。』」

五蘊諸法之自性相、差別相，本亦離言說；但為了使眾生能理解其生滅性、無常性、無實我性，則必須假名安立而說；故五蘊之名為假有，並無實法，但可用五蘊之名來指稱五蘊中的一一蘊，來解說五蘊的依他起性、虛妄不實；眾生若能理解五蘊之名所指稱的五蘊意涵，即能依聖教言語而返觀五蘊自體的自性相與差別相，返觀五蘊自體的全部生與滅等內容與事實，即能斷我見乃至我執。若對五蘊等名所指稱之標的產生誤解，而依文解義、執言生解，則未能眞實以正知見現前觀察思惟五蘊諸法之內涵、自性相、差別相、出生、壞滅、無常性、苦性、無眞實常住自在體性，即不能解了五蘊諸法自體的虛妄，亦不能解了假名安立五蘊名相之道理；因此對於如是未修善根、未能修集福德智慧資糧而受到我見煩惱遮障故不能解了者，世尊僅對其宣說蘊處界依他起緣生法之生無自性性（有生之法皆無眞實不壞自性之法性），使能於蘊處界之無常無恆隨分解了而生起怖畏與厭患，藉以斷除我見乃至我執。

但應成派中觀的佛護、月稱、寂天、宗喀巴等人，皆屬於未能如實解了蘊處界之內涵者，更是不知蘊處界之自性相、差別相、生滅相，成為不知蘊處界無常無恆而執為實有者，皆是善根不具而受到我見煩惱所遮障者，故於無明所遮覆下，守著我見不肯斷除，不願棄捨能受用樂空不二貪淫境界之五蘊所有見聞覺知等無常自性，寶愛無常、無眞實常住自性之五蘊見聞覺知等依他起性作用，落入五蘊中而不能斷除我見；既自稱已斷我見，爲掩人耳目，又妄想而轉嫁佛陀所說三無性之法，妄執言說所說之名言我、名言五蘊爲異體，爲非眞實能取與所取之我，故認爲能斷除名言我、名言五蘊等名相之執著，即是已斷我見、我執；又錯解經文而主張：見聞覺知性所執之名言我體性空所顯的見聞覺知性「**性空唯名而有作用**」，以此作爲究竟中道義之空性。

彼等誤以爲如此「**已離言說我**」之見聞覺知性（離念靈知）即是圓成實性，因此誇大狂傲而說彼宗只要排除對所執異體（言說所說之名言我）之能取與所取，於此即已對治法我執而證法無我圓成實性；但這正是自陷於遍計執性中，普遍誤計而執取無常性之見聞覺知性以爲能常住不壞之圓成實性，即是佛陀所責墮入遍計執性中的愚癡人。如同愚人誤將水銀錯認爲眞銀，如同愚人誤將鍍金錯認爲眞金。當他們的錯誤法義在古時、今時受到質疑時，即宣稱他們的法義是最勝法，是由證境超過釋迦佛的報身佛大日如來所說的最勝法，可以不同於釋迦佛；並宣稱所有人不應加以質疑，誣指質疑者即是邪魔、外道而迴避應作的法義辨正，關起門來自我安慰、自我讚歎，或是亂引經論文字加以曲解，狡辯經中正理爲同於他們的六識論法義，進而破斥他宗所說爲不如理。如同受到獵人圍捕之鴕鳥，將頭埋於沙裡，自認爲已經逃脫獵人之圍捕，或埋首沙中而將爪子亂踢一場，然後向別人宣稱已經獲得勝利，應成派中觀師正是像這隻鴕鳥一樣的愚癡。

《解深密經》中所說三種無自性性之密意，絕對不是於依仗他緣之力而生之依他起相諸法上，去除語言文字成爲離念靈知以後，就能使依他起相諸法之法性成爲勝義諦之密意。遠離名言我、名言五蘊之離念靈知，仍是依於五蘊之具足才能存在，離念靈知位中的五蘊仍然是依他起性的識陰，並未變成圓成實性；而離念靈知仍然是分別性，並非無分別性，故於離開語言妄念之時仍然可以見聞了了分明，都不會錯將狗屎當作食物，故仍是有分別性。倘若依他起相之識陰六識諸法去除語言文字之分別以後即是圓成實性的無分別心，即是勝義，則此勝義即非勝義，何以故？依他起相諸法除去語言文字以後仍然是依仗他緣之力而有，仍然是從因而生、藉緣而作之有爲生滅法，仍然有生相、滅相；若是從因緣而有故仍有起滅，則是依他起相而非本來無生、無相之法，即非勝義。

因此，蘊處界本是依他起相之法，不論於有念位或離念位，依他起相之蘊處界所顯示的生無自性性並非勝義諦之密意；蘊處界法有生有滅而無有眞實自在體性，故無常住之自性性，去除緣於蘊處界法有眞實自性之執著以後，只能成爲解脫道的實證者，只是世俗諦聲聞道的實證者，仍與佛菩提道勝義諦的實證無關，故蘊處界法所顯示之生無自性性並非種智之密意（種智才是成佛之道，諸佛都因一切種智的圓滿具足而成佛故）；因爲蘊處界法僅屬於緣生法所攝，其生無自性性只是世俗法中之眞實道理，攝屬世俗諦，不能取代能變生蘊處界諸法之本來無生無相的勝義法體如來藏，故非勝義諦。

世尊於依他起相之法上施設生無自性性及一分勝義無自性性，若能勝解此處之勝義無自性性，才能如同勝義生菩薩所領解世尊密意後所說之密意；意思是說，如來藏由於能生萬法的眞實自性屬於無相的眞如相，行於依他起相的諸法中而滅除遍計執的法相，以此滅除遍計執相的依他起相諸法的自性作爲眞如的清淨所緣，故名圓成實相。而圓成實性的法相是在依他起相的蘊處界生滅法中才能顯現出來，若是滅盡蘊處界等三界法後，即無法在依他起相諸法中顯現如來藏眞如清淨所緣的圓成實相。故圓成實相必須在依他起相的正確觀察上才能建立，「若」能觀察的意識心由於開悟而現觀如來藏的圓成實相以後，退轉為定性聲聞的心性，捨壽後入無餘涅槃時，依他起相的蘊處界全部滅失以後，意識心永滅，則所證的圓成實相智慧及如來藏所顯的圓成實相，當然亦隨蘊處界的滅盡而不復存在，故圓成實性其實亦是藉依他起相而能於三界中顯現；是故，由於依他起相的緣生法蘊處界不眞實，故說圓成實相亦不眞實，由此亦建立一分勝義無自性性。是故，於生無自性性之依他起諸法中，若是已經觀察到如來藏的清淨所緣境界，世尊即依此而顯了其義，說此即是一分勝義無自性性。何以故？本識心體雖執受所持之一切善惡業種，於善惡業種應得之異熟果報五蘊相一向都無願求，完全隨順眾緣之力而如實依照業種內涵變化與造種種有情身，再藉根塵觸三法之方便幻化種種與身相應之六識見聞覺知性；但本識心體之人無我、無願眞如法性，於依他起諸法生無自性性中顯露無遺，此一分無願眞如法性亦是勝義無自性性；而如來藏自身於意識親證此一分勝義無自性性時，如來藏自身仍對此勝義無自性性不加了知，世尊於此又建立另一分勝義無自性性。唯有實證本識心體之菩薩，能現觀如來藏的法無我自性以後，聽聞世尊所說三性、三無性甚深妙理時，才能猶如勝義生菩薩一般領解世尊所說生無自性性之勝義無生密意。

宗喀巴由於無明覆蔽而虛妄分別蘊處界法中之全部或局部爲眞實常住之我，乃至認取排除語言文字所稱五蘊我名言以後之見聞覺知性爲本住法性，皆屬於人我見，即是五十一心所法中之「惡見」；並且遍計執人我相之五蘊人我爲常住不壞我，亦屬我執所攝，屬於煩惱障所攝之三界愛煩惱，與所知障所攝之法界實相無關，故宗喀巴尚未觸及無始無明，當知更無能力打破無始無明，所說都與實相法界的圓成實性、圓成實相無關。世尊說眼等見聞覺知乃是人我法故，不因以語言文字之認取，或排除語言文字之認取而有所差別。由於人我執引生之遍計執，使得當來世之依他起自性諸法源源不絕而生，常有依他起相存在，於是世世求受後有而輪迴不斷；如是而有種種煩惱雜染、種種業行雜染、種種身生之雜染；本識心體雖然不斷現行於三界，其勝義無自性性之清淨眞如所緣境界卻從來未曾受到雜染，勝義法性與一切雜染法不相應故。

倘若斷除緣於蘊處界虛妄分別之人我見與人我執，習行修斷引生當來世依他起自性之種種煩惱與業行，則依他起自性之五蘊諸法因不具有圓成實自性，故可於捨壽時因爲不受後有而永遠斷除；而人我遍計執性亦非具圓成實性之金剛不壞性，故可因觀察遍計執性須藉依他起性諸法才能存在而生起智慧加以斷除，即能成就解脫道而圓成聲聞果，但仍非大乘人無我及法無我之實證；由如來藏的實證而觀，人我所執空，依他起自性滅而不再出生，所顯現的正是本識心體本來於人我無願無求之人我空眞如，因此說斷除人我執而不再有名色受生於三界之解脫道，是依於本識心體之本來無人我之無生涅槃性而施設，這正是相無自性性離相寂滅之自性涅槃密意。

如何是由於遍計執空所顯本識心體之空性究竟中道義？由遍計執本識心體所變生之具有種種法之五蘊身，則有人我及人我之自性，遍計執本識心體能現六塵境界、能變生六識見分等法性，作爲眞實法我及法我之自性，即是於本識心體所生之依他起蘊處界法中，對內恆執阿賴耶識藉蘊處界生顯的功德爲自內我，誤計爲蘊處界我之本有功德，故計著實有人相、我相、眾生相、壽者相、眼等十八界人我相；亦於本識心體隨緣應現種種六塵境界、變生了別識等法，而計著有能取之法相與所取之境界相，是將阿賴耶識心體之功能據爲己有而生遍計執著，成爲唯識增上慧學所指斥的「恆內執阿賴耶識爲我」的凡夫；不知依他起之五陰自己虛妄而誤執爲實有，竊據法界實相心之無量功德性及其所生之依他起諸法都屬五陰自己所有，是故產生了遍計執；故遍計所執之相是依於依他起性之五陰等法而有，並非自有，故無眞實法性，皆是因於依他而起無有自相之法相與名所相應假名施設而有。如是所遍計執者皆於依他起等生滅法中，將無眞實自性之虛妄法增益爲有眞實自性而計著；由於對本識心體本來無願無求、隨順眾生而不取不捨之「**眞如法無我性**」無所知，故增益爲五陰法我自性；若能去除遍計所執之種種人我相及法我相，所顯現者即是本識心體之本來無生、無相、無願、無我之勝義空性，此即是如來藏自心功德所顯之勝義空性；由於此勝義空性，故能以其所具足之非因所作、非緣所成之「**七種性自性**、**七種清淨所緣**」之第一義境界，圓滿成就一切眾生之世間生死道、出世間解脫道、世出世間佛菩提道。故遍計所執不成就時即能顯示本識心體勝義空性之圓成實性，這才是究竟中道之空性義，因爲不落於依他起自性之有爲生滅無常空；亦不落於依他起自性不眞實之假名施設法性有，從一切有情初證眞如時之因地心，以及漸次修證而直到果地覺，如來藏心體皆是同一味之勝義眞如無我法性，自始至終不曾也不會墮入世間法中故能永離二邊恆處中道，故爲究竟中道之法。

應成派中觀佛護、月稱、寂天、宗喀巴等人，錯認依他而起之眼等見聞覺知性爲常住法性，錯認無常有爲之意識離念靈知爲常住我，正是墮於依他起自性人我法之遍計執相中；而彼等所謂之空性，僅是於見聞覺知性上除去語言文字言說之假名我，將見聞覺知性以及意識之離念位，稱名爲我之異體能取所取空之自性，虛妄想像成無自性空而假說爲具有中道義之空性，這就是密宗四大派同執離念靈知爲眞如心的原由。實質上，見聞覺知性以及意識心乃是三界之有法，不論是有念靈知位或離念靈知位，都是依他起相所攝之有爲法，法性屬於緣生法，永遠是依他起性，故無有眞實不壞之自體性，故是無自性之無常空，出生以後終究要歸於斷壞，並非能含攝空有而不墮於空、不墮於有之中道法。

遍計所執相即是增益執，將無有眞實法性之識陰離念靈知或獨取意識一心之虛妄自性，增益爲無生無滅眞實常住之法性，然後執取計著之；凡有如是增益執者即違中道之義，落於有邊故，於虛妄法加以妄行增益故；觀察古今所有應成派中觀師，同將有生必滅、依他而起之意識建立爲常住不壞之結生相續識，無一不墮於如是增益執中，落入有邊而成就常見。又增益執者必然要否定實有之本識如來藏阿賴耶識心體，以免顯示出其所主張恆常不壞之意識爲生滅法之眞相，本質正是否定圓成實性者，故皆同以錯會之圓成實性取代眞正之圓成實性：將依他起相所攝之意識取代圓成實相所攝之第八識眞如，極力否定實有圓滿成就萬法的第八識眞如，大力損減圓成實性之第八識眞如，亦屬於損減執所攝，又落於無邊而成就斷見本質，亦是雙違中道之義。故諸法緣起無有自體性之無自性空，並非勝義空性，更何況宗喀巴虛妄想像無有異體我能取所取空之虛構法而能成就中道？

五、一切法無自性唯識所現？

應成派中觀所立宗旨顯然偏向無常空之斷見，但又唯恐落入斷滅空中遭致質疑，又迴入常見中，執取生滅有爲之無常法五蘊爲常住法，故雙具斷、常二見，已完全背離中道不二法之義理；而彼等應成派中觀爲了攀緣附會世尊以本識心體之中道義理爲宗旨，依三種無自性性之密意所說之一切諸法皆無自性之唯識名相，狂言彼應成派中觀之宗旨是符合一切法無自性唯識所現之至教，但是他們卻不知自宗教理其實完全違背唯識增上慧學之正教，也違背了自己所高舉的中觀大旗。由前面諸章諸節之申論辨正可以得知，應成派中觀所謂之一切法無自性，僅侷限於緣生諸有為法無有自體性之無「勝義自性」自性；但本質上，應成派中觀之傳承者及隨學者，並未於依他起之蘊處界法如實地觀察思惟，仍不懂蘊處界一一法皆無有自體性之內涵，故以具足之我見為基礎，去聞思修唯識學中依他起性自性之無自性法義時，絲毫未能幫助彼等斷除我見我執。很顯然的，應成派中觀所立之宗旨，未曾及於緣生法依他起性無有自體性之無自性性，若是依應成派中觀之理論而修學者，不但無法於現世脫離五蘊我見之繫縛而不能受用初分之解脫功德，反加重執取無有自體性之見聞覺知自性，誤以為識蘊是眞實而不能棄捨這樣的邪見，反而落入依他起性的識蘊中而背離了中道觀，則一世勤修所得僅是妄想戲論，無有眞實佛法解脫分與菩提分可修可證。佛護、月稱、寂天、宗喀巴等人，將必須藉根塵觸三法才能方便生起之意識，妄執為能持業種、能生一切法、能現一切境界相之法界實相常住心，如是主張一切法無自性、唯識所現而誤認爲萬法本源之識，卻只是不能自在、無有自性、意法爲緣所生之意識。

應成派中觀宗所謂之一切法無自性，實質上也僅於語文名言上操弄，假藉大乘四加行之名、義、自性、差別四種如實智之名稱，依己意臆想而建立「**一切法無有世俗言說所安立之自性非全無性**」，因爲彼宗之理論不能否定眼等見聞覺知性爲無有自體性之無自性性，反而是守護著此無自性性之依他起自性，這是與佛陀大小乘諸經中之法義相諍，亦與菩薩論中法義相諍，卻又妄稱是在弘揚佛菩薩之勝法，欺瞞眾生。然而，依於依他起相諸法而施設名言，以眾名言之施設顯示依他起性諸法之生滅相，是諸名言固然是世俗之語言文字，亦是依他起性之法相；但依他起相諸法去除世俗語言文字之施設以後，依他起相諸法仍然屬於依他起性，不離生滅性，仍然是無有自體性而無「**勝義自性**」；因爲依他起相乃是藉眾緣之力而有、經虛妄分別所得而呈現其生滅性之依他起法相，無有眞實自性故。應成派中觀諸傳承者一向受到我見無明之覆蔽，於其自宗之立論一向主張語言文字增上所說爲世俗有，妄想去除我眼見、我耳聞等語言文字增上建立之「**名言我、名言眼**」等以後，將眼等見聞覺知性增上建立爲實有不壞法，藉以建立雙身法的合理性、合法性；

如是主張五蘊自身是自相而有，五蘊名言是異體有，以爲如此即不墮於世俗言說之勝義無中而辯稱爲即是勝義有，曲解爲合乎佛教正法而欺瞞世人。如是墮落於五蘊及其功能之中，純粹是於依他而生起之五蘊虛妄法中妄想有無、一異，彼等如是一切所說，尚且不能及於聲聞解脫道世俗諦（尚且不能明白緣生法五蘊虛妄不實之法相），更何況能及於佛菩提道第一義諦實相法界？

六識等見聞覺知性離開了世俗名言之「我、有情」等增上建立，乃至離於眼見、耳聞等名言施設，皆非屬於常不變異之離言法性，因爲其本質乃是有相之法，具有依他起相、因緣和合相、境界相應相與名言相應相故；有相之法既然與表義名言、顯境名言相應，則其法性即非離言法性。唯有如來藏心體常不變異之眞如佛性方是無相之法，從來無有依他起相，無有因緣和合相，無有生滅相等虛妄不實之相，亦不與境界相應，不與名言相應，方是眞實之離言法性。如來藏恆現眞如佛性之離言法性，猶如潔淨鏡面隨緣應物而現眾色，此即是眞如佛性之勝義無自性性，亦是祂所應緣化現之眾生、眾色之生無自性性。若不能證知如是正理，而於所應化之眾生、眾色之本無今有諸法，計爲無生之常住相；復將生已今滅之法，計有「**滅相不滅**」之實法恆存，即是於生滅相中計有色等常住不壞之自相與自性，此即是遍計所執相；若能如實了知有情及眾色之因緣和合相，即能去除對於眾色人我誤執爲眞實之遍計執相，若已實證能隨緣應物而現眾色及有情之眞如佛性無相離言法性者，即能斷除對於眾色計著自相與自性之遍計執相，如是始能證得相無自性性。

如來藏心體之眞如佛性，藉眾緣所幻化之依他起性諸法相，由於有情不知所幻生諸法相之相無自性性，亦由於依他起性諸法相與名言相應故，有情生起種種分別妄想計著，於五蘊十八界等法加以遍計而執爲眞實之人我，以能取與所取之遍計執性對於諸法虛妄執有眞實之法我。如是妄想分別之緣來自於名言習氣，名言習氣即是能取與所取等二取習氣，名言習氣含攝了能詮表法義之語言、聲音、手語、肢體語言等表義名言，以及六識心與心所法能取境了知之顯境名言。換句話說，覺知心了知境界時，相與名已經相應：了知所見之色而尚未生起語言文字等表義名言時，或是有定力者時時遠離語言文字等表義名言而能了知所見六塵時，都是已經了境完成，都已呈現顯境名言；因此眼見色乃至意知法等事都屬於與名言相應之法，眼見色等事即是能取與所取之二取習氣所攝，故非離言法性之實相法，都不能離二邊、不能常處中道。若不能現前觀察意識等六識之能取與色塵等六塵之所取皆無有自體性，不能建立正知見了知唯有能生五蘊十八界之本識如來藏能藉所生之蘊處界幻化六識以及變現六塵相分，則會對眼見色乃至意知法等事計著其自相與自性，如是探究唯識增上慧學者，皆是住於相與名相應之遍計執中而妄想已經悟入唯識，這即是應成派中觀等傳承者與隨學者墮於邪見之寫照。

應成派中觀宗喀巴對於相與名相應之道理皆不能如實了知，空於名言之探究中，妄想能證得藉「名、義、自性、差別」所假立之如實智，空談一切法無異體能取與所取故一切法無自性、唯識所現，以性空唯名之戲論，誑惑諸多無有擇法眼之佛教界大師、名師，已故釋印順比丘及傳承弟子釋昭慧、釋證嚴比丘尼等，皆是受其蠱惑、遭其遺毒者。今舉示宗喀巴妄談四加行悟入唯識之例證如下：【譬如無瓶是爲滅無，然與地基可同處所，而不須破滅無有事二者相違。如是內識雖分別依處分，是徧計執非勝義有，然彼內識是勝義有亦不相違。故「以彼彼諸名」等，雖是聲聞部經，然與彼釋非無差別，如大眾部經，所說根本識，此宗則爲阿賴耶識。若執前說，增益自性差別，或自相有或勝義有，即是正所知障。如彼所執決擇非有，即所知障清淨所緣，實應正理。由此諸理云何悟入唯識義（原文：議）耶？謂若破諸法從色乃至一切種智名言處所分別所依，是勝義有。則執能詮之名，所詮之義，及依名義所詮自性差別之意言，知如所現其義非有，故其能取無不迷亂，由此便能悟入唯識無能所取。】[31]

茲借用彼應成派中觀之宗旨，略釋上舉宗喀巴於《辨了不了義善說藏論》中之言論如下：「譬如無瓶是屬於壞滅之無，但無瓶與地基是可以同處所的，而有人主張說不須有瓶破之無瓶事相，這二種說法是互相違背的，所以無瓶一事一定要依地基而有，不能外於地基而說有『無瓶』；如同這個道理一般，眼等六個內識，雖然是分別性所依處所之身分，是遍計所執而非勝義有，然而眼等六個內識之滅謝空無即是空性（緣起性空成爲「空性」），故說眼等六個內識定義爲勝義有，與圓成實性亦不相違。由此緣故，以眼等六識諸名所說的諸法雖然是聲聞部經典（《阿含經》）所說，然而眼等六識諸名所解釋之義理與前面大乘經典那個說法並非沒有差別（意謂「《阿含經》所說眼等六識生滅虛妄，與大乘經所說並非相同。」應成派中觀誤會大乘唯識經典的義理故如是說）。猶如大眾部經所說之根本識，在應成派中觀宗則稱爲阿賴耶識（應成派中觀將六識緣起性空曲解爲空性阿賴耶識），倘若執著假名施設之阿賴耶識名相，增益名言施設之阿賴耶識爲有自性差別或者有眞實自相，或是增益唯名而非實之阿賴耶識爲勝義有，那見解正是所知障；如同那個邪見所執著而對阿賴耶識有無的錯誤決擇若是有所了知，而使那個錯誤的決擇不存在了（回歸應成派所說「阿賴耶識是依六識的性空唯名而施設，阿賴耶識並非實有心」的見解），就是《解深密經》說的所知障已經清淨後的所緣境界，這樣確實是與正理相應的。由此所說的種種道理中應如何悟入唯識的正義呢？這是說，假使有人能破除『諸法從色所依、乃至從一切種智諸名言處所分別所依之假立名言義理即是勝義有』這樣的執著，則原來執爲實有的能詮之名、名言所詮釋之義理，以及名言義理所詮釋出來的自性差別之種種意識施設語言，能了知皆如所現一般，而其所顯義理並非眞實有，所以此人對名言施設我即無能取，就不會迷亂；由於了知這個道理，便能悟入唯識所說而遠離異體之能取與所取。」

有智之人讀過宗喀巴的這個說法時，都會知道他這些說法是強詞奪理的狡辯。應成派中觀自佛護以六識論創立以來，皆主張唯有六識而否定實有第八識及第七識，一致主張阿賴耶識是諸法緣起性空之「空性」所假名而說；

倘若有人實證阿賴耶識心體而申論阿賴耶識心體本來具足之種種清淨自性功德，乃至申論阿賴耶識心體無相之勝義法相，即如宗喀巴所說而指責彼實證阿賴耶識心體者爲自性見，或指責爲同於外道神我，以自墮於遍計執之人我執煩惱障及法我執所知障之凡夫異生身分，來虛妄評論已破所知障者爲正被所知障所障。誠如宗喀巴在《廣論》中自露之底牌一般，應成派中觀之宗旨就是以眼等六識爲內識，與唯識家以阿賴耶識如來藏爲內識而以七轉識爲外識不同；六識即是分別性之依處，六識於眠熟等五位中必有滅謝之時，應成派中觀卻認取意識之一分爲常住不滅之微細我，妄認意識爲緣起性空之根本地基，妄想意識能持業種、能夠生一切法、能夠現一切法，計著生滅無常之意識爲萬法之根本，因此恆以意識爲常住不滅之妄想而主張：**六識雖然有生滅相，但亦爲勝義有，與聲聞佛教的四阿含諸經所說緣起性空沒有相違背**。因此，宗喀巴妄想著：眼識、耳識、鼻識、舌識、身識、意識等六識名稱，以及眼識等六個名稱所詮釋之眼識等自性差別，僅是名言，而名言無所取。此即是彼等所謂之無異體能取與所取，認爲眼等去除語言文字以後之見聞覺知性即是眞實之能取與所取，應成派中觀之中心宗旨即是於此立論：「**眼**

等名言乃至增上安立之我無有能取與所取之自性，唯有眼識乃至意識之識才是常住之本住法性，才有能取與所取。」認為能如是了知時，就是已證得唯識了，就有資格修習雙身法了。

這些否定實有如來藏阿賴耶識心體者，若將六識稱為勝義有，最終乃是將六識匯歸於自以為常住之意識或者細意識，而意識乃至細意識皆非常住法（作者案：世尊說：「諸所有意識，彼一切皆意法因緣生故，是名比丘：眼識因緣生，乃至意識因緣生。」（《雜阿含經》卷九，第二三八經）），將六識匯歸於意識乃至細意識而說為本住法性之勝義有，無有是處，與正理相違背故，亦與聖教相違背故。

實證本識如來藏阿賴耶識心體之菩薩，現觀六識皆由本識心體藉根塵觸之方便而幻化出生，故將依本識心體所變現六塵內相分境而出生之六識，匯歸本識心體才能稱為勝義有；是因六識本來附屬於本識心體而運作，不能也不曾外於本識心體而存在，當識陰六識被攝歸本識心體所有時方能說六識亦是勝義有；並非單指六識自身，並非不攝歸本識心體之六識可稱為勝義有。阿賴耶識心體並非依性空唯名之蘊等諸法而假名安立之方便說，亦非依細意識所假名而說者，反而是能生蘊處界等萬法之眞實心，並非假名安立之法；

此於第四章中已廣爲申論，此處不再重舉。宗喀巴盜用了大乘名、義、自性、差別等四加行言詞名相，亦盜用了四種「如實現觀本識心體所幻化變生之假法所得六識無眞正的能取與所取」的名相，亦盜用恆不於六塵起見聞覺知之阿賴耶識識體之眞如無我性相等種種名相，再曲解而否定阿賴耶識以後，將「唯本識如來藏阿賴耶識變現一切法，故六識之能取所取皆是幻有而非實，故六識之能取與所取空」等正理法義，偷湯換藥成「唯六識能變現一切法，而六識等名言異體空故能取所取空」，以如是邪見想要摧毀十方諸佛所說之常住心體本識如來藏妙義，公然虛妄建立生滅無常之六識、五蘊爲常住不壞法，欲將常住而本無生死的大乘佛法改變爲非常住之六識我見法，建立雙身法存在的合法性，已使隨其修學者都落入斷見、常見、惡見之中，於是時時住於見取見中，處處鬥爭而誹謗實證佛法之菩薩而不斷破斥正法，此諸邪見邪行乃是破壞佛法最爲嚴重之行爲。爲辨明能取所取空之如實義，先舉示彌勒菩薩於《辯中邊論》宣說之中道義，以證明應成派中觀所說全然違背當來下生彌勒尊佛所說正理：

虛妄分別有，於此二都無，此中唯有空，於彼亦有此。

論曰：虛妄分別有者，謂有所取能取分別。於此二都無者，謂即於此虛妄分別，永無所取能取二性。此中唯有空者，謂虛妄分別中，但有離所取及能取空性。於彼亦有此者，謂即於彼二空性中，亦但有此虛妄分別。若於此非有，由彼觀為空，所餘非無故，如實知為有，若如是者，則能無倒顯示空相。

復次，頌曰：故說一切法，非空非不空，有無及有故，是則契中道。

論曰：一切法者，謂諸有為及無為法，虛妄分別名有為，二取空性名無為；依前理故，說此一切法非空非不空。由有空性，虛妄分別故說非空；由無所取能取性故，說非不空。有故者，謂有空性，虛妄分別故；無故者，謂無所取能取二性故；及有故者，謂虛妄分別中有空性故，及空性中有虛妄分別故。是則契中道者，謂一切法非一向空，亦非一向不空，如是理趣妙契中道，亦善符順般若等經說一切法非空非有。[32]

以上乃是世親菩薩根據彌勒菩薩所造《辯中邊論頌》予以釋義之部分論文，茲再略釋論文如下：「虛妄分別有，於此二都無，此中唯有空，於彼亦有此。」釋論：「虛妄分別有」者，指的就是能取與所取而有之能分別與所分別皆是虛妄的，能取與所取都是因爲虛妄分別而被認爲實有。「**於此二都無**」者，就是於此虛妄之能分別與所分別，永無所取與能取二種體性的實有法性。「**此中唯有空**」者，就是於虛妄之能分別（能取）與所分別（所取）的無常空之中，顯示決定有一常住法，是能變生所取六塵相及能取之覺知心者，而其自體並無三界有之法性，故說爲空性，即是第八識如來藏。能了別六塵之六識無常故說能取空，被了別之六塵無常故說所取亦空，這個能出生能取的覺知心，能出生所取六塵的法，就稱爲空性，此空性決定是有。「**於彼亦有此**」者，就是於彼阿賴耶識心體眞如空性中，同時也有能取的識陰與所取的六塵。若對虛妄分別能取六塵的六識心及所分別的六塵都知道是緣生法而了知並非眞實有，再由彼眞實有的阿賴耶識心體觀察其爲能出生能取與所取二法的空性，就能知道能取空與所取空背後所剩下的萬法根源的實相並非是斷滅空無，即能如實了知空性阿賴耶識心體爲眞實有，若能如是如實了知的人，則能心無顚倒的顯示出眞如空性及一切無相之法。

復次，頌曰：「**故說一切法，非空非不空，有無及有故，是則契中道。**」

釋論曰：「**一切法**」的意思，指的就是一切有爲法與無爲法，虛妄分別的六識等心皆是有爲，二取所顯示本來必有的空性名爲無爲——由能取空與所取空而顯示離於二取的阿賴耶識眞如空性即稱爲無爲；依於前面所說道理的緣故，說攝歸阿賴耶識無爲法的一切法即是「非空非不空」。由於有空性阿賴耶識心體空性，變生出了能取的六識心及所取的六塵相，而有了六識心的虛妄分別而妄說能取與所取是常住法，不是空無；再現觀阿賴耶識心體沒有虛妄分別而沒有能取性及所取性，所以是眞實法而說不是不眞實的空性。說爲「有」的緣故，是因爲確實有空性阿賴耶識心體，也是由於有虛妄分別而顯示出空性的緣故。是因爲空性的存在才能有六識心對空性生起虛妄分別，由有六識心的虛妄分別故說阿賴耶識實有；說爲「無」的緣故，是說阿賴耶識心體沒有所取六塵的法相，也沒有六識能取的法相，所以說爲無；也是由於能取的覺知心及所取的六塵緣生無常的緣故，才說爲無。說爲「及有的緣故」這一句話，是說於六識對六塵生起虛妄分別的過程中，確實有空性阿賴耶識心體存在及不斷運作的緣故，以及空性阿賴耶識心體中確實容受所生六塵、六識不斷地在繼續著虛妄分別的過程故。「是則契中道」這一句話的意思，是說一切法固然是緣起而性空，但並非一向即是無眞實體性之空無，也非一向僅有離能取與所取之不空的空性阿賴耶識心體，如是具足空性心阿賴耶識，也具足無常的能取及所取等三界有，即是以無爲法含攝有爲法之無倒妙理所顯示出來的意趣，勝妙地契合了不落於常見有、斷見空之中道實相，也是良善地符合而且隨順於般若、唯識等經典所說一切法非空非有的實相正理。

能取與所取所呈現的能分別與所分別，即是六識之能見聞覺知以及六塵相等被見聞覺知之境界事相，而六識與六塵相皆攝屬依他起性之法，乃是緣生之法而無有自體性，即是彌勒菩薩頌中所說之「虛妄分別有」。六識與六塵相皆無眞實能取與所取之體性，因爲六塵相乃是本識心體藉由所親生之五根與外五塵相觸，如實對現似同外境之內六入相分，是無常而有變異性的，故非實有法，故說所取空；有了所取的六塵境界相等事以後，阿賴耶識心體方能藉意根與六塵爲緣而幻生出六識心，方能了別六塵境界相，故六識也是幻生之法，並無常住不壞之實體法性，故說能取空；這是由六識與六塵自身的依他起性來說能取與所取空，並非由阿賴耶識心自身遠離能取與所取來說二取空，屬於未入大乘見道位菩薩的觀行。內六入、外六入都是依五根之具與不具，或依是否有殘缺而呈現差異性，例如色盲、近視眼、老花眼、重聽者等等，其內眼入或者內耳入相分即因此而呈現差異性，異於正常人。本識心體依五色根所攝入的外六入相分而如實呈現內六入相分境，五根有缺陷故攝入外六塵不正常時，本識即依所攝入之不正常相分而如實變現不正常之內相分，並不因爲五根之健全或者不健全而變異其如實顯現內相分之自性；內六入相分境於夜夜眠熟無夢時，由於意根不欲作意使六識現前，故六識即不現前；六識不現前位中，即無能了知六塵之六識，即無此諸境界相，故說六識的見聞覺知性爲顯境名言，故說六識心並非實有不壞之常住法，不可說爲勝義。內六入相分境，是依業果正報所依止之勝劣六根而有差異性，故內六入相分境亦無有自體性，而是因人、因業各有差異性，是故天人觀水爲淨琉璃，人類觀水爲水，餓鬼觀河水爲流火而不可近。

似能取六塵相之眼等六識，不能獨立於內六入之外，因爲六識離於所緣之境界即無有全性可得故——不能外於內六塵境界而獨自存在故；內六塵境無故六識隨無—**法塵無故意識隨無**—因此六識無有自在性，不能自己存在，要依他法—**根與塵**—爲緣才能存在。六識現起雖與內六入相應而似有所取，然而內六入相分全爲本識心體所變現，並非如同外六塵爲實有境，故六識心從來不曾觸及外六塵；六識亦是於根塵觸處由本識心體幻化而有，自不能外於一切種子識阿賴耶識而存在，故非自在心，故無眞實常住之自性；六塵與六識都由如來藏阿賴耶識心體中出生，不能外於本識心體的因緣而存在，是依他起相，並無自體性、自在性，因此說六識與六塵相全無眞實能取與所取之眞實體性，只是似有能取與所取之生滅假象。由本識心體所幻化之六識心來執取本識自己所變現之六塵境，此六塵與六識都無眞實自性，而本識自心亦不生起了別六塵之分別性而不對六塵加以了別，故本識及六識心其實都無眞實不壞之所得，由無所得故無能取與所取。本識心體具能生現諸法而不了知諸法之體性，不隨於六根、外六塵之變化而有差異性；本識心體所幻化之六識能與六塵相應而有見聞覺知性，故能時時了了分明地了知六塵境，但本識心體一向離見聞覺知而不了別六塵，此眞實如如離二取之體性，即是眞如空性，這才是上舉彌勒菩薩論文所說的宗旨。

彌勒菩薩說，能虛妄分別的六識心，能反觀有能分別之六識心自己與所分別之六塵相，這能取與所取二法皆無有眞實不壞之能取與所取體性，都只是由自心如來藏變生的能取法來攝取自心如來藏所變生的所取法，故是自心取自心，其實並無互相對立的能取與所取，故能取與所取皆空，唯是自心而無外境，方是萬法唯識之正確宗旨。而應成派中觀宗喀巴卻主張離於眼等六識見聞等性，無有異體之能取與所取，意即主張六識見聞等性之能取與所取是眞實常住之本住法，無有異於六識之體阿賴耶識存在，與彼等最攀緣、尊崇之慈尊所說完全背道而馳；由此亦可證明，彼等一切引用彌勒菩薩、無著菩薩、世親菩薩、龍樹菩薩所說之法句，皆僅是利用慈尊等菩薩之名號及法句名相而欲使人信受，卻總是加以扭曲解釋而建立生滅法的意識爲常住法，藉此而使雙身法意識、身識境界得以成立，故彼等所說無有絲毫佛法正理可得。六識與六塵相無有眞實體性，故是緣起性空之空相法，一向無有自體性，一向無自性空，即非眞實佛法；倘若一向無自性空而建立爲有自性法，則落於常見有及斷滅空之戲論中，同於外道見，非佛法正見。

能夠聚合眾緣而變現五根及六識心、六塵境者，方是一切緣生法之根本，一切緣生法不可能無因而有故；此一切緣生法之根本即是本識如來藏心體，此本識心體具有本來自在性、本來清淨性、本來自性性、本來涅槃性；此本識心體與自身所變生之蘊處界諸法不即不離，和合似一，方能成就不一亦不異之中道正理，如是中道之觀行方是眞正中觀；故蘊處界諸法之無有自體性，亦是由於本識心體之眞如勝義無自性性所呈現者（本識心體不對自己之眞如勝義加以了知，故依本識自住境界而說勝義無自性性）。本識心體自身之眞如法性，無有所變生諸法之依他起性；眞如法性亦無有虛妄分別所執之能取所取或我、法等遍計執相，眞如法性具有能夠如實依照業緣內容而呈現諸法之圓成實相，故眞如法性具非空非不空之眞實中道體性，因此彌勒菩薩說一切法非空非不空。一切法不可獨偏於虛妄分別有之能取所取或者人我、法我之無有自體性之無常空，一切法亦不可獨偏於第八阿賴耶識眞如無爲之眞如空性，才是眞悟菩薩所悟之中道正理。本識心體之無爲眞如法性，並非離於虛妄分別之有爲法而可顯現；虛妄分別而有之有爲法，亦非獨立於無爲性之第八識眞如法性而可存在，然無爲性之眞如法性是由第八識心體所變生之有爲法而俱顯，有爲法則皆由第八識無爲性之眞如法性所含攝方能運爲，故無爲與有爲不一亦不異、不即亦不離，這才是彌勒菩薩所說契合中道之義理。

契合中道之理，必定不能自外於虛妄分別而有之有爲法中安置，必定不能自外於本來無生之第八識無爲法中安置；若外於有爲法蘊處界而覓第八識無爲法者，即名邪見，絕非中道；若否定實有第八識如來藏心體而建立有爲法者，即成無因論外道，則其一切所說皆不能契合中道，何以故？萬法生起之根源、法界之實相，若是建立於虛妄分別而有之無自體性之緣起性空虛相法，則有不定之過失，亦有違背因果律之過失，則有不可知不可證之過失，更有無因而生萬法等種種數之不盡而墮於戲論之過失，則佛法的實證即成爲全無可能，一世精進皆將唐捐其功而自以爲有所證，不免淪墜三惡道中，乃是求升反墮之愚人。

倘若將萬法生起之根源，妄計安置於虛妄分別之意識或六識所攝，即是誤將所生之子法計爲能生之母法，是主張子能生母之愚人，則其所主張能生萬法之眞實體，即是經中世尊所譬喻之石女兒或者兔角法，無有是處。將非常而無眞實不壞性之能取與所取性之生滅法六識，普遍誤計而執爲有眞實能取與所取性常住不壞，完全是墮於圓成實性與依他起相等諸法遍計執中，其所知所見者皆是人我執與法我執等無明煩惱之呈現，尚且不能及於非空與非不空，何有中道之理可契合？如是應成派中觀而自言最勝妙之中道觀行，無有是處。意識或眼等六識，皆無眞如法性之眞實與如如體性，何以故？此六識乃依附眾緣而生，並且有生有滅、無常，亦與我見貪瞋癡等雜染法相應，所顯現之體性則是染污所緣境界而非清淨所緣眞如境界；純粹是無有自體性、無有眞實二取性、無有常住性、無有本來不變之清淨性，完全不符合眞如法性之義理。本識如來藏心體本來清淨之涅槃體性，非如眼等六識具有種種無常、無我之無，故說爲勝義有，非如眼等六識繫於根塵觸等種種緣之世俗有，故說爲空性——空無色質而有其自性；非如眼等六識虛妄分別有而顚倒執爲能取與所取眞實之虛幻不實，故說爲眞；非如眼等六識無有常恆性而受境界所影響，是清淨自性恆不變易一味之體性，故說爲如。意即本識如來藏心體之眞如法性，乃是緣起性空等依他起諸法之本母，依他起諸法的緣起性空體性，是由本識如來藏心體之眞如中道體性所含攝，故不可如應成派中觀佛護、月稱、寂天、宗喀巴等人，否定如來藏阿賴耶識心體而說諸法緣起性空即是中道性，不可將眼等六識之虛幻不實無有自體性之「空無」自性，以及眼等六識現前時之「三界有」見聞覺知作用，合爲雙具「有」與「無」而稱爲中道，已完全墮於虛妄分別有故，都屬於生滅有爲法及斷滅空所攝故。眼等六識之見聞覺知作用並非勝義有，乃是有覺有觀、不離名言分別、不離能知與所知、不離染淨二相之有相境界，勝義有者指的是本識如來藏心體離於六塵之覺觀、離於能知所知與人我法我等二取境界、離於名言分別假立之不實自性，由眞如無我離言法性之殊勝無倒義理，實有此一心體能生名色等萬法而非名言施設有，故說爲勝義有。本識心體之眞如無我離言法性，遍現於所生所現之蘊處界諸法中，常常時、恆恆時如是安住於無相、無分別、無變異之遍一切法一味相中，此眞如無我法性能隨順諸緣生現一切法，永住於清淨所緣境界而不涉入一切貪瞋癡等有染境界，亦不自反觀而不了知自己，故又稱爲勝義無自性性；含攝依他起性及遍計所執性，卻非由依他起性及遍計所執性所攝，故不應以意識等六識之依他起性無自體性之無自性空，作爲第八識的勝義無自性性，已成張冠李戴故——依他起性等名色諸法之所緣境界並非眞如法性清淨所緣境界故。因此，意識等六識乃是依他起性之無自體性所攝，如何可稱意識等六識之見聞覺知性爲勝義有？故意識等六識及其見聞覺知性之「有」與「無」，皆是墮於世俗有之斷滅空—**緣起性空**—依附他法才能生起而自性無常故空，無有絲毫之中道性可言。

意識等六識對於六塵境之了知性，即是見聞覺知者，所了知六塵境之內容即是見聞覺知事；能了知六塵境之內容者，無論此時是否爲與我見我執煩惱相應之顛倒亂心，或者是已斷除我見我執之清淨根識，皆是繫於六塵境而依於彼、緣於彼、分別彼，意識等六識是依六塵境才能存在者，並非能變現六塵境者。意即意識等六識所緣所分別之六塵境並非眞實外境，而是由本識阿賴耶識心體藉親生之五色根觸外五塵所變現似如外境之內六入，能分別之意識等六識亦是本識心體藉根塵觸三法方便所幻化，故說萬法皆唯有識。雖然六塵境及意識等六識唯本識心體所變現，卻不可執六塵境及眼等六識是眞實有，因爲六識自身無有眞實能取與所取之體性的緣故；六識之能取性是緣起性空之無常空故，所取之六塵也是緣起性空之無常空故。應成派中觀之佛護、月稱、寂天、宗喀巴等否定能生現一切法之本識如來藏心體，昧於萬法唯識之眞實義而妄說唯識增上慧學者，僅是爲了攀附菩薩所修證大乘法無我唯識種智之法義名相，以虛妄分別有之眼等六識—尤其是意識心—而妄談一切法唯識，欲使初機學人誤信其爲已經具足實證唯識學之聖者。以下再舉宗喀巴所說作爲評議之根據：【中邊論云：「虛妄分別有，於此二都無，此中唯有空，於彼亦有此，故說一切法，非空非不空，有無及有故，是則契中道。」

初頌顯示空相，次頌顯示妙契中道。……第二句文除疑之理，疏鈔又云：「若如是者，經說一切諸法皆空，豈不違經？答：無相違，謂於此二都無，虛妄分別，由離能取所取自性，故說名空，非全無自性，故不違經。」（問）此說若依他起有自性者，經說一切諸法皆自性空，成相違失。答：中謂彼分別，外現所取，內現能取，能所分離。於如是有，自性所空，密意說言，皆自性空，非說全無，自相自體。無著兄弟論義實爾，即於彼有，亦名勝義有。故說依他起自體空，全非此宗之義。】33

宗喀巴故意引用彌勒菩薩所說《辯中邊論頌》，意欲讓人誤信彼等應成派中觀所主張「意識等六識依他起性之無自體性空，而有見聞覺知作用之自性為勝義有」，是符合彌勒菩薩之論義的，亦符合無著菩薩與世親菩薩所解釋之論義的。經由前面之舉證及如實解說中可以明瞭，無著菩薩、世親菩薩釋論之意旨並非如宗喀巴等人所說「即於依他起之無自體性空本身即是勝義有」，亦非如宗喀巴所說「於虛妄分別有中，意識內現能取，意識又能與四大極微相觸而現外境，此能取與所取非異體假名安立之我能有之自性，屬是意識之自性，故虛妄分別而有之我無能取與所取故自性空，離虛妄分別時之能取與所取則是常住法，亦非無眼等六識之見聞覺知性，故是勝義有」，此等邪說皆非無著菩薩、世親菩薩兄弟論、釋之意旨。由於月稱、宗喀巴等人主張外境實有，意識是常住法、是能夠現一切外境之識，因此處處主張意識等六識及見聞覺知性是勝義有，公然違逆諸佛菩薩所宣說「依他起性諸法無自體性之無常空」聖教，公然以邪見、惡見、見取見之本質，披著佛法外衣而妄行篡改佛法內涵，妄稱彼等應成派中觀之宗旨立論所說依他起性諸法是實有自體性，並非無自體性之無常空。但如是說法，顯然是公然違背阿含解脫道及大乘佛菩提道，與三乘菩提諸經論全然相違，同於佛所破之常見外道邪見，顯然是外道論或自創的假名佛法，故應將應成派中觀排除於佛教之外，回歸其喇嘛教之教名與喇嘛法，不應以非佛法之外道論而與佛菩薩正經、正論、正譯相諍，不應縱令喇嘛教的常見外道思想繼續存在佛教中而攪亂佛教正法。

應成派中觀佛護、月稱、寂天、宗喀巴等人認爲從意識中細分出來之細意識（離念靈知及具有「正見」之有念靈知），具有能現意識等根識之能取功能，外有能現所取六塵之功能，因此認爲細意識之了知分別是能所分離的，妄想此細意識無有分別假立我之無自性，故說自性空；但非無有自性之假名施設，因此主張意識等六識乃至細意識之見聞覺知性爲不可摧破之勝義有，故不許說爲依他起、自體空。如是立論公然違背諸佛菩薩之聖教義理，亦非無著菩薩與世親菩薩所宣說之論義，何以故？無著菩薩聽聞彌勒菩薩所演述之《辯中邊論頌》，予以如實記載、流布；世親菩薩釋論之論義已經如上舉示，完全符合論義及諸佛菩薩之至教量，明顯地申辨依他起性乃虛妄分別有，其中無有眞實能取與所取，唯有無常而無自體性之暫時能取所取，都不出於現象界諸法之虛妄分別及無常故空，是由往世對三界諸法的虛妄分別而受生輪迴故有；因爲虛妄分別本身即是名言習氣及人我執、法我執二取習氣所呈現之動力，故此世意識等六識即是往世虛妄分別而生之業報者，故說爲虛妄分別有。既然依他起性之意識等六識爲虛妄分別有，縱然有其於六塵中之見聞覺知性，而見聞等性乃是因爲眼等六識依於他緣而現起、而存在，無有常住不壞之自體性，則六識心所法運作所顯現之見聞等性，又如何有堪能成爲常住不壞之本住法性？似能取之了知性與似所取所了知之六塵境，皆是由本識心體阿賴耶識藉緣所變現幻化，刹那生滅並於眠熟等五位中皆必間斷，並無常住不壞之自性，故說虛妄分別有中無有眞實二取之自性（因此而說無自性空，此空所指乃是名色等空相之空），故說虛妄分別有中，唯有本來已離二取虛妄自性而能現境、能生識之第八識眞如空性。

眞如空性本屬於如來藏心體之法性，並非即是依他起性之無自性空，但應成派中觀及所有六識論者同皆否定實有阿賴耶識如來藏心體，是故除了眼等六識以外，不許別有異於意識等六識之心體能具有離見聞覺知、能生萬法之清淨自性，故必須堅持意識等六識心及其能了別之自性爲實有法，不許世尊在四阿含中所說六識悉皆虛妄無常之至理；乃是因爲我見未斷而又否定意根與能生名色的第八識心，內心恐怖墮於蘊處界無有自體之斷滅空中，亦欲建立自宗最愛樂的雙身法淫觸等識陰境界爲成佛境界，因此不許依他起性的意識等六識全無常住不壞之自體性，否則亦將同時使應成派中觀弘揚的雙身法同墮於無常空中，則密教引以爲豪的雙身法理論及實修法門，也將同時成爲無常之法，因此緣故而妄想建立細意識（專心領受淫樂時之離念靈知）常住不滅之錯誤理論，妄行主張細意識具有眞如空性而能生萬法。

菩薩造論，其語意文義表達已經非常清楚，述說此虛妄分別有之六識心體（以此為代名詞）無有常住不壞之能取與所取真實自性，於「此」已表明其無有自體性而非真實法之道理，「此」中唯有真如空性（以彼為代名詞），若真如空性即是虛妄分別有之無有自體性，則不應以「彼」稱之，乃因不同法性的緣故，故以「彼」稱之而不同稱為「此」。於「彼」中亦有「此」，是說由於彼真如空性乃是生現「此」六識法者，猶如鏡體生現一切鏡像一般，不可說鏡像非由鏡體中得見，亦不可顛倒說鏡像出生鏡體，故「此」與「彼」之用詞已經說明真如空性並非即是依他起性之無自體性空。

第八識真如空性不與六塵境相應，故離於二取、離一切妄想之尋思行相，無始以來常住而不曾剎那間斷；然五俱意識，乃至已到達滅一切五塵見聞覺知內守幽閑的定境法塵中之所謂細意識，猶是緣於法塵而繼續分別了知，仍然是意根與法塵為緣所生之依他起相法所攝；意識雖可與五塵境分離而住在定中不與五識俱，然離了法塵境，意識即無全自性可得，必然暫時斷滅而不再現起、存在，故是無常空相，攝屬依他起相之法；宗喀巴、寂天妄想意根觸法塵為緣而生起之細意識，於能所分離時仍然得以現前分別了知，其實是肇因於未證意識之細相所致，並未如實了知細意識之本質；因為一切粗細意識永遠都無法能所分離，必然要依意根與法塵才能生起及存在，故應成派中觀之寂天、宗喀巴所說，乃是以我見、常見而篡改佛菩薩之中道實相妙法，本質上是與佛菩薩的正見相諍。筆者與諸多破斥應成派中觀邪見之菩薩，則皆非與彼相諍，所以者何？說如實法者即非諍論者，說不如實法而貶抑說如實法者方是諍論者。是故筆者等人唯是申論佛法之正理以救護受彼邪見所繫縛而不能解脫之佛弟子，亦救護一切應成派中觀師轉向正道，實無絲毫相諍之意味。又唯識增上慧學之理並非以意識境界為宗旨而說，並且是處處破斥意根與意識等六識，但應成派中觀對經論所說處處加以曲解、篡改，引起實證而有正見之菩薩們加以論證，故於宗喀巴時代已有人提出責難，但宗喀巴猶不知過失，自己記載於論中，然後特地攀引無著菩薩之《攝大乘論》而扭曲論意，藉以籠罩他人，惑亂古今西藏地區文盲眾生及愛樂佛法之修學者，亦已惑亂了今時無擇法眼之達賴、印順等人，同墮其常見、斷見等惡見中。茲舉示其惑亂言論證據如下：

攝大乘論云：「以諸菩薩如是如實為入唯識勤修加行，即於似文似義意言，推求文名唯是意言，推求依此文名之義，亦唯意言，推求名義自性差別，唯是假立。若時證得唯是意言，爾時證知若名若義自性差別，皆是假立。自性差別義相無故，同不可得。由四尋思，及由四種如實徧智，於此似文似義意言，便能悟入唯有識性。」

若謂此是觀待分別意識破能所取，非以正理觀待堅固習氣所起無分別識破能所取，云何便能悟入唯識？答云：無過。謂所取青，是執外境分別依處，由以正理破彼自相，便能成立見青是分別依處之取青識於境迷亂。以彼見似有自相故。若彼已成則彼青色離似自識，非有實物，亦得善成。34

宗喀巴所引用無著菩薩《攝大乘論》中所說悟入「唯有識性」者，乃是已經實證如來藏心體所在之賢位菩薩，欲進入初地前之入地四加行觀行（不同於六住滿心欲實證能取所取空的四加行），具足證得如來藏心體無有種種差別相之眞如無我法性，由此悟入如來藏心體所生現依他起性諸法相之一切名、義、自性、差別皆是假立，唯有一相無差別相之本識無我眞如法性；此無我眞如法性即是本識如來藏心體之眞實性，故說由四加行悟入萬法唯有識性。所說悟入唯有識性之識，應成派中觀一向扭曲而主張爲粗意識或細意識，他人對於彼等純粹觀待於意識而破無有異體之能取與所取，異於經論所說觀待於萬法皆唯本識所生顯而無能取與所取，故責難其如是之言而質疑之：「云何可稱爲已悟入唯識？」但宗喀巴仍然以經論中「**內能出生六識能取、外能出生所取六塵境界**」的第八識功能，移作第六意識之功能，以此爲其所思所想所行，因此答覆他人：**眼識取青等色塵境時，若以**「所見之青等非眼識之所取，而是意識之所現」**之知見安住，這樣就能夠分離眼識之能取與所取之青色，則能取之眼識即已遠離所取之青色**。聲稱如是說法無有過失，以爲如是能善成悟入唯識之理；若究其實，眼識雖然不再取青色（密宗修雙身法，不可能遠離欲界愛故不能證得二禪，絕無可能令眼識中斷而入二禪等至位中，故其所說眼識離青等所取，是無知於禪定者之虛言），但意識仍然是依法塵而存在，住於了了分明之法塵境界中，如是法塵仍是意識之所取，並非已離所取，故宗喀巴住於所取中而不自知，妄言已經離於所取，而說意識能離所取的六塵獨自存在，是昧於事實的無智說法。

意識不能持業種、無有大種性自性等圓成實自性，意識亦非入胎結生相續之識，前世意識於入胎後永滅；故現在意識不是從前世來到此世者，是依此世五色根而由本識阿賴耶識新生者，故都不能記憶往世事，故意識非常住不滅之法；如是諸理已於前面諸章節中廣爲申論，此處不再細述。意識所以能夠見聞覺知六塵，必定要與五識俱起且緣於同一境界；假如五識所緣之境界是由意識所現，則五識亦應是由意識所現而有，則一切人夜夜睡眠時，除了約二小時之眠熟無夢期間以外，應當於每日醒來時皆能敘述睡眠期間除了色塵以外之外塵境所有內容，不應唯有了知不與外塵境同步之夢境；因爲依照宗喀巴之主張意識現起必定內現能取、外現所取故。事實上，無有一人於進入眠熟位時能夠了知外塵境之內容，若仍清楚了知外塵境之內容者，則稱爲睡而無眠或者失眠，故宗喀巴之主張，於世俗之現實面已經是不通的，也與聖教量顯示的邏輯及法界中的邏輯都不相符，如何能夠符合佛法世出世間法之眞實理？故應成派中觀宗喀巴主張**意識內現能取、外現所取，即是萬法唯識之識**，不應道理，不能善成悟入唯識之理故，故其應成派中觀，於事、於理、於般若、於唯識，理不應成。

無著菩薩《攝大乘論》論文四加行之內容，於此有必要予以如理解釋，以申論**名**、**義**、**自性**、**差別**唯是假立、唯有識性之眞實義，藉以破除應成派中觀慣用一切法無自性唯假名施設之糖衣而欺矇世人之手段，揭露彼等遍計執虛幻法而妄說佛法之實質。茲恭錄《攝大乘論》論文如下：

由四尋思，謂由名、義、自性、差別假立尋思，及由四種如實遍智，謂由名事自性差別假立，如實遍智，如是皆同不可得故。以諸菩薩如是如實爲入唯識，勤修加行，即於似文似義意言，推求文名唯是意言，推求依此文名之義亦唯意言，推求名義自性差別唯是假立。若時證得唯有意言，爾時證知若名若義自性差別皆是假立。自性差別義相無故同不可得，由四尋思及由四種如實遍智，於此似文似義意言，便能悟入唯有識性。

於此悟入唯識性中，何所悟入？如何悟入？入唯識性，相見二性及種種性，若名若義自性差別假，自性差別義，如是六種義皆無故。所取能取性現前故，一時現似種種相義而生起故，如闇中繩顯現似蛇，譬如繩上蛇非眞實，以無有故，若已了知彼義無者，蛇覺雖滅，繩覺猶在。若以微細品類分析，此又虛妄，色香味觸爲其相故；此覺爲依，繩覺當滅。如是於彼似文似義六相意言，伏除非實六相義時，唯識性覺猶如蛇覺亦當除遣，由圓成實自性覺故。[35]

略釋所舉論文如下：「經由名、名義、名義自性、名義自性差別而假立四種尋思，及由尋思名與義唯是經由意識相應之顯境名言與表義名言所得之言說性，尋思名義自性實無所有、尋思名義自性之差別亦唯有假立，獲得四種如實的智慧，了達於名遍計執、於義遍計執、於名義自性遍計執、於名義自性差別遍計執皆同樣不可得。由於諸菩薩如是如實尋求觀察爲能悟入一切法唯識所現之法無我證境，勤修四加行，即於本識心體所生現色受想行識等事，經由意識相應似文似義所得之名言，推求色等文名唯是意識分別所得之名言，推求依此色等文名所相應之義（如四大積聚相爲色，領納相爲受等義）亦唯是意識分別所得之名言，推求色等名義之自性差別（如依眼了別色者爲眼識自性，依耳了別聲者爲耳識自性等）唯是假立，非眞實自性。若於推求之時，如實證得色等唯有意識之名言分別，無有眞實不壞之自體與自性，當時證知，本識心體所生現之色等事，由意識分別所得之色等名、色等義、色等自性、色等自性差別皆是假立而有。色等自性差別之義與法相非眞實有，故皆同樣不可得；由四種尋思推求及於彼尋思推求中，如實了知而獲得之四種遍智，於色等似文似義經由意識分別所得名言中，便能夠悟入一切唯本識心體阿賴耶識能生現一切法之眞如勝義無自性性。

於此悟入唯有識性的事情中，若所有意言唯是假立而唯有本識如來藏，那麼何者是所悟入？又應該如何悟入？所謂入唯識性，即是觀察相分與見分兩種自性，及觀察眼識性色塵性、耳識性聲塵性……等種種自性，其分別所得之名與義以及假立之種種自性差別，乃至自性差別之意涵，如是眼識耳識乃至意識等六種見分，與色塵等六塵相分之名、義、自性、差別等六種義理的施設，唯是意識相應的名言自性而非眞實有，皆唯是本心阿賴耶識所幻化而有故。見分（六識見聞覺知性）之能取性與相分（內六塵）之所取性現前的緣故，一時變現似有眼識能取色塵之行相、似有眼識能分別色塵之自性相、似有色塵有青黃赤白等四大之積聚相等等法相，由此顯現出似有能取與所取之法相，似有文也似有義生起的緣故；例如黑暗中之繩顯現似有蛇之身相以及似有蛇之細長彎曲等義，猶如於繩上所分別假立之蛇並非眞實是蛇，因爲實無有蛇的緣故，同樣的似眼識能取之自性等，與似所取四大積聚相之色塵自性等，亦僅是遍計所執虛妄分別而計著爲實有，並非實有眞實常住的能取與所取體性；若已經如實了知彼眼等六識能取與所取之義無實者，虛妄分別所得之我見我所見等蛇覺雖然已經滅除，而六根六塵相觸而引生等繩覺尚可繼續存在而遠離妄覺。如果進而再以本識心體不與六塵境相應之眞如佛性本覺來分析，則此繩覺亦是虛妄，因爲繩覺是以色香味觸等六塵爲六根所觸而引生之六識分別所生之法相，緣於所生法六塵之境界而引生繩覺故；若以如來藏之本覺性爲依，則根塵觸所生之繩覺也將會隨之滅除；如是於眼識乃至意識藉名、義、自性、差別等似文似義分別所得之六種意言，降伏而除滅這六種法相時，對於唯是本識幻化所得之見聞知覺性猶如對假蛇的覺悟應該遣除的道理一樣，亦應當進一步除遣，這是因爲對於本識心體能圓滿成就一切法的自性已經覺悟的緣故。」

落入六識論邪見中的應成派中觀師寂天、宗喀巴，聲稱悟入唯識、唯有識性者，是以能見聞覺知、能覺察思量分別之意識心遠離對六塵的分別作爲「悟得」，於意識之覺知性與眼識、色塵和合中，或意識覺知性不與眼、色和合中，妄想如是之覺知性皆爲意識本有而常住之識性，以爲這樣了知就是悟入唯識，正是無著菩薩於論文中申論辨正所譬喻尚墮於蛇覺中者——誤將草繩認作蛇；意識之覺知性似有而非常故，緣起性空故，不是常住不壞法故，只能存在一世而無法從前一世來到此世故。縱然能夠遵循正確知見而以四加行之方法現前觀行，隨於意根之作意，於眼根與色塵相觸處而有眼識現起，此識具有依止眼根而分別色塵之行相，經由意識之顯境名言取此了別之行相而能了知，至此雖尚未生起世間表義名言，而實際上**意根之作意與意識之了知本身即是意言之義**；既然已有顯境名言，不可說是非名言境界，仍非菩薩所證悟入唯識離言法性的本識境界。意識依據所熏習之世間語言——表義名言，將彼依止眼根而生起能分別色塵之識稱名爲眼識；依止意根之作意與眼根功能而現行之了別色塵功能，即是眼識名身之義；能夠依止眼根所攝取色塵之內容而了別色塵境之青黃赤白即是眼識之自性；眼識之名、義、自性如是，耳識、鼻識、舌識、身識、意識之名、義與自性亦如是。推而廣之，對六根、六塵、六識或對五蘊一一加以如實觀察，了知識此等諸法之自性各各有其差別，即是了知此等諸法之名義自性差別者。如實觀察得知眼等六識似文似義能取之性唯有意言之性，非有眞實不壞之本住性，而本識藉根塵觸現起六識心體與六識自性時，本識自身卻離於言說、不可言說，與六塵境不相應故，離顯境名言與表義名言故，無有六識種種意言之差別自性；當時若僅是於此伏除六識眞實能取義理之執著，而尚遍計唯一本識所現之見聞知覺性，無著菩薩說對此種唯識性之覺悟，猶如繩覺一般仍不眞實，亦應當除遣。意即「悟入唯識」之眞實義，是純依本識能圓滿出生十八界、五蘊的法界事實，以及依本識自住境界而住的；如是覺悟之後連意識親證了本識的本覺以後產生的本覺智慧亦須放下，轉依本識的本覺之性而住，何況能以意識對六塵境界中的自己加以反觀，而落入意識心的自住境界中？故悟入唯識者，絕對不是於六塵見聞知覺性中去粗存細，改以較細之見聞知覺性；或者以去除人我執後之見聞知覺性（宗喀巴等人認定意識爲「結生相續識」而說爲萬法的本源時，已落入常見外道邪見中，具足我見我執，故其六識之見聞知覺性不可能去除人我執），稱爲已去除蛇覺乃至繩覺，如是之覺都未離虛妄分別識及似有假有之六塵故；最細意識則是非想非非想定中意識，仍然未離定境中的法塵故，其中之細意識與定境法塵皆仍是本識所生而非實有，故唯識增上慧學中所說「唯有識」之言，實謂唯有第八識阿賴耶識，皆非離六塵見聞覺知或定境法塵中之覺知者，一切粗細意識皆未離見聞覺知所知之法塵事相故，仍非本識離六塵見聞覺知之眞如佛性本覺故。

「悟入唯識」，所指乃是意識探究本識如來藏心體的所在時，能夠現觀本識如來藏心體的眞如佛性，了知其離言法性，了知本識未曾與六塵相應故無有顯境名言，既無顯境名言更不可以世間名言而言說，故說離於言說、不可言說；最後則是悟入第八阿賴耶識能圓滿出生一切萬法的圓成實性，轉依此圓成實性而住，遠離法我執，方能名爲悟入唯識。「唯有識之實性」，乃是實證如來藏心體之眞如佛性者，以無常生滅而有見聞覺知性之意識，依止於如來藏心體遍在蘊處界中顯現之眞如佛性離言法性，以四種如實遍智而說蘊處界等法皆唯意言性，蘊處界之名義自性差別皆是假立而不可得，唯有眞如佛性是眞實圓滿成就諸法者而非假名安立；而眞如佛性遍於蘊處界中皆無差別相，則能永離斷常、來去、一異、俱不俱等二邊，如是正觀者才是究竟中道觀行，名爲如實中觀，方可說一切法無自性性而唯有識之實性。反之，若如應成派中觀，其所說與所立之理論皆違法界實相，皆成邪說邪論，完全攝於斷滅空之邊見中，尚且不能函蓋世間法緣起性空無自體性之聲聞法，故無法斷除我見而取證聲聞初果，更何況能實證阿羅漢所無法親證之本識眞如法性、離言法性？當知更無可能現觀本識如來藏的圓成實性，如是不懂蘊處界之名、義、自性、差別，亦不懂離言法性眞如佛性之名、義、自性、差別，無知於本識之圓成實性而無法現觀本識能圓滿成就諸法的眞實性，亦無力觀察意識的生滅有爲性不能成就諸法而爲虛妄性，將不離名言的意識狡辯爲具有本識方有的離言法性，遑論能涉及圓滿出世間法與世間法之勝義無自性性！

應成派中觀始自佛護，繼之以月稱、寂天、阿底峽、宗喀巴以來，一向否定實有如來藏阿賴耶識第八識心體，一向以第六意識之體性爲其妄想立論之根本，一向隨於意根遍計執之作意、隨於意識取境了知之顯境名言、隨於世間言說之表義名言而起妄想、妄覺，處處曲解佛法法相而墮於意言之遍計執性中，不知不覺自己之過失，反而以如是繫著於欲界之凡夫心量妄談諸法無自性空，極力破斥實證中觀、實證唯識之賢聖菩薩，不斷造論而與諸實證之賢聖菩薩眞實論著相諍。彼等一貫將言說歸於世俗，而以自己所妄想之無自性空歸於勝義，如是以蛇覺之凡夫妄心抄襲菩薩所說四加行之名相，於著作中大肆以名言安立、假名安立、分別假立等名相而言意識實有，以無自性、無自相、無假說自性等而言外境實無、名言實無；或以名言無有眞實自性而說名言爲無，或以名言所說斷定爲世俗而說名言有；或以無語言妄想之見聞覺知性等蛇覺而說爲勝義有，或以爲見聞覺知性能有第八識之離言法性而以無言說之假立自性而說爲勝義無，誇言已滅繩覺，其實仍未能了知蛇覺之虛妄，極力建立蛇覺爲眞覺、本覺，妄言一切法之有與無而欺矇古今學佛人。如是種種有無之說，除了所濫用之經論名相自身以外，其所說及釋義皆完全與佛法正見中之實質意涵毫無關係，不僅所言不能及於第一義諦，甚至連聲聞解脫道中最基礎之斷我見等世俗諦亦未曾涉及。應成派中觀從佛護以來諸人，以意識及意識之識性作爲常住之本住法性、離言法性，乃自墮於蛇覺中而不能察覺遍計執蛇覺之過失，因此不能覺知蛇覺生起之因及依何等繩覺而有此蛇覺，連草繩都不曾看清楚而不知蛇覺的虛妄，何況能知草繩的虛妄，故說彼等對於蘊處界等法之依他起性仍然不覺不知，繼續將依他起相之蘊處界認定爲常住不壞之實有法，因此他們永遠無法遠離對雙身法淫觸等我所的貪求，極力反對世尊所說蘊處界皆爲緣起性空生滅法之聖教。

應成派古今諸中觀師，不覺不知蘊處界諸法生無自性性之依他起性事實，如何能夠進而了知圓滿成就依他起性諸法之圓成實自性？乃至圓成實自性與依他起性諸法和合似一之唯識所說清淨所緣境界？又如何能夠了知顚倒計著依他起性諸法以及圓成實自性爲我與我所之遍計執性？應成派中觀諸人深陷於我見、我執、我所執之虛妄蛇覺中，尚且無有能力可以遠離蛇覺而生起聲聞解脫道的淺慧，又如何有深慧可以破除所知障而窺得仍屬一分遍計執之唯識所說繩覺內容？因此，應成派中觀師月稱、寂天、宗喀巴等人繼承了佛護論師的六識論假中觀之後，狂言一切法無自性、唯識所現，實質上並未觸及一切法無自性，亦未觸及一切法唯識所現的圓成實性法義，全繞著生滅有為不離名言法性的意識在轉圈子，既未涉及依他起性之生無自性性，亦未有絲毫觸及圓成實自性之勝義無自性性，更未曾脫離人我相等遍計執自性種種虛妄法相之相縛，如何能有證量述說去除遍計執性所得相無自性性之解脫證境？而佛護、月稱、寂天、宗喀巴等人，於其著作中處處攀緣附會，所謂彼等以一切法無自性空、唯是假名安立而解釋《中論》，說是龍樹菩薩與提婆菩薩父子中觀之主要意趣，乃至主張無著菩薩之**一切法皆是意言唯有識性**，是彼等應成派中觀立論之兩大主軸依據，如是誇大不實之說皆為一派胡言，事實上是彼等所說諸法都與龍樹菩薩父子、無著菩薩兄弟之論著所說全然相反。彼等應成派中觀等人皆慣用攀附手段，亦擅長於抄襲菩薩論著中之文字，從前面諸章節之申論辨正中即可以了知，彼等所引用菩薩論著或者經文之內涵，皆非彼等所能如實了知者；彼等援引諸經諸論之文字時，其實並無一處能正確理解及宣說，乃至有時故意曲解而妄加揣測，企圖誤導學人入其六識論邪見及雙身法邪門中；彼等若對所引經論加以解釋或引申而說時，又皆成爲虛妄想像之邪見與邪論，全面扭曲經論意旨，故吾人可下如是定論：**中觀應成派之立論無有正理可成就中觀，故應成派中觀之立論宗旨及種種說法，理不應成。**（全文完。）

1 《大方廣佛華嚴經》卷三十二〈入不思議解脫境界普賢行願品〉，《大正藏》冊十，頁八〇八。

2 平實導師所著《阿含正義——唯識學探源》共七輯，正智出版社（台北），二〇〇六年八月出版第一輯，第七輯於二〇〇七年八月出版完畢。將阿含解脫道如實的依於佛意，以勝妙的解說經文而呈現，猶如世尊重轉第一法輪於我人面前，此皆眞實如來藏法住法界法爾如是不可曲解摧壞之功德所在。

3 宗喀巴著，法尊法師譯，《入中論善顯密意疏》卷五，成都西部印務公司代印，頁一。

4 《瑜伽師地論》卷十五〈本地分〉中〈聞所成地〉第十之三，《大正藏》冊三十，頁三六〇。

5 《雜阿含經》卷十三第三〇六經，《大正藏》冊二，頁八十七－頁八十八。

6 聖天菩薩造頌，甲操傑大師造譯，唐玄奘大師，法尊法師譯頌，觀空法師講授並校正，任杰聽受譯釋，《菩薩瑜伽行四百論釋善解心要論》，福智之聲出版社（台北），一九九一年一月第一版一刷，頁五。

7 宗喀巴造論，法尊法師譯，《入中論善顯密意疏》卷二，成都西部印務公司代印，頁九。

8 同前註之書，卷十三，頁一。

9 同前註之書，卷七，頁七。

10 宗喀巴著，法尊法師譯，《辨了不了義善說藏論》卷四，大千出版社（台北），一九九八年三月初版，頁一五六－一六一。

11 《雜阿含經》卷十一，第二七四經，《大正藏》冊二，頁七十三。

12 宗喀巴著，法尊法師譯，《辨了不了義善說藏論》卷四，大千出版社（台北），一九九八年三月初版，頁一六八－一六九。

13 參見釋智誠、邱吉彭措著，《般若鋒兮金剛焰》—探悉顯密佛法真義兼破蕭平實師徒邪說。（新浪網可下載上、中、下共三冊，書中未列出版資訊）。PDF 檔下載網址如下：
http://ishare.iask.sina.com.cn/f/12935037.html 上冊

http://ishare.iask.sina.com.cn/f/12935038.html 中冊
http://ishare.iask.sina.com.cn/f/12935039.html 下冊

14 《瑜伽師地論》卷五十八〈攝決擇分〉中〈有尋有伺等三地〉之一，《大正藏》冊三十，頁六二三。

15 釋智誠、邱吉彭措著，《般若鋒兮金剛焰》—探悉顯密佛法眞義兼破蕭平實師徒邪說，下冊第八章〈如意自在〉第二節—大樂的秘密，頁一三五八－一三六二。

16 《瑜伽師地論》卷二十〈本地分〉中〈修所成地〉第十二，《大正藏》冊三十，頁三八九－三九〇。

17 《瑜伽師地論》卷三十六〈本地分〉中〈菩薩地〉第十五〈初持瑜伽處眞實義品〉第四，《大正藏》冊三十，頁四八六。

18 此遍計執性，依三乘菩提之實證層次差別而有異同，此處略而不說。

19 宗喀巴著，法尊法師譯，《辨了不了義善說藏論》卷一，大千出版社（台北），一九九八年三月初版，頁九－十。

20 《解深密經》卷一〈勝義諦相品〉第二，《大正藏》冊十六，頁六九一－六九二。

21 宗喀巴著，法尊法師譯，《辨了不了義善說藏論》卷一，大千出版社（台北），一九九八年三月初版，頁十一－十二。

22 請參閱平實導師著，《阿含正義》第二輯，正智出版社（台北），二○一一年元月初版五刷，頁四○四-四○八。

23 《解深密經》卷一〈勝義諦相品〉第二，《大正藏》冊十六，頁六九一。

24 宗喀巴著，法尊法師譯，《辨了不了義善說藏論》卷二，大千出版社（台北），一九九八年三月初版，頁四十五 - 四十七。

25 同前註之書，卷三，頁一○五-一○六。

26 同前註之書，卷二，頁七十八-七十九。

27 同前註之書，卷二，頁六十三。

28 《解深密經》卷二〈一切法相品〉第四，《大正藏》冊十六，頁六九三。

29 同前註，頁六九三。

30 《解深密經》卷二〈無自性相品〉第五，《大正藏》冊十六，頁六九六。

31 宗喀巴著，法尊法師譯，《辨了不了義善說藏論》卷二，大千出版社（台北），一九九八年三月初版，頁六十九 - 七十。

32 《辯中邊論》卷上，《大正藏》冊三十一，頁四六四。

33 宗喀巴著，法尊法師譯，《辨了不了義善說藏論》卷二，大千出版社（台北），一九九八年三月初版，頁五十六 - 五十八。

34 同前註之書，卷二，頁七十－七十一。

35《攝大乘論本》卷二〈所知相分〉第四，《大正藏》冊三十一，頁一四二－一四三。

佛菩提二主要道次第概要表——二道並修，以外無別佛法

佛菩提道——大菩提道

遠波羅蜜多

資糧位

十信位修集信心——一劫乃至一萬劫

初住位修集布施功德（以財施爲主）。

二住位修集持戒功德。

三住位修集忍辱功德。

四住位修集精進功德。

五住位修集禪定功德。

六住位修集般若功德（熏習般若中觀及斷我見，加行位也）。

外門廣修六度萬行

見道位

七住位明心般若正觀現前，親證本來自性清淨涅槃。

八住位於一切法現觀般若中道。漸除性障。

十住位眼見佛性，世界如幻觀成就。

一至十行位，於廣行六度萬行中，依般若中道慧，現觀陰處界猶如陽焰，至第十行滿心位，陽焰觀成就。

一至十迴向位熏習一切種智；修除性障，唯留最後一分思惑不斷。第十迴向滿心位成就菩薩道如夢觀。

內門廣修六度萬行

初地：第十迴向位滿心時，成就道種智一分（八識心王一一親證後，領受五法、三自性、七種第一義、七種性自性、二種無我法）復由勇發十無盡願，成通達位菩薩。復又永伏性障而不具斷，能證慧解脫而不取證，由大願故留惑潤生。此地主修法施波羅蜜多及百法明門。證「猶如鏡像」現觀，故滿初地心。

二地：初地功德滿足以後，再成就道種智一分而入二地；主修戒波羅蜜多及一切種智。滿心位成就「猶如光影」現觀，戒行自然清淨。

解脫道：二乘菩提

→ 斷三縛結，成初果解脫

→ 薄貪瞋癡，成二果解脫

→ 斷五下分結，成三果解脫

入地前的四加行令煩惱障現行悉斷，成四果解脫，留惑潤生。分段生死已斷，煩惱障習氣種子開始斷除，兼斷無始無明上煩惱。

近波羅蜜多

大波羅蜜多

圓滿波羅蜜多

修道位

究竟位

心、五神通。能成就俱解脫果而不取證，留惑潤生。滿心位成就「猶如谷響」現觀及無漏妙定意生身。

四地：由三地再證道種智一分故入四地。主修精進波羅蜜多，於此土及他方世界廣度有緣，無有疲倦。進修一切種智，滿心位成就「如水中月」現觀。

五地：由四地再證道種智一分故入五地。主修禪定波羅蜜多及一切種智，斷除下乘涅槃貪。滿心位成就「變化所成」現觀。

六地：由五地再證道種智一分故入六地。此地主修般若波羅蜜多——依道種智現觀十二因緣一一有支及意生身化身，皆自心眞如變化所現，「非有似有」，成就細相觀，不由加行而自然證得滅盡定，成俱解脫大乘無學。

七地：由六地「非有似有」現觀，再證道種智一分故入七地。此地主修一切種智及方便波羅蜜多，由重觀十二有支一一支中之流轉門及還滅門一切細相，成就方便善巧，念念隨入滅盡定。滿心位證得「如犍闥婆城」現觀。

八地：由七地極細相觀成就故再證道種智一分而入八地。此地主修一切種智及願波羅蜜多。至滿心位純無相觀任運恆起，故於相土自在，滿心位復證「如實覺知諸法相意生身」故。

九地：由八地再證道種智一分故入九地。主修力波羅蜜多及一切種智，成就四無礙，滿心位證得「種類俱生無行作意生身」。

十地：由九地再證道種智一分故入此地。此地主修一切種智——智波羅蜜多。滿心位起大法智雲，及現起大法智雲所含藏種種功德，成受職菩薩。

等覺：由十地道種智成就故入此地。此地應修一切種智，圓滿等覺地無生法忍；於百劫中修集極廣大福德，以之圓滿三十二大人相及無量隨形好。

妙覺：示現受生人間已斷盡煩惱障一切習氣種子，並斷盡所知障一切隨眠，永斷變易生死無明，成就大般涅槃，四智圓明。人間捨壽後，報身常住色究竟天利樂十方地上菩薩；以諸化身利樂有情，永無盡期，成就究竟佛道。

圓滿成就究竟佛果

七地滿心斷除故意保留之最後一分思惑時，煩惱障所攝色、受、想三陰有漏習氣種子全部斷盡。

煩惱障所攝行、識二陰無漏習氣種子任運漸斷，所知障所攝上煩惱任運漸斷。

斷盡變易生死成就大般涅槃

佛子**蕭平實** 謹製

（二〇〇九、〇二 修訂）

（二〇一二、〇二 增補）

佛教正覺同修會〈修學佛道次第表〉

第一階段

＊以憶佛及拜佛方式修習動中定力。
＊學第一義佛法及禪法知見。
＊無相拜佛功夫成就。
＊具備一念相續功夫—動靜中皆能看話頭。
＊努力培植福德資糧，勤修三福淨業。

第二階段

＊參話頭，參公案。
＊開悟明心，一片悟境。
＊鍛鍊功夫求見佛性。
＊眼見佛性〈餘五根亦如是〉親見世界如幻，成就如幻觀。
＊學習禪門差別智。
＊深入第一義經典。
＊修除性障及隨分修學禪定。
＊修證十行位陽焰觀。

第三階段

＊學一切種智真實正理—楞伽經、解深密經、成唯識論…。
＊參究末後句。
＊解悟末後句。
＊透牢關—親自體驗所悟末後句境界，親見實相，無得無失。
＊救護一切衆生迴向正道。護持了義正法，修證十迴向位如夢觀。
＊發十無盡願，修習百法明門，親證猶如鏡像現觀。
＊修除五蓋，發起禪定。持一切善法戒。親證猶如光影現觀。
＊進修四禪八定、四無量心、五神通。進修大乘種智，求證猶如谷響現觀。

佛教正覺同修會 共修現況 及 招生公告　2016/1/16

一、共修現況：（請在共修時間來電，以免無人接聽。）

台北正覺講堂 103 台北市承德路三段 277 號九樓 捷運淡水線圓山站旁
Tel..總機 02-25957295（晚上）（**分機：九樓**辦公室 10、11；知客櫃檯 12、13。 **十樓**知客櫃檯 15、16；書局櫃檯 14。 **五樓**辦公室 18；知客櫃檯 19。**二樓**辦公室 20；知客櫃檯 21。）
Fax..25954493

第一講堂 台北市承德路三段 277 號九樓

禪淨班：週一晚上班、週三晚上班、週四晚上班、週五晚上班、週六下午班、週六上午班（皆須報名建立學籍後始可參加共修，欲報名者詳見本公告末頁）

增上班：瑜伽師地論詳解：每月第一、三、五週之週末 17.50～20.50 平實導師講解（僅限已明心之會員參加）

禪門差別智：每月第一週日全天　平實導師主講（事冗暫停）。

佛藏經詳解　平實導師主講。已於 2013/12/17 開講，歡迎已發成佛大願的菩薩種性學人，攜眷共同參與此殊勝法會聽講。詳解 釋迦世尊於《佛藏經》中所開示的眞實義理，更爲今時後世佛子四眾，闡述佛陀演說此經的本懷。眞實尋求佛菩提道的有緣佛子，親承聽聞如是勝妙開示，當能如實理解經中義理，亦能了知於大乘法中：如何是諸法實相？善知識、惡知識要如何簡擇？如何才是清淨持戒？如何才能清淨說法？於此末法之世，眾生五濁益重，不知佛、不解法、不識僧，唯見表相，不信眞實，貪著五欲，諸方大師不淨說法，各各將導大量徒眾趣入三塗，如是師徒俱堪憐憫。是故，平實導師以大慈悲心，用淺白易懂之語句，佐以實例、譬喻而爲演說，普令聞者易解佛意，皆得契入佛法正道，如實了知佛法大藏。

此經中，對於實相念佛多所著墨，亦指出念佛要點：以實相爲依，念佛者應依止淨戒、依止清淨僧寶，捨離違犯重戒之師僧，應受學清淨之法，遠離邪見。本經是現代佛門大法師所厭惡之經典：一者由於大法師們已全都落入意識境界而無法親證實相，故於此經中所說實相全無所知，都不樂有人聞此經名，以免讀後提出問疑時無法回答；二者現代大乘佛法地區，已經普被藏密喇嘛教滲透，許多有名之大法師們大多已曾或繼續在修練雙身法，都已失去聲聞戒體及菩薩戒體，成爲地獄種姓人，已非眞正出家之人，本質只是身著僧衣而住在寺院中的世俗人。這些人對於此經都是讀不懂的，也是極爲厭惡的；他們尚不樂見此經之印行，何況流通與講解？今爲救護廣大學佛人，兼欲護持佛教血脈永續常傳，特選此經宣講之。每逢週二 18.50~20.50 開示，不限制聽講資格。會外人士需憑身分證件換證入內聽講（此是大樓管理處之安全規定，敬請見諒）。桃園、台中、台南、高雄等地講堂，亦於每週二晚上播放平實導師所講本經之 DVD，不必出示身分證件即可入內聽講，歡迎各地善信同霑法益。

第二講堂　台北市承德路三段 267 號十樓。

禪淨班：週一晚上班、週六下午班。

進階班：週三晚上班、週四晚上班、週五晚上班（禪淨班結業後轉入共修）。

佛藏經詳解：平實導師講解。每週二 18.50~20.50（影像音聲即時傳輸）。本會學員憑上課證進入聽講，會外學人請以身分證件換證進入聽講（此爲大樓管理處安全管理規定之要求，敬請諒解）。

第三講堂　台北市承德路三段 277 號五樓。

進階班：週一晚上班、週三晚上班、週四晚上班、週五晚上班。

佛藏經詳解：平實導師講解。每週二 18.50~20.50（影像音聲即時傳輸）。本會學員憑上課證進入聽講，會外學人請以身分證件換證進入聽講（此爲大樓管理處安全管理規定之要求，敬請諒解）。

第四講堂　台北市承德路三段 267 號二樓。

進階班：週一晚上班、週三晚上班、週四晚上班、週五晚上班（禪淨班結業後轉入共修）。

佛藏經詳解：平實導師講解。每週二 18.50~20.50（影像音聲即時傳輸）。本會學員憑上課證進入聽講，會外學人請以身分證件換證進入聽講（此爲大樓管理處安全管理規定之要求，敬請諒解）。

第五、第六講堂　爲開放式講堂，不需以身分證件換證即可進入聽講，台北市承德路三段 267 號地下一樓、地下二樓。已規劃整修完成，每逢週二晚上講經時段開放給會外人士自由聽經，請由大樓側面梯階逕行進入聽講。**聽講者請尊重講者的著作權及肖像權，請勿錄音錄影，以免違法；若有錄音錄影被查獲者，將依法處理。**

正覺祖師堂　大溪鎮美華里信義路 650 巷坑底 5 之 6 號（台 3 號省道 34 公里處　妙法寺對面斜坡道進入）電話 03-3886110　傳眞 03-3881692 本堂供奉 克勤圓悟大師，專供會員每年四月、十月各二次精進禪三共修，兼作本會出家菩薩掛單常住之用。除禪三時間以外，每逢單月第一週之週日 9:00~17:00 開放會內、外人士參訪，當天並提供午齋結緣。教內共修團體或道場，得另申請其餘時間作團體參訪，務請事先與常住確定日期，以便安排常住菩薩接引導覽，亦免妨礙常住菩薩之日常作息及修行。

桃園正覺講堂（第一、第二講堂）：桃園市介壽路 286、288 號 10 樓（陽明運動公園對面）電話：03-3749363（請於共修時聯繫，或與台北聯繫）

禪淨班：週一晚上班、週三晚上班、週四晚上班、週五晚上班。

進階班：週六上午班、週五晚上班。

佛藏經詳解：平實導師講解。每週二晚上，以台北正覺講堂所錄 DVD 放映；歡迎會外學人共同聽講，不需出示身分證件。

新竹正覺講堂 新竹市東光路 55 號二樓之一 電話 03-5724297（晚上）

第一講堂：

禪淨班：週一晚上班、週五晚上班、週六上午班。

進階班：週三晚上班、週四晚上班（由禪淨班結業後轉入共修）。

佛藏經詳解：平實導師講解。每週二晚上，以台北正覺講堂所錄 DVD 放映。歡迎會外學人共同聽講，不需出示身分證件。

第二講堂：

禪淨班：週三晚上班、週四晚上班。

佛藏經詳解：每週二晚上與第一講堂同時播放佛藏經詳解 DVD。

台中正覺講堂 04-23816090（晚上）

第一講堂 台中市南屯區五權西路二段 666 號 13 樓之四（國泰世華銀行樓上。鄰近縣市經第一高速公路前來者，由五權西路交流道可以快速到達，大樓旁有停車場，對面有素食館）。

禪淨班：週三晚上班、週四晚上班。

進階班：週一晚上班、週六上午班（由禪淨班結業後轉入共修）。

增上班：單週週末以台北增上班課程錄成 DVD 放映之，限已明心之會員參加。

佛藏經詳解：平實導師講解。每週二晚上，以台北正覺講堂所錄 DVD 放映。歡迎會外學人共同聽講，不需出示身分證件。

第二講堂 台中市南屯區五權西路二段 666 號 4 樓

禪淨班：週一晚上班、週三晚上班、週六上午班。

進階班：週五晚上班（由禪淨班結業後轉入共修）。

佛藏經詳解：每週二晚上與第一講堂同時播放佛藏經詳解 DVD。

第三講堂、第四講堂：台中市南屯區五權西路二段 666 號 4 樓。

嘉義正覺講堂 嘉義市友愛路 288 號八樓之一 電話：05-2318228

第一講堂：

禪淨班：週一晚上班、週四晚上班、週五晚上班。

進階班：週三晚上班（由禪淨班結業後轉入共修）。

佛藏經詳解：平實導師講解。每週二晚上，以台北正覺講堂所錄 DVD 放映。歡迎會外學人共同聽講，不需出示身分證件。

第二講堂 嘉義市友愛路 288 號八樓之二。

台南正覺講堂

第一講堂 台南市西門路四段 15 號 4 樓。06-2820541（晚上）

禪淨班：週一晚上班、週三晚上班、週四晚上班、週五晚上班、週六下午班。

增上班：單週週末下午，以台北增上班課程錄成 DVD 放映之，限已明心之會員參加。

佛藏經詳解：平實導師講解。每週二晚上，以台北正覺講堂所錄 DVD 放映。歡迎會外學人共同聽講，不需出示身分證件。

第二講堂　台南市西門路四段 15 號 3 樓。

佛藏經詳解：每週二晚上與第一講堂同時播放佛藏經詳解 DVD。

第三講堂　台南市西門路四段 15 號 3 樓。

進階班：週三晚上班、週四晚上班、週六上午班（由禪淨班結業後轉入共修）。

佛藏經詳解：每週二晚上與第一講堂同時播放佛藏經詳解 DVD。

高雄正覺講堂　高雄市新興區中正三路 45 號五樓 07-2234248（晚上）

第一講堂（五樓）：

禪淨班：週一晚上班、週三晚上班、週四晚上班、週五晚上班、週六上午班。

增上班：單週週末下午，以台北增上班課程錄成 DVD 放映之，限已明心之會員參加。

佛藏經詳解：平實導師講解。每週二晚上，以台北正覺講堂所錄 DVD 放映。歡迎會外學人共同聽講，不需出示身分證件。

第二講堂（四樓）：

進階班：週三晚上班、週四晚上班、週六上午班（由禪淨班結業後轉入共修）。

佛藏經詳解：每週二晚上與第一講堂同時播放佛藏經詳解 DVD。

第三講堂（三樓）：

進階班：週四晚上班（由禪淨班結業後轉入共修）。

香港正覺講堂　☆已遷移新址☆

九龍觀塘，成業街 10 號，電訊一代廣場 27 樓 E 室。

（觀塘地鐵站 B1 出口，步行約 4 分鐘）。電話：(852) 23262231

英文地址：Unit E, 27th Floor, TG Place, 10 Shing Yip Street, Kwun Tong, Kowloon

禪淨班：雙週六下午班 14:30-17:30，已經額滿。
雙週日下午班 14:30-17:30，2016 年 4 月底前尚可報名。

進階班：雙週五晚上班（由禪淨班結業後轉入共修）。

增上班：單週週末上午，以台北增上班課程錄成 DVD 放映之，限已明心之會員參加。

妙法蓮華經詳解：平實導師講解。雙週六 19:00-21:00，以台北正覺講堂所錄 DVD 放映；歡迎會外學人共同聽講，不需出示身分證件。

美國洛杉磯正覺講堂　☆已遷移新址☆

825 S. Lemon Ave Diamond Bar, CA 91798 U.S.A.
Tel. (909) 595-5222（請於週六 9:00~18:00 之間聯繫）
Cell. (626) 454-0607

禪淨班：每逢週末 15：30~17：30 上課。

進階班：每逢週末上午 10：00~12：00 上課。

佛藏經詳解：平實導師講解。每週六下午 13：00~15：00，以台北正覺講堂所錄 DVD 放映。歡迎各界人士共享第一義諦無上法益，不需報名。

二、招生公告　本會台北講堂及全省各講堂，每逢四月、十月下旬開新班，每週共修一次（每次二小時。開課日起三個月內仍可插班）；但美國洛杉磯共修處之禪淨班得隨時插班共修。各班共修期間皆爲二年半，欲參加者請向本會函索報名表（各共修處皆於共修時間方有人執事，非共修時間請勿電詢或前來洽詢、請書），或直接從本會官方網站 (http://www.enlighten.org.tw/newsflash/class)或成佛之道網站下載報名表。共修期滿時，若經報名禪三審核通過者，可參加四天三夜之禪三精進共修，有機會明心、取證如來藏，發起般若實相智慧，成爲實義菩薩，脫離凡夫菩薩位。

三、新春禮佛祈福 農曆年假期間停止共修：自農曆新年前七天起停止共修與弘法，正月 8 日起回復共修、弘法事務。新春期間正月初一～初七 9.00～17.00 開放台北講堂、正月初一~初三開放新竹講堂、台中講堂、台南講堂、高雄講堂，以及大溪禪三道場（正覺祖師堂），方便會員供佛、祈福及會外人士請書。美國洛杉磯共修處之休假時間，請逕詢該共修處。

密宗四大派修雙身法，是外道性力派的邪法；又以生滅的識陰作為常住法，是常見外道，是假的藏傳佛教。

西藏覺囊巴以他空見弘揚第八識如來藏勝法，才是真藏傳佛教

佛教正覺同修會　弘法行事表

2014/08/19

1、**禪淨班**　以無相念佛及拜佛方式修習動中定力，實證一心不亂功夫。傳授解脫道正理及第一義諦佛法，以及參禪知見。共修期間：二年六個月。每逢四月、十月開新班，詳見招生公告表。

2、**《佛藏經》詳解**　平實導師主講。已於 2013/12/17 開講，歡迎已發成佛大願的菩薩種性學人，攜眷共同參與此殊勝法會聽講。詳解釋迦世尊於《佛藏經》中所開示的眞實義理，更爲今時後世佛子四眾，闡述 佛陀演說此經的本懷。眞實尋求佛菩提道的有緣佛子，親承聽聞如是勝妙開示，當能如實理解經中義理，亦能了知於大乘法中：如何是諸法實相？善知識、惡知識要如何簡擇？如何才是清淨持戒？如何才能清淨說法？於此末法之世，眾生五濁益重，不知佛、不解法、不識僧，唯見表相，不信眞實，貪著五欲，諸方大師不淨說法，各各將導大量徒眾趣入三塗，如是師徒俱堪憐憫。是故，平實導師以大慈悲心，用淺白易懂之語句，佐以實例、譬喻而爲演說，普令聞者易解佛意，皆得契入佛法正道，如實了知佛法大藏。每逢週二 18.50~20.50 開示，不限制聽講資格。會外人士需憑身分證件換證入內聽講（此是大樓管理處之安全規定，敬請見諒）。桃園、新竹、台中、台南、高雄等地講堂，亦於每週二晚上播放平實導師講經之 DVD，不必出示身分證件即可入內聽講，歡迎各地善信同霑法益。

有某道場專弘淨土法門數十年，於教導信徒研讀《佛藏經》時，往往告誡信徒曰：「**後半部不許閱讀。**」由此緣故坐令信徒失去提升念佛層次之機緣，師徒只能低品位往生淨土，令人深覺愚癡無智。由有多人建議故，平實導師開始宣講《佛藏經》，藉以轉易如是邪見，並提升念佛人之知見與往生品位。此經中，對於實相念佛多所著墨，亦指出念佛要點：**以實相爲依，念佛者應依止淨戒、依止清淨僧寶，捨離違犯重戒之師僧，應受學清淨之法，遠離邪見。**本經是現代佛門大法師所厭惡之經典：**一者由於大法師們已全都落入意識境界而無法親證實相，故於此經中所說實相全無所知，都不樂有人聞此經名，以免讀後提出問疑時無法回答；二者現代大乘佛法地區，已經普被藏密喇嘛教滲透，許多有名之大法師們大多已曾或繼續在修練雙身法，都已失去聲聞戒體及菩薩戒體，成爲地獄種姓人，已非眞正出家之人，本質上只是身著僧衣而住在寺院中的世俗人。**這些人對於此經都是讀不懂的，也是極爲厭惡的；他們尙不樂見此經之印行，何況流通與講解？今爲救護廣大學佛人，兼欲護持佛教血脈永續常傳，特選此經宣講之，主講者平實導師。

3、**瑜伽師地論**詳解　詳解論中所言凡夫地至佛地等 17 師之修證境界與理論，從凡夫地、聲聞地……宣演到諸地所證一切種智之眞實正理。由平實導師開講，每逢一、三、五週之週末晚上開示，僅限已明心之會員參加。

4、**精進禪三**　主三和尚：平實導師。於四天三夜中，以克勤圓悟大師及大慧宗杲之禪風，施設機鋒與小參、公案密意之開示，幫助會員剋期取證，親證不生不滅之眞實心——人人本有之如來藏。每年四月、十月各舉辦二個梯次；平實導師主持。僅限本會會員參加禪淨班共修期滿，報名審核通過者，方可參加。並選擇會中定力、慧力、福德三條件皆已具足之已明心會員，給以指引，令得眼見自己無形無相之佛性遍佈山河大地，眞實而無障礙，得以肉眼現觀世界身心悉皆如幻，具足成就如幻觀，圓滿十住菩薩之證境。

5、**阿含經**詳解　選擇重要之阿含部經典，依無餘涅槃之實際而加以詳解，令大眾得以現觀諸法緣起性空，亦復不墮斷滅見中，顯示經中所隱說之涅槃實際—如來藏—確實已於四阿含中隱說；令大眾得以聞後觀行，確實斷除我見乃至我執，證得**見到**眞現觀，乃至**身證**……等眞現觀；已得大乘或二乘見道者，亦可由此聞熏及聞後之觀行，除斷我所之貪著，成就慧解脫果。由平實導師詳解。不限制聽講資格。

6、**大法鼓經**詳解　詳解末法時代大乘佛法修行之道。佛教正法消毒妙藥塗於大鼓而以擊之，凡有眾生聞之者，一切邪見鉅毒悉皆消殞；此經即是大法鼓之正義，凡聞之者，所有邪見之毒悉皆滅除，見道不難；亦能發起菩薩無量功德，是故諸大菩薩遠從諸方佛土來此娑婆聞修此經。由平實導師詳解。不限制聽講資格。

7、**解深密經**詳解　重講本經之目的，在於令諸已悟之人明解大乘法道之成佛次第，以及悟後進修一切種智之內涵，確實證知三種自性性，並得據此證解七眞如、十眞如等正理。每逢週二 18.50~20.50 開示，由平實導師詳解。將於《大法鼓經》講畢後開講。不限制聽講資格。

8、**成唯識論**詳解　詳解一切種智眞實正理，詳細剖析一切種智之微細深妙廣大正理；並加以舉例說明，使已悟之會員深入體驗所證如來藏之微密行相；及證驗見分相分與所生一切法，皆由如來藏—阿賴耶識—直接或展轉而生，因此證知一切法無我，證知無餘涅槃之本際。將於增上班《瑜伽師地論》講畢後，由平實導師重講。僅限已明心之會員參加。

9、**精選如來藏系經典**詳解　精選如來藏系經典一部，詳細解說，以此完全印證會員所悟如來藏之眞實，得入不退轉住。另行擇期詳細解說之，由平實導師講解。僅限已明心之會員參加。

10、**禪門差別智**　藉禪宗公案之微細淆訛難知難解之處，加以宣說及剖析，以增進明心、見性之功德，啓發差別智，建立擇法眼。每月第一週日全天，由平實導師開示，僅限破參明心後，復又眼見佛性者參加（事冗暫停）。

11、**枯木禪**　先講智者大師的《小止觀》，後說《釋禪波羅蜜》，詳解四禪八定之修證理論與實修方法，細述一般學人修定之邪見與岔路，及對禪定證境之誤會，消除枉用功夫、浪費生命之現象。已悟般若者，可以藉此而實修初禪，進入大乘通教及聲聞教的三果心解脫境界，配合應有的大福德及後得無分別智、十無盡願，即可進入初地心中。親教師：平實導師。未來緣熟時將於大溪正覺寺開講。不限制聽講資格。

註：本會例行年假，自 2004 年起，改爲每年農曆新年前七天開始停息弘法事務及共修課程，農曆正月 8 日回復所有共修及弘法事務。新春期間（每日 9.00~17.00）開放台北講堂，方便會員禮佛祈福及會外人士請書。大溪鎮的正覺祖師堂，開放參訪時間，詳見〈正覺電子報〉或成佛之道網站。本表得因時節因緣需要而隨時修改之，不另作通知。

佛教正覺同修會　贈閱書籍 目錄　2015/09/29

1.**無相念佛**　平實導師著　回郵 10 元
2.**念佛三昧修學次第**　平實導師述著　回郵 25 元
3.**正法眼藏—護法集**　平實導師述著　回郵 35 元
4.**真假開悟簡易辨正法&佛子之省思**　平實導師著　回郵 3.5 元
5.**生命實相之辨正**　平實導師著　回郵 10 元
6.**如何契入念佛法門**（附：印順法師否定極樂世界）平實導師著　回郵 3.5 元
7.**平實書箋**—答元覽居士書　平實導師著　回郵 35 元
8.**三乘唯識**—如來藏系經律彙編　平實導師編　回郵 80 元
（精裝本　長 27 cm　寬 21 cm　高 7.5 cm　重 2.8 公斤）
9.**三時繫念全集**—修正本　回郵掛號 40 元（長 26.5 cm×寬 19 cm）
10.**明心與初地**　平實導師述　回郵 3.5 元
11.**邪見與佛法**　平實導師述著　回郵 20 元
12.**菩薩正道**—回應義雲高、釋性圓…等外道之邪見　正燦居士著　回郵 20 元
13.**甘露法雨**　平實導師述　回郵 20 元
14.**我與無我**　平實導師述　回郵 20 元
15.**學佛之心態**—修正錯誤之學佛心態始能與正法相應　孫正德老師著　回郵35元
附錄：平實導師著**《略說八、九識並存…等之過失》**
16.**大乘無我觀**—《悟前與悟後》別說　平實導師述著　回郵 20 元
17.**佛教之危機**—中國台灣地區現代佛教之真相（附錄：公案拈提六則）
平實導師著　回郵 25 元
18.**燈　影**—燈下黑（覆「求教後學」來函等）　平實導師著　回郵 35 元
19.**護法與毀法**—覆上平居士與徐恒志居士網站毀法二文
張正圜老師著　回郵 35 元
20.**淨土聖道**—兼評選擇本願念佛　正德老師著　由正覺同修會購贈　回郵 25 元
21.**辨唯識性相**—對「紫蓮心海《辯唯識性相》書中否定阿賴耶識」之回應
正覺同修會 台南共修處法義組 著　回郵 25 元
22.**假如來藏**—對法蓮法師《如來藏與阿賴耶識》書中否定阿賴耶識之回應
正覺同修會 台南共修處法義組 著　回郵 35 元
23.**入不二門**—公案拈提集錦 第一輯（於平實導師公案拈提諸書中選錄約二十則，
合輯爲一冊流通之）平實導師著　回郵 20 元
24.**真假邪說**—西藏密宗索達吉喇嘛《破除邪說論》真是邪說
釋正安法師著　回郵 35 元
25.**真假開悟**—真如、如來藏、阿賴耶識間之關係　平實導師述著　回郵 35 元
26.**真假禪和**—辨正釋傳聖之謗法謬說　孫正德老師著　回郵 30 元

27.**眼見佛性**—駁慧廣法師眼見佛性的含義文中謬說

游正光老師著　回郵 25 元

28.**普門自在**—公案拈提集錦 第二輯（於平實導師公案拈提諸書中選錄約二十則，合輯爲一冊流通之）平實導師著　回郵 25 元

29.**印順法師的悲哀**—以現代禪的質疑為線索　恒毓博士著　回郵 25 元

30.**識蘊真義**—現觀識蘊內涵、取證初果、親斷三縛結之具體行門。

—依《成唯識論》及《惟識述記》正義，略顯安慧《大乘廣五蘊論》之邪謬

平實導師著　回郵 35 元

31.**正覺電子報** 各期紙版本　免附回郵　每次最多函索三期或三本。

（已無存書之較早各期，不另增印贈閱）

32.**現代人應有的宗教觀**　蔡正禮老師 著　回郵 3.5 元

33.**遠惑趣道**—正覺電子報般若信箱問答錄　第一輯　回郵 20 元

34.**遠惑趣道**—正覺電子報般若信箱問答錄　第二輯　回郵 20 元

35.**確保您的權益**—器官捐贈應注意自我保護　游正光老師 著　回郵 10 元

36.**正覺教團電視弘法三乘菩提 DVD 光碟（一）**

由正覺教團多位親教師共同講述錄製 DVD 8 片，MP3 一片，共 9 片。有二大講題：一爲「三乘菩提之意涵」，二爲「學佛的正知見」。內容精闢，深入淺出，精彩絕倫，幫助大眾快速建立三乘法道的正知見，免被外道邪見所誤導。有志修學三乘佛法之學人不可不看。（製作工本費 100 元，回郵 25 元）

37.**正覺教團電視弘法 DVD 專輯（二）**

總有二大講題：一爲「三乘菩提之念佛法門」，一爲「學佛正知見（第二篇）」，由正覺教團多位親教師輪番講述，內容詳細闡述如何修學念佛法門、實證念佛三昧，以及學佛應具有的正確知見，可以幫助發願往生西方極樂淨土之學人，得以把握往生，更可令學人快速建立三乘法道的正知見，免於被外道邪見所誤導。有志修學三乘佛法之學人不可不看。（一套 17 片，工本費 160 元。回郵 35 元）

38.**佛藏經** 燙金精裝本 每冊回郵 20 元。正修佛法之道場欲大量索取者，請正式發函並蓋用大印寄來索取（2008.04.30 起開始敬贈）

39.**喇嘛性世界**—揭開假藏傳佛教譚崔瑜伽的面紗　張善思 等人合著

由正覺同修會購贈　回郵 20 元

40.**假藏傳佛教的神話**—性、謊言、喇嘛教　張正玄教授編著　回郵 20 元

由正覺同修會購贈　回郵 20 元

41.**隨 緣**—理隨緣與事隨緣　平實導師述　回郵 20 元。

42.**學佛的覺醒**　正枝居士 著　回郵 25 元

43.**導師之真實義**　蔡正禮老師 著　回郵 10 元

44.**淺談達賴喇嘛之雙身法**—兼論解讀「密續」之達文西密碼

吳明芷居士 著　回郵 10 元

45.**魔界轉世**　張正玄居士 著　回郵 10 元

46.**一貫道與開悟**　蔡正禮老師 著　回郵 10 元

47.**博愛**—愛盡天下女人　正覺教育基金會 編印　回郵10元
48.**意識虛妄經教彙編**—實證解脫道的關鍵經文　正覺同修會編印　回郵25元
49.**邪箭囈語**—破斥藏密外道多識仁波切《破魔金剛箭雨論》之邪說
陸正元老師著　上、下冊回郵各30元
50.**真假沙門**—依 佛聖教闡釋佛教僧寶之定義
蔡正禮老師著　俟正覺電子報連載後結集出版
51.**真假禪宗**—藉評論釋性廣《印順導師對變質禪法之批判
及對禪宗之肯定》以顯示真假禪宗
附論一：凡夫知見 無助於佛法之信解行證
附論二：世間與出世間一切法皆從如來藏實際而生而顯
余正偉老師著　俟正覺電子報連載後結集出版　回郵未定
52.**假鋒虛焰金剛乘**—揭示顯密正理，兼破索達吉師徒《般若鋒兮金剛焰》。
釋正安 法師著　俟正覺電子報連載後結集出版

★ 上列贈書之郵資，係台灣本島地區郵資，大陸、港、澳地區及外國地區，請另計酌增（大陸、港、澳、國外地區之郵票不許通用）。尚未出版之書，請勿先寄來郵資，以免增加作業煩擾。

★ 本目錄若有變動，唯於後印之書籍及「成佛之道」網站上修正公佈之，不另行個別通知。

函索書籍請寄：佛教正覺同修會　103台北市承德路3段277號9樓
台灣地區函索書籍者請附寄郵票，無時間購買郵票者可以等值現金抵用，但不接受郵政劃撥、支票、匯票。大陸地區得以人民幣計算，國外地區請以美元計算（請勿寄來當地郵票，在台灣地區不能使用）。欲以掛號寄遞者，請另附掛號郵資。

親自索閱：正覺同修會各共修處。　★請於共修時間前往取書，餘時無人在道場，請勿前往索取；共修時間與地點，詳見書末正覺同修會共修現況表（以近期之共修現況表為準）。

註：正智出版社發售之局版書，請向各大書局購閱。若書局之書架上已經售出而無陳列者，請向書局櫃台指定洽購；若書局不便代購者，請於正覺同修會共修時間前往各共修處請購，正智出版社已派人於共修時間送書前往各共修處流通。 郵政劃撥購書及 大陸地區 購書，請詳別頁正智出版社發售書籍目錄最後頁之說明。

成佛之道 網站：http://www.a202.idv.tw　正覺同修會已出版之結緣書籍，多已登載於 成佛之道 網站，若住外國、或住處遙遠，不便取得正覺同修會贈閱書籍者，可以從本網站閱讀及下載。　書局版之《宗通與說通》亦已上網，台灣讀者可向書局洽購，售價300元。《狂密與眞密》第一輯~第四輯，亦於 2003.5.1.全部於本網站登載完畢；台灣地區讀者請向書局洽購，每輯約400頁，售價300元（網站下載紙張費用較貴，容易散失，難以保存，亦較不精美）。

＊＊假藏傳佛教修雙身法，非佛教＊＊

正智出版社 籌募弘法基金發售書籍目錄 2016/4/18

1.**宗門正眼**—公案拈提 第一輯 重拈 平實導師著 500元
因重寫內容大幅度增加故，字體必須改小，並增爲576頁 主文546頁。比初版更精彩、更有內容。初版《禪門摩尼寶聚》之讀者，可寄回本公司免費調換新版書。免附回郵，亦無截止期限。（2007年起，每冊附贈本公司精製公案拈提〈超意境〉CD一片。市售價格280元，多購多贈。）
2.**禪淨圓融** 平實導師著 200元（第一版舊書可換新版書。）
3.**真實如來藏** 平實導師著 400元
4.**禪—悟前與悟後** 平實導師著 上、下冊，每冊250元
5.**宗門法眼**—公案拈提 第二輯 平實導師著 500元
（2007年起，每冊附贈本公司精製公案拈提〈超意境〉CD一片）
6.**楞伽經詳解** 平實導師著 全套共10輯 每輯250元
7.**宗門道眼**—公案拈提 第三輯 平實導師著 500元
（2007年起，每冊附贈本公司精製公案拈提〈超意境〉CD一片）
8.**宗門血脈**—公案拈提 第四輯 平實導師著 500元
（2007年起，每冊附贈本公司精製公案拈提〈超意境〉CD一片）
9.**宗通與說通**—成佛之道 平實導師著 主文381頁 全書400頁售價300元
10.**宗門正道**—公案拈提 第五輯 平實導師著 500元
（2007年起，每冊附贈本公司精製公案拈提〈超意境〉CD一片）
11.**狂密與真密** 一～四輯 平實導師著 西藏密宗是人間最邪淫的宗教，本質不是佛教，只是披著佛教外衣的印度教性力派流毒的喇嘛教。此書中將西藏密宗密傳之男女雙身合修樂空雙運所有祕密與修法，毫無保留完全公開，並將全部喇嘛們所不知道的部分也一併公開。內容比大辣出版社喧騰一時的《西藏慾經》更詳細。並且函蓋藏密的所有祕密及其錯誤的中觀見、如來藏見……等，藏密的所有法義都在書中詳述、分析、辨正。每輯主文三百餘頁 每輯全書約400頁 售價每輯300元
12.**宗門正義**—公案拈提 第六輯 平實導師著 500元
（2007年起，每冊附贈本公司精製公案拈提〈超意境〉CD一片）
13.**心經密意**—心經與解脫道、佛菩提道、祖師公案之關係與密意 平實導師述 300元
14.**宗門密意**—公案拈提 第七輯 平實導師著 500元
（2007年起，每冊附贈本公司精製公案拈提〈超意境〉CD一片）
15.**淨土聖道**—兼評「選擇本願念佛」 正德老師著 200元
16.**起信論講記** 平實導師述著 共六輯 每輯三百餘頁 售價各250元
17.**優婆塞戒經講記** 平實導師述著 共八輯 每輯三百餘頁 售價各250元
18.**真假活佛**—略論附佛外道盧勝彥之邪說（對前岳靈犀網站主張「盧勝彥是證悟者」之修正） 正犀居士（岳靈犀）著 流通價140元
19.**阿含正義**—唯識學探源 平實導師著 共七輯 每輯300元

20.**超意境** CD 以平實導師公案拈提書中超越意境之頌詞，加上曲風優美的旋律，錄成令人嚮往的超意境歌曲，其中包括正覺發願文及平實導師親自譜成的黃梅調歌曲一首。詞曲雋永，殊堪翫味，可供學禪者吟詠，有助於見道。內附設計精美的彩色小冊，解說每一首詞的背景本事。每片 280 元。【每購買公案拈提書籍一冊，即贈送一片。】

21.**菩薩底憂鬱** CD 將菩薩情懷及禪宗公案寫成新詞，並製作成超越意境的優美歌曲。 1.主題曲〈菩薩底憂鬱〉，描述地後菩薩能離三界生死而迴向繼續生在人間，但因尚未斷盡習氣種子而有極深沈之憂鬱，非三賢位菩薩及二乘聖者所知，此憂鬱在七地滿心位方才斷盡；本曲之詞中所說義理極深，昔來所未曾見；此曲係以優美的情歌風格寫詞及作曲，聞者得以激發嚮往諸地菩薩境界之大心，詞、曲都非常優美，難得一見；其中勝妙義理之解說，已印在附贈之彩色小冊中。 2.以各輯公案拈提中直示禪門入處之頌文，作成各種不同曲風之超意境歌曲，值得玩味、參究；聆聽公案拈提之優美歌曲時，請同時閱讀內附之印刷精美說明小冊，可以領會超越三界的證悟境界；未悟者可以因此引發求悟之意向及疑情，眞發菩提心而邁向求悟之途，乃至因此眞實悟入般若，成眞菩薩。 3.正覺總持咒新曲，總持佛法大意；總持咒之義理，已加以解說並印在隨附之小冊中。本 CD 共有十首歌曲，長達 63 分鐘。每盒各附贈二張購書優惠券。每片 280 元。

22.**禪意無限** CD 平實導師以公案拈提書中偈頌寫成不同風格曲子，與他人所寫不同風格曲子共同錄製出版，幫助參禪人進入禪門超越意識之境界。盒中附贈彩色印製的精美解說小冊，以供聆聽時閱讀，令參禪人得以發起參禪之疑情，即有機會證悟本來面目而發起實相智慧，實證大乘菩提般若，能如實證知般若經中的眞實意。本 CD 共有十首歌曲，長達 69 分鐘，每盒各附贈二張購書優惠券。每片 280 元。

23.**我的菩提路**第一輯　釋悟圓、釋善藏等人合著　售價 300 元

24.**我的菩提路**第二輯　郭正益、張志成等人合著　售價 300 元

25.**鈍鳥與靈龜**—考證後代凡夫對大慧宗杲禪師的無根誹謗。

平實導師著 共 458 頁 售價 350 元

26.**維摩詰經講記** 平實導師述 共六輯 每輯三百餘頁 售價各 250 元

27.**真假外道**—破劉東亮、杜大威、釋證嚴常見外道見　正光老師著　200 元

28.**勝鬘經講記**—兼論印順《勝鬘經講記》對於《勝鬘經》之誤解。

平實導師述　共六輯　每輯三百餘頁　售價 250 元

29.**楞嚴經講記** 平實導師述 共 **15** 輯，每輯三百餘頁 售價 300 元

30.**明心與眼見佛性**—駁慧廣〈蕭氏「眼見佛性」與「明心」之非〉文中謬說

正光老師著　共 448 頁　售價 300 元

31.**見性與看話頭** 黃正倖老師 著，本書是禪宗參禪的方法論。

內文 375 頁，全書 416 頁，售價 300 元。

32.**達賴真面目**—玩盡天下女人 白正偉老師 等著 中英對照彩色精裝大本 800 元

33.**喇嘛性世界**—揭開假藏傳佛教譚崔瑜伽的面紗　張善思 等人著　200元
34.**假藏傳佛教的神話**—性、謊言、喇嘛教　正玄教授編著　200元
35.**金剛經宗通**　平實導師述　共九輯　每輯售價250元。
36.**空行母**—性別、身分定位，以及藏傳佛教。
珍妮·坎貝爾著 呂艾倫 中譯 售價250元
37.**末代達賴**—性交教主的悲歌　張善思、呂艾倫、辛燕編著 售價250元
38.**霧峰無霧**—給哥哥的信　辨正釋印順對佛法的無量誤解
游宗明 老師著　售價250元
39.**第七意識與第八意識？**—穿越時空「超意識」
平實導師述　每冊300元
40.**黯淡的達賴**—失去光彩的諾貝爾和平獎
正覺教育基金會編著　每冊250元
41.**童女迦葉考**—論呂凱文〈佛教輪迴思想的論述分析〉之謬。
平實導師 著　定價180元
42.**人間佛教**—實證者必定不悖三乘菩提
平實導師 述，定價400元
43.**實相經宗通**　平實導師述　共八輯　每輯250元
44.**真心告訴您(一)**—達賴喇嘛在幹什麼？
正覺教育基金會編著　售價250元
45.**中觀金鑑**—詳述應成派中觀的起源與其破法本質
孫正德老師著　分爲上、中、下三冊，每冊250元
46.**佛法入門**—迅速進入三乘佛法大門，消除久學佛法漫無方向之窘境。
○○居士著　將於正覺電子報連載後出版。售價250元
47.**藏傳佛教要義**—《狂密與真密》之簡體字版　平實導師 著 上、下冊
僅在大陸流通　每冊300元
48.**法華經講義**　平實導師述　共二十五輯　每輯300元
已於2015/05/31起開始出版，每二個月出版一輯
49.**西藏「活佛轉世」制度**—附佛、造神、世俗法
許正豐、張正玄老師合著　定價150元
50.**廣論三部曲**　郭正益老師著　定價150元
51.**真心告訴您(二)**—達賴喇嘛是佛教僧侶嗎？
—補祝達賴喇嘛八十大壽
正覺教育基金會編著　售價300元
52.**廣論之平議**—宗喀巴《菩提道次第廣論》之平議　正雄居士著
約二或三輯　俟正覺電子報連載後結集出版　書價未定
53.**末法導護**—對印順法師中心思想之綜合判攝　正慶老師著　書價未定
54.**菩薩學處**—菩薩四攝六度之要義　陸正元老師著　出版日期未定。
55.**八識規矩頌**詳解　○○居士 註解　出版日期另訂　書價未定。
56.**印度佛教史**—法義與考證。依法義史實評論印順《印度佛教思想史、佛教史地考論》之謬說　正偉老師著　出版日期未定　書價未定

57.**中國佛教史**—依中國佛教正法史實而論。 ○○老師 著 書價未定。
58.**中論正義**—釋龍樹菩薩《中論》頌正理。
孫正德老師著 出版日期未定 書價未定
59.**中觀正義**—註解平實導師《中論正義頌》。
○○法師（居士）著 出版日期未定 書價未定
60.**佛藏經講記** 平實導師述 出版日期未定 書價未定
61.**阿含經講記**—將選錄四阿含中數部重要經典全經講解之，講後整理出版。
平實導師述 約二輯 每輯 300 元 出版日期未定
62.**寶積經講記** 平實導師述 每輯三百餘頁 優惠價 300 元 出版日期未定
63.**解深密經講記** 平實導師述 約四輯 將於重講後整理出版
64.**成唯識論略解** 平實導師著 五～六輯 每輯300 元 出版日期未定
65.**修習止觀坐禪法要講記** 平實導師述 每輯三百餘頁
將於正覺寺建成後重講、以講記逐輯出版 出版日期未定
66.**無門關**—《無門關》公案拈提 平實導師著 出版日期未定
67.**中觀再論**—兼述印順《中觀今論》謬誤之平議。正光老師著 出版日期未定
68.**輪迴與超度**—佛教超度法會之真義。
○○法師（居士）著 出版日期未定 書價未定
69.**《釋摩訶衍論》平議**—對偽稱龍樹所造《釋摩訶衍論》之平議
○○法師（居士）著 出版日期未定 書價未定
70.**正覺發願文**註解—以真實大願為因 得證菩提
正德老師著 出版日期未定 書價未定
71.**正覺總持咒**—佛法之總持 正圜老師著 出版日期未定 書價未定
72.**涅槃**—論四種涅槃 平實導師著 出版日期未定 書價未定
73.**三自性**—依四食、五蘊、十二因緣、十八界法，說三性三無性。
作者未定 出版日期未定
74.**道品**—從三自性說大小乘三十七道品 作者未定 出版日期未定
75.**大乘緣起觀**—依四聖諦七真如現觀十二緣起 作者未定 出版日期未定
76.**三德**—論解脫德、法身德、般若德。 作者未定 出版日期未定
77.**真假如來藏**—對印順《如來藏之研究》謬說之平議 作者未定 出版日期未定
78.**大乘道次第** 作者未定 出版日期未定 書價未定
79.**四緣**—依如來藏故有四緣。 作者未定 出版日期未定
80.**空之探究**—印順《空之探究》謬誤之平議 作者未定 出版日期未定
81.**十法義**—論阿含經中十法之正義 作者未定 出版日期未定
82.**外道見**—論述外道六十二見 作者未定 出版日期未定

正智出版社有限公司書籍介紹

禪淨圓融：言淨土諸祖所未曾言，示諸宗祖師所未曾示；禪淨圓融，另闢成佛捷徑，兼顧自力他力，闡釋淨土門之速行易行道，亦同時揭櫫聖教門之速行易行道；令廣大淨土行者得免緩行難證之苦，亦令聖道門行者得以藉著淨土速行道而加快成佛之時劫。乃前無古人之超勝見地，非一般弘揚禪淨法門典籍也，先讀爲快。平實導師著 200元。

宗門正眼—**公案拈提**第一輯：繼承克勤圜悟大師碧巖錄宗旨之禪門鉅作。先則舉示當代大法師之邪說，消弭當代禪門大師鄉愿之心態，摧破當今禪門「世俗禪」之妄談；次則旁通教法，表顯宗門正理；繼以道之次第，消弭古今狂禪；後藉言語及文字機鋒，直示宗門入處。悲智雙運，禪味十足，數百年來難得一睹之禪門鉅著也。平實導師著 500元（原初版書《禪門摩尼寶聚》，改版後補充爲五百餘頁新書，總計多達二十四萬字，內容更精彩，並改名爲《宗門正眼》，讀者原購初版《禪門摩尼寶聚》皆可寄回本公司免費換新，免附回郵，亦無截止期限）（2007年起，凡購買公案拈提第一輯至第七輯，每購一輯皆贈送本公司精製公案拈提〈超意境〉CD一片，市售價格280元，多購多贈）。

禪—悟前與悟後：本書能建立學人悟道之信心與正確知見，圓滿具足而有次第地詳述禪悟之功夫與禪悟之內容，指陳參禪中細微淆訛之處，能使學人明自眞心、見自本性。若未能悟入，亦能以正確知見辨別古今中外一切大師究係眞悟？或屬錯悟？便有能力揀擇，捨名師而選明師，後時必有悟道之緣。一旦悟道，遲者七次人天往返，便出三界，速者一生取辦。學人欲求開悟者，不可不讀。　平實導師著。上、下冊共500元，單冊250元。

真實如來藏：如來藏眞實存在，乃宇宙萬有之本體，並非印順法師、達賴喇嘛等人所說之「唯有名相、無此心體」。如來藏是涅槃之本際，是一切有智之人竭盡心智、不斷探索而不能得之生命實相；是古今中外許多大師自以爲悟而當面錯過之生命實相。如來藏即是阿賴耶識，乃是一切有情本自具足、不生不滅之眞實心。當代中外大師於此書出版之前所未能言者，作者於本書中盡情流露、詳細闡釋。眞悟者讀之，必能增益悟境、智慧增上；錯悟者讀之，必能檢討自己之錯誤，免犯大妄語業；未悟者讀之，能知參禪之理路，亦能以之檢查一切名師是否眞悟。此書是一切哲學家、宗教家、學佛者及欲昇華心智之人必讀之鉅著。　平實導師著　售價400元。

宗門法眼—**公案拈提**第二輯：列舉實例，闡釋土城廣欽老和尚之悟處；並直示這位不識字的老和尚妙智橫生之根由，繼而剖析禪宗歷代大德之開悟公案，解析當代密宗高僧卡盧仁波切之錯悟證據，並例舉當代顯宗高僧、大居士之錯悟證據（凡健在者，爲免影響其名聞利養，皆隱其名）。藉辨正當代名師之邪見，向廣大佛子指陳禪悟之正道，彰顯宗門法眼。悲勇兼出，強捋虎鬚；慈智雙運，巧探驪龍；摩尼寶珠在手，直示宗門入處，禪味十足；若非大悟徹底，不能爲之。禪門精奇人物，允宜人手一冊，供作參究及悟後印證之圭臬。本書於2008年4月改版，增寫為大約500頁篇幅，以利學人研讀參究時更易悟入宗門正法，以前所購初版首刷及初版二刷舊書，皆可免費換取新書。平實導師著 500元（2007年起，凡購買公案拈提第一輯至第七輯，每購一輯皆贈送本公司精製公案拈提〈超意境〉CD一片，市售價格280元，多購多贈）。

宗門道眼—**公案拈提**第三輯：繼宗門法眼之後，再以金剛之作略、慈悲之胸懷、犀利之筆觸，舉示寒山、拾得、布袋三大士之悟處，消弭當代錯悟者對於寒山大士……等之誤會及誹謗。亦舉出民初以來與虛雲和尚齊名之蜀郡鹽亭袁煥仙夫子——南懷瑾老師之師，其「悟處」何在？並蒐羅許多眞悟祖師之證悟公案，顯示禪宗歷代祖師之睿智，指陳部分祖師、奧修及當代顯密大師之謬悟，作爲殷鑑，幫助禪子建立及修正參禪之方向及知見。假使讀者閱此書已，一時尚未能悟，亦可一面加功用行，一面以此宗門道眼辨別眞假善知識，避開錯誤之印證及歧路，可免大妄語業之長劫慘痛果報。欲修禪宗之禪者，務請細讀。平實導師著 售價500元（2007年起，凡購買公案拈提第一輯至第七輯，每購一輯皆贈送本公司精製公案拈提〈超意境〉CD一片，市售價格280元，多購多贈）。

楞伽經詳解：本經是禪宗見道者印證所悟眞僞之根本經典，亦是禪宗見道者悟後起修之依據經典；故達摩祖師於印證二祖慧可大師之後，將此經典連同佛缽祖衣一併交付二祖，令其依此經典佛示金言、進入修道位，修學一切種智。由此可知此經對於眞悟之人修學佛道，是非常重要之一部經典。此經能破外道邪說，亦破佛門中錯悟名師之謬說，亦破禪宗部分祖師之狂禪：不讀經典、一向主張「一悟即成究竟佛」之謬執。並開示愚夫所行禪、觀察義禪、攀緣如禪、如來禪等差別，令行者對於三乘禪法差異有所分辨；亦糾正禪宗祖師古來對於如來禪之誤解，嗣後可免以訛傳訛之弊。此經亦是法相唯識宗之根本經典，禪者悟後欲修一切種智而入初地者，必須詳讀。　平實導師著，全套共十輯，已全部出版完畢，每輯主文約320頁，每冊約352頁，定價250元。

宗門血脈—**公案拈提**第**四**輯：末法怪象—許多修行人自以爲悟，每將無念靈知認作眞實；崇尚二乘法諸師及其徒眾，則將**外於如來藏之緣起性空**—無因論之無常空、斷滅空、一切法空—錯認爲 佛所說之般若空性。這兩種現象已於當今海峽兩岸及美加地區顯密大師之中普遍存在；人人自以爲悟，心高氣壯，便敢寫書解釋祖師證悟之公案，大多出於意識思惟所得，言不及義，錯誤百出，因此誤導廣大佛子同陷大妄語之地獄業中而不能自知。彼等書中所說之悟處，其實處處違背第一義經典之聖言量。彼等諸人不論是否身披袈裟，都非佛法宗門血脈，或雖有禪宗法脈之傳承，亦只徒具形式；猶如螟蛉，非眞血脈，未悟得根本眞實故。禪子欲知佛、祖之眞血脈者，請讀此書，便知分曉。平實導師著，主文452頁，全書464頁，定價500元（2007年起，凡購買公案拈提第一輯至第七輯，每購一輯皆贈送本公司精製公案拈提〈超意境〉CD一片，市售價格280元，多購多贈）。

宗通與說通：古今中外，錯誤之人如麻似粟，每以常見外道所說之靈知心，認作眞心；或妄想虛空之勝性能量爲眞如，或錯認物質四大元素藉冥性（靈知心本體）能成就吾人色身及知覺，或認初禪至四禪中之了知心爲不生不滅之涅槃心。此等皆非通宗者之見地。復有錯悟之人一向主張「宗門與教門不相干」，此即尚未通達宗門之人也。其實宗門與教門互通不二，宗門所證者乃是眞如與佛性，教門所說者乃說宗門證悟之眞如佛性，故教門與宗門不二。本書作者以宗教二門互通之見地，細說「宗通與說通」，從初見道至悟後起修之道、細說分明；並將諸宗諸派在整體佛教中之地位與次第，加以明確之教判，學人讀之即可了知佛法之梗概也。欲擇明師學法之前，允宜先讀。平實導師著，主文共381頁，全書392頁，只售成本價300元。

宗門正道—**公案拈提**第五輯：修學大乘佛法有二果須證解脫果及大菩提果。二乘人不證大菩提果，唯證解脫果；此果之智慧，名爲聲聞菩提、緣覺菩提。大乘佛子所證二果之菩提果爲佛菩提，故名大菩提果，其慧名爲一切種智函蓋二乘解脫果。然此大乘二果修證，須經由禪宗之宗門證悟方能相應。而宗門證悟極難，自古已然；其所以難者，咎在古今佛教界普遍存在三種邪見：1.以修定認作佛法，2.以無因論之緣起性空—否定涅槃本際如來藏以後之一切法空作爲佛法，3.以常見外道邪見（離語言妄念之靈知性）作爲佛法。如是邪見，或因自身正見未立所致，或因邪師之邪教導所致，或因無始劫來虛妄熏習所致。若不破除此三種邪見，永劫不悟宗門眞義、不入大乘正道，唯能外門廣修菩薩行。平實導師於此書中，有極爲詳細之說明，有志佛子欲摧邪見、入於內門修菩薩行者，當閱此書。主文共496頁，全書512頁。售價500元（2007年起，凡購買公案拈提第一輯至第七輯，每購一輯皆贈送本公司精製公案拈提〈超意境〉CD一片，市售價格280元，多購多贈）。

狂密與眞密：密教之修學，皆由有相之觀行法門而入，其最終目標仍不離顯教經典所說第一義諦之修證；若離顯教第一義經典、或違背顯教第一義經典，即非佛教。西藏密教之觀行法，如灌頂、觀想、遷識法、寶瓶氣、大聖歡喜雙身修法、喜金剛、無上瑜伽、大樂光明、樂空雙運等，皆是印度教**兩性生生不息思想之轉化**，**自始至終皆以如何能運用交合淫樂之法達到全身受樂爲其中心思想**，純屬欲界五欲的貪愛，不能令人超出欲界輪迴，更不能令人斷除我見；何況大乘之明心與見性，更無論矣！故密宗之法絕非佛法也。而其明光大手印、大圓滿法教，又皆同以常見外道所說**離語言妄念之無念靈知心**錯認爲佛地之眞如，不能直指不生不滅之眞如。西藏密宗所有法王與徒眾，都尚未開頂門眼，不能辨別眞僞，以**依人不依法、依密續不依經典**故，不肯將其上師喇嘛所說對照第一義經典，純依密續之藏密祖師所說爲準，因此而誇大其證德與證量，動輒謂彼祖師上師爲究竟佛、爲地上菩薩；如今台海兩岸亦有自謂其師證量高於 釋迦文佛者，然觀其師所述，猶未見道，仍在觀行即佛階段，尚未到禪宗相似即佛、分證即佛階位，竟敢標榜爲究竟佛及地上法王，誑惑初機學人。凡此怪象皆是狂密，不同於眞密之修行者。近年狂密盛行，密宗行者被誤導者極眾，動輒自謂已證佛地眞如，自視爲究竟佛，陷於大妄語業中而不知自省，反謗顯宗眞修實證者之證量粗淺；或如義雲高與釋性圓…等人，於報紙上公然誹謗眞實證道者爲「騙子、無道人、人妖、癩蛤蟆…」等，造下誹謗大乘勝義僧之大惡業；或以外道法中有爲有作之甘露、魔術……等法，誑騙初機學人，狂言彼外道法爲眞佛法。如是怪象，在西藏密宗及附藏密之外道中，不一而足，舉之不盡，學人宜應慎思明辨，以免上當後又犯毀破菩薩戒之重罪。密宗學人若欲遠離邪知邪見者，請閱此書，即能了知密宗之邪謬，從此遠離邪見與邪修，轉入眞正之佛道。

平實導師著 共四輯 每輯約400頁（主文約340頁）每輯售價300元。

宗門正義—公案拈提第六輯：佛教有六大危機，乃是藏密化、世俗化、膚淺化、學術化、宗門密意失傳、悟後進修諸地之次第混淆；其中尤以宗門密意之失傳，爲當代佛教最大之危機。由宗門密意失傳故，易令世尊本懷普被錯解，易令世尊正法被轉易爲外道法，以及加以淺化、世俗化，是故宗門密意之廣泛弘傳與具緣佛弟子，極爲重要。然而欲令宗門密意之廣泛弘傳予具緣之佛弟子者，必須同時配合錯誤知見之解析、普令佛弟子知之，然後輔以公案解析之直示入處，方能令具緣之佛弟子悟入。而此二者，皆須以公案拈提之方式爲之，方易成其功、竟其業，是故平實導師續作宗門正義一書，以利學人。全書500餘頁，售價500元（2007年起，凡購買公案拈提第一輯至第七輯，每購一輯皆贈送本公司精製公案拈提〈超意境〉CD一片，市售價格280元，多購多贈）。

心經密意—心經與解脫道、佛菩提道、祖師公案之關係與密意。二乘菩提所證之解脫道，實依第八識心之斷除煩惱障現行而立解脫之名；大乘菩提所證之佛菩提道，實依親證第八識如來藏之涅槃性、清淨自性、及其中道性而立般若之名；禪宗祖師公案所證之眞心，即是此第八識如來藏；是故三乘佛法所修所證之三乘菩提，皆依此如來藏心而立名也。此第八識心，即是《心經》所說之心也。證得此如來藏已，即能漸入大乘佛菩提道，亦可因證知此心而了知二乘無學所不能知之無餘涅槃本際，是故《心經》之密意，與三乘佛菩提之關係極爲密切、不可分割，三乘佛法皆依此心而立名故。今者平實導師以其所證解脫道之無生智及佛菩提之般若種智，將《心經》與解脫道、佛菩提道、祖師公案之關係與密意，以演講之方式，用淺顯之語句和盤托出，發前人所未言，呈三乘菩提之眞義，令人藉此《心經密意》一舉而窺三乘菩提之堂奧，迥異諸方言不及義之說；欲求眞實佛智者、不可不讀！主文317頁，連同跋文及序文…等共384頁，售價300元。

宗門密意—公案拈提第七輯：佛教之世俗化，將導致學人以信仰作爲學佛，則將以感應及世間法之庇祐，作爲學佛之主要目標，不能了知學佛之主要目標爲親證三乘菩提。大乘菩提則以般若實相智慧爲主要修習目標，以二乘菩提解脫道爲附帶修習之標的；是故學習大乘法者，應以禪宗之證悟爲要務，能親入大乘菩提之實相般若智慧中故，般若實相智慧非二乘聖人所能知故。此書則以台灣世俗化佛教之三大法師，說法似是而非之實例，配合眞悟祖師之公案解析，提示證悟般若之關節，令學人易得悟入。平實導師著，全書五百餘頁，售價500元（2007年起，凡購買公案拈提第一輯至第七輯，每購一輯皆贈送本公司精製公案拈提〈超意境〉CD一片，市售價格280元，多購多贈）。

淨土聖道—兼評日本本願念佛：佛法甚深極廣，般若玄微，非諸二乘聖僧所能知之，一切凡夫更無論矣！所謂一切證量皆歸淨土是也！是故大乘法中「聖道之淨土、淨土之聖道」，其義甚深，難可了知；乃至眞悟之人，初心亦難知也。今有正德老師眞實證悟後，復能深探淨土與聖道之緊密關係，憐憫眾生之誤會淨土實義，亦欲利益廣大淨土行人同入聖道，同獲淨土中之聖道門要義，乃振奮心神、書以成文，今得刊行天下。主文279頁，連同序文等共301頁，總有十一萬六千餘字，正德老師著，成本價200元。

起信論講記：詳解大乘起信論**心生滅門**與**心眞如門**之眞實意旨，消除以往大師與學人對起信論所說**心生滅門**之誤解，由是而得了知眞心如來藏之非常非斷中道正理；亦因此一講解，令此論以往隱晦而被誤解之眞實義，得以如實顯示，令大乘佛菩提道之正理得以顯揚光大；初機學者亦可藉此正論所顯示之法義，對大乘法理生起正信，從此得以眞發菩提心，眞入大乘法中修學，世世常修菩薩正行。平實導師演述，共六輯，都已出版，每輯三百餘頁，售價250元。

優婆塞戒經講記：本經詳述在家菩薩修學大乘佛法，應如何受持菩薩戒？對人間善行應如何看待？對三寶應如何護持？應如何正確地修集此世後世證法之福德？應如何修集後世「行菩薩道之資糧」？並詳述第一義諦之正義：五蘊非我非異我、自作自受、異作異受、不作不受……等深妙法義，乃是修學大乘佛法、行菩薩行之在家菩薩所應當了知者。出家菩薩今世或未來世登地已，捨報之後多數將如華嚴經中諸大菩薩，以在家菩薩身而修行菩薩行，故亦應以此經所述正理而修之，配合《楞伽經、解深密經、楞嚴經、華嚴經》等道次第正理，方得漸次成就佛道；故此經是一切大乘行者皆應證知之正法。平實導師講述，每輯三百餘頁，售價各250元；共八輯，已全部出版。

真假活佛——略論附佛外道盧勝彥之邪說：人人身中都有眞活佛，永生不滅而有大神用，但眾生都不了知，所以常被身外的西藏密宗假活佛籠罩欺瞞。本來就眞實存在的眞活佛，才是眞正的密宗無上密！諾那活佛因此而說禪宗是大密宗，但藏密的所有活佛都不知道、也不曾實證自身中的眞活佛。本書詳實宣示眞活佛的道理，舉證盧勝彥的「佛法」不是眞佛法，也顯示盧勝彥是假活佛，直接的闡釋第一義佛法見道的眞實正理。眞佛宗的所有上師與學人們，都應該詳細閱讀，包括盧勝彥個人在內。正犀居士著，優惠價140元。

阿含正義——唯識學探源：廣說四大部《阿含經》諸經中隱說之眞正義理，一一舉示佛陀本懷，令阿含時期初轉法輪根本經典之眞義，如實顯現於佛子眼前。並提示末法大師對於阿含眞義誤解之實例，一一比對之，證實唯識增上慧學確於原始佛法之阿含諸經中已隱覆密意而略說之，證實 世尊確於原始佛法中已曾密意而說第八識如來藏之總相；亦證實 世尊在四阿含中已說此藏識是名色十八界之因、之本—證明如來藏是能生萬法之根本心。佛子可據此修正以往受諸大師（譬如西藏密宗應成派中觀師：印順、昭慧、性廣、大願、達賴、宗喀巴、寂天、月稱、……等人）誤導之邪見，建立正見，轉入正道乃至親證初果而無困難；書中並詳說三果所證的**心解脫**，以及四果**慧解脫**的親證，都是如實可行的具體知見與行門。全書共七輯，已出版完畢。平實導師著，每輯三百餘頁，售價300元。

超意境CD：以平實導師公案拈提書中超越意境之頌詞，加上曲風優美的旋律，錄成令人嚮往的超意境歌曲，其中包括正覺發願文及平實導師親自譜成的黃梅調歌曲一首。詞曲雋永，殊堪翫味，可供學禪者吟詠，有助於見道。內附設計精美的彩色小冊，解說每一首詞的背景本事。每片280元。【每購買公案拈提書籍一冊，即贈送一片。】

鈍鳥與靈龜：鈍鳥及靈龜二物，被宗門證悟者說爲二種人：前者是精修禪定而無智慧者，也是以定爲禪的愚癡禪人；後者是或有禪定、或無禪定的宗門證悟者，凡已證悟者皆是靈龜。但後來被人虛造事實，用以嘲笑大慧宗杲禪師，說他雖是靈龜，卻不免被天童禪師預記「患背」痛苦而亡：「**鈍鳥離巢易，靈龜脫殼難。**」藉以貶低大慧宗杲的證量。同時將天童禪師實證如來藏的證量，曲解爲意識境界的離念靈知。自從大慧禪師入滅以後，錯悟凡夫對他的不實毀謗就一直存在著，不曾止息，並且捏造的假事實也隨著年月的增加而越來越多，終至編成「鈍鳥與靈龜」的假公案、假故事。本書是考證大慧與天童之間的不朽情誼，顯現這件假公案的虛妄不實；更見大慧宗杲面對惡勢力時的正直不阿，亦顯示大慧對天童禪師的至情深義，將使後人對大慧宗杲的誣謗至此而止，不再有人誤犯毀謗賢聖的惡業。書中亦舉證宗門的所悟確以第八識如來藏爲標的，詳讀之後必可改正以前被錯悟大師誤導的參禪知見，日後必定有助於實證禪宗的開悟境界，得階大乘眞見道位中，即是實證般若之賢聖。全書459頁，售價350元。

我的菩提路第一輯：凡夫及二乘聖人不能實證的佛菩提證悟，末法時代的今天仍然有人能得實證，由正覺同修會釋悟圓、釋善藏法師等二十餘位實證如來藏者所寫的見道報告，已爲當代學人見證宗門正法之絲縷不絕，證明大乘義學的法脈仍然存在，爲末法時代求悟般若之學人照耀出光明的坦途。由二十餘位大乘見道者所繕，敘述各種不同的學法、見道因緣與過程，參禪求悟者必讀。全書三百餘頁，售價300元。

我的菩提路第二輯：由郭正益老師等人合著，書中詳述彼等諸人歷經各處道場學法，一一修學而加以檢擇之不同過程以後，因閱讀正覺同修會、正智出版社書籍而發起抉擇分，轉入正覺同修會中修學；乃至學法及見道之過程，都一一詳述之。其中張志成等人係由前現代禪轉進正覺同修會，張志成原爲現代禪副宗長，以前未閱本會書籍時，曾被人藉其名義著文評論 平實導師（詳見《宗通與說通》辨正及《眼見佛性》書末附錄…等）；後因偶然接觸正覺同修會書籍，深覺以前聽人評論平實導師之語不實，於是投入極多時間閱讀本會書籍、深入思辨，詳細探索中觀與唯識之關聯與異同，認爲正覺之法義方是正法，深覺相應；亦解開多年來對佛法的迷雲，確定應依八識論正理修學方是正法。乃不顧面子，毅然前往正覺同修會面見平實導師懺悔，並正式學法求悟。今已與其同修王美伶（亦爲前現代禪傳法老師），同樣證悟如來藏而證得法界實相，生起實相般若眞智。此書中尚有七年來本會第一位眼見佛性者之見性報告一篇，一同供養大乘佛弟子。全書共四百頁，售價300元。

維摩詰經講記：本經係 世尊在世時，由等覺菩薩維摩詰居士藉疾病而演說之大乘菩提無上妙義，所說函蓋甚廣，然極簡略，是故今時諸方大師與學人讀之悉皆錯解，何況能知其中隱含之深妙正義，是故普遍無法爲人解說；若強爲人說，則成依文解義而有諸多過失。今由平實導師公開宣講之後，詳實解釋其中密意，令維摩詰菩薩所說大乘不可思議解脫之深妙正法得以正確宣流於人間，利益當代學人及與諸方大師。書中詳實演述大乘佛法深妙不共二乘之智慧境界，顯示諸法之中絕待之實相境界，建立大乘菩薩妙道於永遠不敗不壞之地，以此成就護法偉功，欲冀永利娑婆人天。已經宣講圓滿整理成書流通，以利諸方大師及諸學人。全書共六輯，每輯三百餘頁，售價各250元。

真假外道：本書具體舉證佛門中的常見外道知見實例，並加以教證及理證上的辨正，幫助讀者輕鬆而快速的了知常見外道的錯誤知見，進而遠離佛門內外的常見外道知見，因此即能改正修學方向而快速實證佛法。 游正光老師著。成本價200元。

勝鬘經講記：如來藏為三乘菩提之所依，若離如來藏心體及其含藏之一切種子，即無三界有情及一切世間法，亦無二乘菩提緣起性空之出世間法；本經詳說無始無明、一念無明皆依如來藏而有之正理，藉著詳解煩惱障與所知障間之關係，令學人深入了知二乘菩提與佛菩提相異之妙理；聞後即可了知佛菩提之特勝處及三乘修道之方向與原理，邁向攝受正法而速成佛道的境界中。平實導師講述，共六輯，每輯三百餘頁，售價各250元。

楞嚴經講記：楞嚴經係密教部之重要經典，亦是顯教中普受重視之經典；經中宣說明心與見性之內涵極為詳細，將一切法都會歸如來藏及佛性—妙眞如性；亦闡釋佛菩提道修學過程中之種種魔境，以及外道誤會涅槃之狀況，旁及三界世間之起源。然因言句深澀難解，法義亦復深妙寬廣，學人讀之普難通達，是故讀者大多誤會，不能如實理解佛所說之明心與見性內涵，亦因是故多有悟錯之人引為開悟之證言，成就大妄語罪。今由平實導師詳細講解之後，整理成文，以易讀易懂之語體文刊行天下，以利學人。全書十五輯，全部出版完畢。每輯三百餘頁，售價每輯300元。

明心與眼見佛性：本書細述明心與眼見佛性之異同，同時顯示了中國禪宗破初參明心與重關眼見佛性二關之間的關聯；書中又藉法義辨正而旁述其他許多勝妙法義，讀後必能遠離佛門長久以來積非成是的錯誤知見，令讀者在佛法的實證上有極大助益。也藉慧廣法師的謬論來教導佛門學人回歸正知正見，遠離古今禪門錯悟者所墮的意識境界，非唯有助於斷我見，也對未來的開悟明心實證第八識如來藏有所助益，是故學禪者都應細讀之。游正光老師著　共448頁　售價300元。

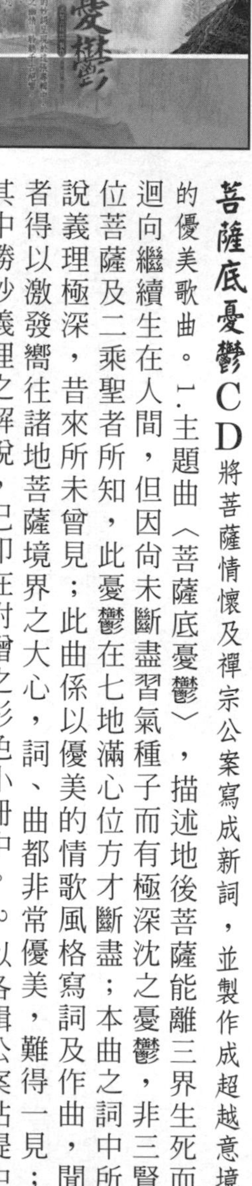

菩薩底憂鬱CD將菩薩情懷及禪宗公案寫成新詞，並製作成超越意境的優美歌曲。1.主題曲〈菩薩底憂鬱〉，描述地後菩薩能離三界生死而迴向繼續生在人間，但因尚未斷盡習氣種子而有極深沈之憂鬱，非三賢位菩薩及二乘聖者所知，此憂鬱在七地滿心位方才斷盡；本曲之詞中所說義理極深，昔來所未曾見；此曲係以優美的情歌風格寫詞及作曲，聞者得以激發嚮往諸地菩薩境界之大心，詞、曲都非常優美，難得一見；其中勝妙義理之解說，已印在附贈之彩色小冊中。2.以各輯公案拈提中直示禪門入處之頌文，作成各種不同曲風之超意境歌曲，值得玩味、參究；聆聽公案拈提之優美歌曲時，請同時閱讀內附之印刷精美說明小冊，可以領會超越三界的證悟境界；未悟者可以因此引發求悟之意向及疑情，眞發菩提心而邁向求悟之途，乃至因此眞實悟入般若，成眞菩薩。3.正覺總持咒新曲，總持佛法大意；總持咒之義理，已加以解說並印在隨附之小冊中。本CD共有十首歌曲，長達63分鐘，附贈二張購書優惠券。每片280元。

禪意無限CD平實導師以公案拈提書中偈頌寫成不同風格曲子，與他人所寫不同風格曲子共同錄製出版，幫助參禪人進入禪門超越意識之境界。盒中附贈彩色印製的精美解說小冊，以供聆聽時閱讀，令參禪人得以發起參禪之疑情，即有機會證悟本來面目，實證大乘菩提般若。本CD共有十首歌曲，長達69分鐘，每盒各附贈二張購書優惠券。每片280元。

金剛經宗通：三界唯心，萬法唯識，是成佛之修證內容，是諸地菩薩之所修；般若則是成佛之道（實證三界唯心、萬法唯識）的入門，若未證悟實相般若，即無成佛之可能，必將永在外門廣行菩薩六度，永在凡夫位中。然而實相般若的發起，全賴實證萬法的實相；若欲證知萬法的眞相，則必須探究萬法之所從來，則須實證自心如來—金剛心如來藏，然後現觀這個金剛心的金剛性、眞實性、如如性、清淨性、涅槃性、能生萬法的自性性、本住性，名爲證眞如；進而現觀三界六道唯是此金剛心所成，人間萬法須藉八識心王和合運作方能現起。如是實證《華嚴經》的「三界唯心、萬法唯識」以後，由此等現觀而發起實相般若智慧，繼續進修第十住位的如幻觀、第十行位的陽焰觀、第十迴向位的如夢觀，再生起增上意樂而勇發十無盡願，方能滿足三賢位的實證，轉入初地；自知成佛之道而無偏倚，從此按部就班、次第進修乃至成佛。第八識自心如來是般若智慧之所依，般若智慧的修證則要從實證金剛心自心如來開始；《金剛經》則是解說自心如來之經典，是一切三賢位菩薩所應進修之實相般若經典。這一套書，是將平實導師宣講的《金剛經宗通》內容，整理成文字而流通之；書中所說義理，迥異古今諸家依文解義之說，指出大乘見道方向與理路，有益於禪宗學人求開悟見道，及轉入內門廣修六度萬行。講述完畢後結集出版，總共9輯，每輯約三百餘頁，售價各250元。

空行母—性別、身分定位，以及藏傳佛教：本書作者爲蘇格蘭哲學家，因爲嚮往佛教深妙的哲學內涵，於是進入當年盛行於歐美的假藏傳佛教密宗，擔任卡盧仁波切的翻譯工作多年以後，被邀請成爲卡盧的空行母（又名佛母、明妃），開始了她在密宗裡的實修過程；後來發覺在密宗雙身法中的修行，其實無法使自己成佛，也發覺密宗對女性岐視而處處貶抑，並剝奪女性在雙身法中擔任一半角色時應有的身分定位。當她發覺自己只是雙身法中被喇嘛利用的工具，沒有獲得絲毫應有的尊重與基本定位時，發現了密宗的父權社會控制女性的本質；於是作者傷心地離開了卡盧仁波切與密宗，但是卻被恐嚇不許講出她在密宗裡的經歷，也不許她說出自己對密宗的教義與教制下對女性剝削的本質，否則將被咒殺死亡。後來她去加拿大定居，十餘年後方才擺脫這個恐嚇陰影，下定決心將親身經歷的實情及觀察到的事實寫下來並且出版，公諸於世。出版之後，她被流亡的達賴集團人士大力攻訐，誣指她爲精神狀態失常、說謊……等。但有智之士並未被達賴集團的政治操作及各國政府政治運作吹捧達賴的表相所欺，使她的書銷售無阻而又再版。正智出版社鑑於作者此書是親身經歷的事實，所說具有針對「藏傳佛教」而作學術研究的價值，也有使人認清假藏傳佛教剝削佛母、明妃的男性本位實質，因此洽請作者同意中譯而出版於華人地區。珍妮·坎貝爾女士著，呂艾倫 中譯，每冊250元。

霧峰無霧—給哥哥的信：本書作者藉兄弟之間信件往來論義，略述佛法大義；並以多篇短文辨義，舉出釋印順對佛法的無量誤解證據，並一一給予簡單而清晰的辨正，令人一讀即知。久讀、多讀之後即能認清楚釋印順的六識論見解，與眞實佛法之牴觸是多麼嚴重；於是在久讀、多讀之後，於不知不覺之間提升了對佛法的極深入理解，正知正見就在不知不覺間建立起來了。當三乘佛法的正知見建立起來之後，對於三乘菩提的見道條件便將隨之具足，於是聲聞解脫道的見道也就水到渠成；接著大乘見道的因緣也將次第成熟，未來自然也會有親見大乘菩提之道的因緣，悟入大乘實相般若也將自然成功，自能通達般若系列諸經而成實義菩薩。作者居住於南投縣霧峰鄉，自喻見道之後不復再見霧峰之霧，故鄉原野美景一一明見，於是立此書名爲《霧峰無霧》；讀者若欲撥霧見月，可以此書爲緣。游宗明 老師著 售價250元。

假藏傳佛教的神話—性、謊言、喇嘛教：本書編著者是由一首名叫「阿姊鼓」的歌曲爲緣起，展開了序幕，揭開假藏傳佛教—喇嘛教—的神祕面紗。其重點是蒐集、摘錄網路上質疑「喇嘛教」的帖子，以揭穿「假藏傳佛教的神話」爲主題，串聯成書，並附加彩色插圖以及說明，讓讀者們瞭解西藏密宗及相關人事如何被操作爲「神話」的過程，以及神話背後的眞相。作者：張正玄教授。售價200元。

達賴真面目—玩盡天下女人：假使您不想戴綠帽子，請記得詳細閱讀此書；假使您不想讓好朋友戴綠帽子，請您將此書介紹給您的好朋友。假使您想保護家中的女性，也想要保護好朋友的女眷，請記得將此書送給家中的女性和好友的女眷都來閱讀。本書爲印刷精美的大本彩色中英對照精裝本，爲您揭開達賴喇嘛的眞面目，內容精彩不容錯過，爲利益社會大眾，特別以優惠價格嘉惠所有讀者。編著者：白志偉等。大開版雪銅紙彩色精裝本。售價800元。

喇嘛性世界—揭開假藏傳佛教譚崔瑜伽的面紗：這個世界中的喇嘛，號稱來自世外桃源的香格里拉，穿著或紅或黃的喇嘛長袍，散布於我們的身邊傳教灌頂，吸引了無數的人嚮往學習；這些喇嘛虔誠地爲大眾祈福，手中拿著寶杵（金剛）與寶鈴（蓮花），口中唸著咒語：「唵・嘛呢・叭咪・吽……」，咒語的意思是說：「我至誠歸命金剛杵上的寶珠伸向蓮花寶穴之中」！「喇嘛性世界」是什麼樣的「世界」呢？本書將爲您呈現喇嘛世界的面貌。當您發現眞相以後，您將會唸：「噢！喇嘛・性・世界，譚崔性交嘛！」作者：張善思、呂艾倫。售價200元。

末代達賴——性交教主的悲歌：簡介從藏傳僞佛教（喇嘛教）的修行核心—性力派男女雙修，探討達賴喇嘛及藏傳僞佛教的修行內涵。書中引用外國知名學者著作、世界各地新聞報導，包含：歷代達賴喇嘛的祕史、達賴六世修雙身法的事蹟，以及《時輪續》中的性交灌頂儀式……等；達賴喇嘛書中開示的雙修法、達賴喇嘛的黑暗政治手段；達賴喇嘛所領導的寺院爆發喇嘛性侵兒童；新聞報導《西藏生死書》作者索甲仁波切性侵女信徒、澳洲喇嘛秋達公開道歉、美國最大假藏傳佛教組織領導人邱陽創巴仁波切的性氾濫；等等事件背後眞相的揭露。作者：張善思、呂艾倫、辛燕。售價250元。

第七意識與第八意識？——穿越時空「超意識」：「三界唯心，萬法唯識」是佛教中應該實證的聖教，也是《華嚴經》中明載而可以實證的法界實相。唯心者，三界一切境界、一切諸法唯是一心所成就，即是每一個有情的第八識如來藏，不是意識心。唯識者，即是人類各各都具足的八識心王——眼識、耳鼻舌身意識、意根、阿賴耶識，第八阿賴耶識又名如來藏，人類五陰相應的萬法，莫不由八識心王共同運作而成就，故說萬法唯識。依聖教量及現量、比量，都可以證明意識是二法因緣生，是由第八識藉意根與法塵二法爲因緣而出生，又是夜夜斷滅不存之生滅心，即無可能反過來出生第七識意根、第八識如來藏，當知不可能從生滅性的意識心中，細分出恆審思量的第七識意根，更無可能細分出恆而不審的第八識如來藏。本書是將演講內容整理成文字，細說如是內容，並已在〈正覺電子報〉連載完畢，今彙集成書以廣流通，欲幫助佛門有緣人斷除意識我見，跳脫於識陰之外而取證聲聞初果；嗣後修學禪宗時即得不墮外道神我之中，得以求證第八識金剛心而發起般若實智。平實導師 述，每冊300元。

黯淡的達賴—失去光彩的諾貝爾和平獎：本書舉出很多證據與論述，詳述達賴喇嘛不爲世人所知的一面，顯示達賴喇嘛並不是眞正的和平使者，而是假借諾貝爾和平獎的光環來欺騙世人；透過本書的說明與舉證，讀者可以更清楚的瞭解，達賴喇嘛是結合暴力、黑暗、淫欲於喇嘛教裡的集團首領，其政治行爲與宗教主張，早已讓諾貝爾和平獎的光環染污了。　本書由財團法人正覺教育基金會寫作、編輯，由正覺出版社印行，每冊250元。

童女迦葉考—論呂凱文〈佛教輪迴思想的論述分析〉之謬：童女迦葉是佛世率領五百大比丘遊行於人間的歷史事實，是以童貞行而依止菩薩戒弘化於人間的大菩薩，不依別解脫戒（聲聞戒）來弘化於人間。這是大乘佛教與聲聞佛教同時存在於佛世的歷史明證，證明大乘佛教不是從聲聞法中分裂出來的部派佛教的產物，卻是聲聞佛教分裂出來的部派佛教聲聞凡夫僧所不樂見的史實；於是古今聲聞法中的凡夫都欲加以扭曲而作詭說，更是末法時代高聲大呼「大乘非佛說」的六識論聲聞凡夫極力想要扭曲的佛教史實之一，於是想方設法扭曲迦葉菩薩爲聲聞僧，以及扭曲迦葉童女爲比丘僧等荒謬不實之論著便陸續出現，古時聲聞僧寫作的《分別功德論》是最具體之事例，現代之代表作則是呂凱文先生的〈佛教輪迴思想的論述分析〉論文。鑑於如是假藉學術考證以籠罩大衆之不實謬論，未來仍將繼續造作及流竄於佛教界，繼續扼殺大乘佛教學人法身慧命，必須舉證辨正之，遂成此書。平實導師 著，每冊180元。

人間佛教—實證者必定不悖三乘菩提：「大乘非佛說」的講法似乎流傳已久，卻只是日本人企圖擺脫中國正統佛教的影響，而在明治維新時期才開始提出來的說法；台灣佛教、大陸佛教的淺學無智之人，由於未曾實證佛法而迷信日本人錯誤的學術考證，錯認爲這些別有用心的日本佛學考證的講法爲天竺佛教的眞實歷史；甚至還有更激進的反對佛教者提出「釋迦牟尼佛並非眞實存在，只是後人捏造的假歷史人物」，竟然也有少數人願意跟著「學術」的假光環而信受不疑，於是開始有一些佛教界人士造作了反對中國佛教而推崇南洋小乘佛教的行爲，使佛教的信仰者難以檢擇，導致一般大陸人士開始轉入基督教的盲目迷信中。在這些佛教及外教人士之中，也就有一分人根據此邪說而大聲主張「大乘非佛說」的謬論，這些人以「人間佛教」的名義來抵制中國正統佛教，公然宣稱中國的大乘佛教是由聲聞部派佛教的凡夫僧所創造出來的。這樣的說法流傳於台灣及大陸佛教界凡夫僧之中已久，卻非眞正的佛教歷史中曾經發生過的事，只是繼承六識論的聲聞法中凡夫僧依自己的意識境界立場，純憑臆想而編造出來的妄想說法，卻已經影響許多無智之凡夫僧俗信受不移。本書則是從佛教的經藏法義實質及實證的現量內涵本質立論，證明大乘佛法本是佛說，是從《阿含正義》尚未說過的不同面向來討論「人間佛教」的議題，證明「大乘眞佛說」。閱讀本書可以斷除六識論邪見，迴入三乘菩提正道發起實證的因緣；也能斷除禪宗學人學禪時普遍存在之錯誤知見，對於建立參禪時的正知見有很深的著墨。平實導師 述，內文488頁，全書528頁，定價400元。

見性與看話頭：黃正倖老師的《見性與看話頭》於《正覺電子報》連載完畢，今集結出版。書中詳說禪宗看話頭的詳細方法，並細說看話頭與眼見佛性的關係，以及眼見佛性者求見佛性前必須具備的條件。本書是禪宗實修者追求明心開悟時參禪的方法書，也是求見佛性者作功夫時必讀的方法書，內容兼顧眼見佛性的理論與實修之方法，是依實修之體驗配合理論而詳述，條理分明而且極爲詳實、周全、深入。本書內文375頁，全書416頁，售價300元。

中觀金鑑—詳述應成派中觀的起源與其破法本質：學佛人往往迷於中觀學派之不同學說，被應成派與自續派所迷惑；修學般若中觀二十年後自以爲實證般若中觀了，卻仍不曾入門，甫聞實證般若中觀者之所說，則茫無所知，迷惑不解；隨後信心盡失，不知如何實證佛法；凡此，皆因惑於這二派中觀學說所致。自續派中觀所說同於常見，以意識境界立爲第八識如來藏之境界，應成派所說則同於斷見，但又同立意識爲常住法，故亦具足斷常二見。今者孫正德老師有鑑於此，乃將起源於密宗的應成派中觀學說，追本溯源，詳考其來源之外，亦一一舉證其立論內容，詳加辨正，令密宗雙身法祖師以識陰境界而造之應成派中觀學說本質，詳細呈現於學人眼前，令其維護雙身法之目的無所遁形。若欲遠離密宗此二大派中觀謬說，欲於三乘菩提有所進道者，允宜具足閱讀並細加思惟，反覆讀之以後將可捨棄邪道返歸正道，則於般若之實證即有可能，證後自能現觀如來藏之中道境界而成就中觀。本書分上、中、下三冊，每冊250元，已全部出版完畢。

真心告訴您(一)—達賴喇嘛在幹什麼？這是一本報導篇章的選集，更是「破邪顯正」的暮鼓晨鐘。「破邪」是戳破假象，說明達賴喇嘛及其所率領的密宗四大派法王、喇嘛們，弘傳的佛法是仿冒的佛法；他們是假藏傳佛教，是坦特羅(譚崔性交)外道法和藏地崇奉鬼神的苯教混合成的「喇嘛教」，推廣的是以所謂「無上瑜伽」的男女雙身法冒充佛法的假佛教，詐財騙色誤導眾生，常常造成信徒家庭破碎、家中兒少失怙的嚴重後果。「顯正」是揭櫫眞相，指出眞正的藏傳佛教只有一個，就是覺囊巴，傳的是 釋迦牟尼佛演繹的第八識如來藏妙法，稱爲他空見大中觀。正覺教育基金會即以此古今輝映的如來藏正法正知見，在眞心新聞網中逐次報導出來，將箇中原委「眞心告訴您」，如今結集成書，與想要知道密宗眞相的您分享。售價250元。

實相經宗通：學佛之目的在於實證一切法界背後之實相，禪宗稱之爲本來面目或本地風光，佛菩提道中稱之爲實相法界；此實相法界即是金剛藏，又名佛法之祕密藏，即是能生有情五陰、十八界及宇宙萬有（山河大地、諸天、三惡道世間）的第八識如來藏，又名阿賴耶識心，即是禪宗祖師所說的眞如心，此心即是三界萬有背後的實相。證得此第八識心時，自能瞭解般若諸經中隱說的種種密意，即得發起實相般若——實相智慧。每見學佛人修學佛法二十年後仍對實相般若茫然無知，亦不知如何入門，茫無所趣；更因不知三乘菩提的互異互同，是故越是久學者對佛法越覺茫然，都肇因於尚未瞭解佛法的全貌，亦未瞭解佛法的修證內容即是第八識心所致。本書對於修學佛法者所應實證的實相境界提出明確解析，並提示趣入佛菩提道的入手處，有心親證實相般若的佛法實修者，宜詳讀之，於佛菩提道之實證即有下手處。平實導師述著，共八輯，全部出版完畢，每輯成本價250元。

法華經講義：此書爲平實導師始從2009/7/21演述至2014/1/14之講經錄音整理所成。世尊一代時教，總分五時三教，即是華嚴時、聲聞緣覺教、般若教、種智唯識教、法華時；依此五時三教區分爲藏、通、別、圓四教。本經是最後一時的圓教經典，圓滿收攝一切法教於本經中，是故最後的圓教聖訓中，特地指出無有三乘菩提，其實唯有一佛乘；皆因衆生愚迷故，方便區分爲三乘菩提以助衆生證道。世尊於此經中特地說明如來示現於人間的唯一大事因緣，便是爲有緣衆生「開、示、悟、入」諸佛的所知所見——第八識如來藏妙眞如心，並於諸品中隱說「妙法蓮花」如來藏心的密意。然因此經所說甚深難解，眞義隱晦，古來難得有人能窺堂奧；平實導師以知如是密意故，特爲末法佛門四衆演述《妙法蓮華經》中各品蘊含之密意，使古來未曾被古德註解出來的「此經」密意，如實顯示於當代學人眼前。乃至〈藥王菩薩本事品〉、〈妙音菩薩品〉、〈觀世音菩薩普門品〉、〈普賢菩薩勸發品〉中的微細密意，亦皆一併詳述之，開前人所未曾言之密意，示前人所未見之妙法。最後乃至以〈法華大意〉而總其成，全經妙旨貫通始終，而依佛旨圓攝於一心如來藏妙心，厥爲曠古未有之大說也。平實導師述　已於2015/5/31起出版第一輯，每兩個月出版一輯，共有25輯。每輯300元。

西藏「活佛轉世」制度——附佛、造神、世俗法：歷來關於喇嘛教活佛轉世的研究，多針對歷史及文化兩部分，於其所以成立的理論基礎，較少系統化的探討。尤其是此制度是否依據「佛法」而施設？是否合乎佛法眞實義？現有的文獻大多含糊其詞，或人云亦云，不曾有明確的闡釋與如實的見解。因此本文先從活佛轉世的由來，探索此制度的起源、背景與功能，並進而從活佛的尋訪與認證之過程，發掘活佛轉世的特徵，以確認「活佛轉世」在佛法中應具足何種果德。定價150元。

真心告訴您（二）——達賴喇嘛是佛教僧侶嗎？補祝達賴喇嘛八十大壽：這是一本針對當今達賴喇嘛所領導的喇嘛教，冒用佛教名相、於師徒間或師兄姊間，實修男女邪淫，而從佛法三乘菩提的現量與聖教量，揭發其謊言與邪術，證明達賴及其喇嘛教是仿冒佛教的外道，是「假藏傳佛教」。藏密四大派教義雖有「八識論」與「六識論」的表面差異，然其實修之內容，皆共許「無上瑜伽」四部灌頂爲究竟「成佛」之法門，也就是共以男女雙修之邪淫法爲「即身成佛」之密要，雖美其名曰「欲貪爲道」之「金剛乘」，並誇稱其成就超越於（應身佛）釋迦牟尼佛所傳之顯教般若乘之上；然詳考其理論，則或以意識離念時之粗細心爲第八識如來藏，或以中脈裡的明點爲第八識如來藏，或如宗喀巴與達賴堅決主張第六意識爲常恆不變之眞心者，分別墮於外道之常見與斷見中；全然違背　佛說能生五蘊之如來藏的實質。售價300元。

修習止觀坐禪法要講記：修學四禪八定之人，往往錯會禪定之修學知見，欲以無止盡之坐禪而證禪定境界，卻不知修除性障之行門才是修證四禪八定不可或缺之要素，故智者大師云「性障初禪」；性障不除，初禪永不現前，云何修證二禪等？又：行者學定，若唯知數息，而不解六妙門之方便善巧者，欲求一心入定，極難可得，智者大師名之為「事障未來」：障礙未到地定之修證。又禪定之修證，不可違背二乘菩提及第一義法，否則縱使具足四禪八定，亦不能實證涅槃而出三界。此諸知見，智者大師於《修習止觀坐禪法要》中皆有闡釋。作者平實導師以其第一義之見地及禪定之實證證量，曾加以詳細解析。將俟正覺寺竣工啓用後重講，不限制聽講者資格；講後將以語體文整理出版。欲修習世間定及增上定之學者，宜細讀之。平實導師述著。

解深密經講記：本經係 世尊晚年第三轉法輪，宣說地上菩薩所應熏修之唯識正義經典，經中所說義理乃是大乘一切種智增上慧學，以阿陀那識—如來藏—阿賴耶識為主體。禪宗之證悟者，若欲修證初地無生法忍乃至八地無生法忍者，必須修學《楞伽經、解深密經》所說之八識心王一切種智；此二經所說正法，方是眞正成佛之道；印順法師否定如來藏之後所說萬法緣起性空之法，是以誤會後之二乘解脫道取代大乘眞正成佛之道，亦已墮於斷滅見中，不可謂為成佛之道也。平實導師曾於本會郭故理事長往生時，於喪宅中從初七至第十七，宣講圓滿，作為郭老之往生佛事功德，迴向郭老早證八地、速返娑婆住持正法；茲為今時後世學人故，將擇期重講《解深密經》，以淺顯之語句講畢後將會整理成文，用供證悟者進道；亦令諸方未悟者，據此經中佛語正義，修正邪見，依之速能入道。平實導師述著，全書輯數未定，每輯三百餘頁，將於未來重講完畢後逐輯出版。

佛法入門：學佛人往往修學二十年後仍不知如何入門，茫無所入漫無方向，不知如何實證佛法；更因不知三乘菩提的互異互同之處，導致越是久學者越覺茫然，都是肇因於尚未瞭解佛法的全貌所致。本書對於佛法的全貌提出明確的輪廓，並說明三乘菩提的異同處，讀後即可輕易瞭解佛法全貌，數日內即可明瞭三乘菩提入門方向與下手處。○○菩薩著 出版日期未定。

阿含講記——小乘解脫道之修證：數百年來，南傳佛法所說證果之不實，所說解脫道之虛妄，所弘解脫道法義之世俗化，皆已少人知之；從南洋傳入台灣與大陸之後，所說法義虛謬之事，亦復少人知之；今時台灣全島印順系統之法師居士，多不知南傳佛法數百年來所說解脫道之義理已然偏斜、已然世俗化、已非眞正之二乘解脫正道，猶極力推崇與弘揚。彼等南傳佛法近代所謂之證果者多非眞實證果者，譬如阿迦曼、葛印卡、帕奧禪師、一行禪師……等人，悉皆未斷我見故。近年更有台灣南部大願法師，高抬南傳佛法之二乘修證行門爲「捷徑究竟解脫之道」者，然而南傳佛法縱使眞修實證，得成阿羅漢，至高唯是二乘菩提解脫之道，絕非究竟解脫，無餘涅槃中之實際尚未得證故，法界之實相尚未了知故，習氣種子待除故，一切種智未實證故，焉得謂爲「究竟解脫」？即使南傳佛法近代眞有實證之阿羅漢，尚且不及三賢位中之七住明心菩薩本來自性清淨涅槃智慧境界，不知此賢位菩薩所證之無餘涅槃實際，仍非大乘佛法中之見道者，何況普未實證聲聞果乃至未斷我見之人？謬充證果已屬逾越，更何況是誤會二乘菩提之後，以未斷我見之凡夫知見所說之二乘菩提解脫偏斜法道，焉可高抬爲「究竟解脫」？而且自稱「捷徑之道」？又妄言解脫之道即是成佛之道，完全否定般若實智、否定三乘菩提所依之如來藏心體，此理大大不通也！平實導師爲令修學二乘菩提欲證解脫果者，普得迴入二乘菩提正見、正道中，是故選錄四阿含諸經中，對於二乘解脫道法義有具足圓滿說明之經典，預定未來十年內將會加以詳細講解，令學佛人得以了知二乘解脫道之修證理路與行門，庶免被人誤導之後，未證言證，干犯道禁，成大妄語，欲升反墮。本書首重斷除我見，以助行者斷除我見而實證初果爲著眼之目標，若能根據此書內容，配合平實老師所著《識蘊眞義》《阿含正義》內涵而作實地觀行，實證初果非爲難事，行者可以藉此三書自行確認聲聞初果爲實際可得現觀成就之事。此書中除依二乘經典所說加以宣示外，亦依斷除我見等之證量，及大乘法中道種智之證量，對於意識心之體性加以細述，令諸二乘學人必定得斷我見、常見，免除三縛結之繫縛。次則宣示斷除我執之理，欲令升進而得薄貪瞋痴，乃至斷五下分結……等。平實導師述，共二冊，每冊三百餘頁。每輯300元。

總經銷： 飛鴻 國際行銷股份有限公司

231 新北市新店市中正路 501 之 9 號 2 樓

Tel.02－82186688（五線代表號） Fax.02-82186458、82186459

零售：1.**全台連鎖經銷書局**：

三民書局、誠品書局、何嘉仁書店

敦煌書店、紀伊國屋、金石堂書局、建宏書局

2.**台北市**：佛化人生 羅斯福路 3 段 325 號 6 樓之 4 台電大樓對面

3.**新北市**：春大地書店 **蘆洲**中正路 117 號 明達書局 **三重**五華街 129 號

4.**桃園市縣**：誠品書局 **桃園市**中正路 20 號遠東百貨地下室一樓

金石堂 **桃園市**大同路 24 號 金石堂 **桃園**八德市介壽路 1 段 987 號

諾貝爾圖書城 **桃園市**中正路56號地下室 巧巧屋書局 **蘆竹**南崁路 263 號

墊腳石文化書店 **中壢市**中正路89號 來電書局 **大溪**慈湖路 30 號

御書堂 **龍潭**中正路 123 號

5.**新竹市縣**：大學書局 **新竹**建功路 10 號 誠品書局 **新竹**東區信義街 68 號

誠品書局 新竹東區中央路 229 號 5 樓 誠品書局 **新竹**東區力行二路 3 號

墊腳石文化書店 **新竹**中正路 38 號 金典文化 **竹北**中正西路 47 號

6.**苗栗市縣**：萬花筒書局 **苗栗市**府東路 73 號

7.**台中市**： **瑞成**書局、各大連鎖書店。

詠春書局 **台中市**永春東路 884 號 文春書局 **霧峰**中正路 1087 號

8.**彰化市縣**：心泉佛教流通處 **彰化市**南瑤路 286 號

員林鎮：墊腳石圖書文化廣場 中山路 2 段 49 號（04-8338485）

9.**台南市**：博大書局 **新營**三民路 128 號

藝美書局 **善化**中山路 436 號 宏欣書局 **佳里**光復路 214 號

10.**高雄市**：各大連鎖書店、**瑞成**書局

政大書城 **三民區**明仁路 161 號 政大書城 **苓雅區**光華路 148-83 號

明儀書局 **三民區**明福街 2 號 明儀書局 三多四路 63 號

青年書局 青年一路 141 號

11.**宜蘭縣市**：金隆書局 宜蘭市中山路 3 段 43 號

宋太太梅鋪 羅東鎮中正北路 101 號（039-534909）

12.**台東市**：東普佛教文物流通處 台東市博愛路 282 號

13.**其餘鄉鎮市經銷書局**：請電詢總經銷**飛鴻**公司。

14.**大陸地區請洽**：

香港：樂文書店

旺角店 :香港九龍旺角西洋菜街 62 號 3 樓

電話 : (852) 2390 3723 email: luckwinbooks@gmail.com

銅鑼灣店 :香港銅鑼灣駱克道 506 號 2 樓

電話 : (852) 2881 1150 email: luckwinbs@gmail.com

廈門：廈門外圖臺灣書店有限公司

地址：廈門市思明區湖濱南路809號 廈門外圖書城3樓 郵編：361004

電話：0592-5061658（臺灣地區請撥打 86-592-5061658）

E-mail：JKB118＠188.COM

15.**美國：世界日報圖書部**：紐約圖書部 電話 7187468889#6262

洛杉磯圖書部 電話 3232616972#202

16.**國內外地區網路購書：**

正智出版社 書香園地 http://books.enlighten.org.tw/

（書籍簡介、直接聯結下列網路書局購書）

三民 網路書局 http://www.Sanmin.com.tw

誠品 網路書局 http://www.eslitebooks.com

博客來 網路書局 http://www.books.com.tw

金石堂 網路書局 http://www.kingstone.com.tw

飛鴻 網路書局 http://fh6688.com.tw

附註：1.請儘量向各經銷書局購買：郵政劃撥需要十天才能寄到（本公司在您劃撥後第四天才能接到劃撥單，次日寄出後第四天您才能收到書籍，此八天中一定會遇到週休二日，是故共需十天才能收到書籍）若想要早日收到書籍者，請劃撥完畢後，將劃撥收據貼在紙上，旁邊寫上您的姓名、住址、郵區、電話、買書詳細內容，直接傳真到本公司 02-28344822，並來電 02-28316727、28327495 確認是否已收到您的傳真，即可提前收到書籍。 2.因台灣每月皆有五十餘種宗教類書籍上架，書局書架空間有限，故唯有新書方有機會上架，通常每次只能有一本新書上架；本公司出版新書，大多上架不久便已售出，若書局未再叫貨補充者，書架上即無新書陳列，則請直接向書局櫃台訂購。 3.若書局不便代購時，可於晚上共修時間向正覺同修會各共修處請購（共修時間及地點，詳閱**共修現況表**。每年例行年假期間請勿前往請書，年假期間請見共修現況表）。 4.郵購：郵政劃撥帳號 19068241。 5.正覺同修會會員購書都以八折計價（戶籍台北市者為一般會員，外縣市為護持會員）都可獲得優待，欲一次購買全部書籍者，可以考慮入會，節省書費。入會費一千元（第一年初加入時才需要繳），年費二千元。**6.尚未出版之書籍，請勿預先郵寄書款與本公司，謝謝您！** 7.若欲一次購齊本公司書籍，或同時取得正覺同修會贈閱之全部書籍者，請於正覺同修會共修時間，親到各共修處請購及索取；**台北市讀者**請洽：103 台北市承德路三段 267 號 10 樓（捷運淡水線 圓山站旁）請書時間：週一至週五為 18.00~21.00，第一、三、五週週六為 10.00~21.00，雙週之週六為 10.00~18.00 請購處專線電話：25957295-分機 14（於請書時間方有人接聽）。

敬告大陸讀者：

大陸讀者購書、索書捷徑（尚未在大陸出版的書籍，以下二個途徑都可以購得，電子書另包括結緣書籍）：

1.廈門外國圖書公司：廈門市思明區湖濱南路 809 號 廈門外圖書城 3F
郵編：361004　電話：0592-5061658　網址：JKB118@188.COM

2.電子書：正智出版社有限公司及正覺同修會在台灣印行的各種局版書、結緣書，已有『**正覺電子書**』陸續上線中，提供讀者於手機、平板電腦上購書、下載、閱讀正智出版社、正覺同修會及正覺教育基金會所出版之電子書，詳細訊息敬請參閱『正覺電子書』專頁：http://books.enlighten.org.tw/ebook

關於平實導師的書訊，請上網查閱：

成佛之道　http://www.a202.idv.tw

正智出版社 書香園地　http://books.enlighten.org.tw/

中國網採訪佛教正覺同修會、正覺教育基金會訊息：

http://big5.china.com.cn/gate/big5/fangtan.china.com.cn/2014-06/19/content_32714638.htm

http://pinpai.china.com.cn/

★ 正智出版社有限公司售書之稅後盈餘，全部捐助財團法人正覺寺籌備處、佛教正覺同修會、正覺教育基金會，供作弘法及購建道場之用；懇請諸方大德支持，功德無量。

★ 聲　明 ★

本社於 2015/01/01 開始調整本目錄中部分書籍之售價，以因應各項成本的持續增加。

＊ 喇嘛教修外道雙身法、墮識陰境界，非佛教 ＊

＊ 弘揚如來藏他空見的覺囊派才是真正藏傳佛教 ＊

售後服務—換書啓事（免附回郵） 2012/09/24

《楞嚴經講記》第 14 輯初版首刷本免費調換新書啓事：本講記第 14 輯出版前因 平實導師諸事繁忙，未將之重新閱讀而只改正校對時發現的錯別字，故未能發覺十年前所說法義有部分錯誤，於第 15 輯付印前重閱時才發覺第 14 輯中有部分錯誤尚未改正。今已重新審閱修改並已重印完成，煩請所有讀者將以前所購第 14 輯初版首刷本，寄回本社免費換新（初版二刷本無錯誤），本社將於寄回新書時同時附上您寄書回來換新時所付的郵資，並在此向所有讀者致上最誠懇的歉意。

《心經密意》初版書免費調換二版新書啓事：本書係演講錄音整理成書，講時因時間所限，省略部分段落未講。後於再版時補寫增加 13 頁，維持原價流通之。茲爲顧及初版讀者權益，自 2003/9/30 開始免費調換新書，原有初版一刷、二刷書籍，皆可寄來本來公司換書。

《宗門法眼》已經增寫改版爲 464 頁新書，2008 年 6 月中旬出版。讀者原有初版之第一刷、第二刷書本，都可以寄回本社免費調換改版新書。改版後之公案及錯悟事例維持不變，但將內容加以增說，較改版前更具有廣度與深度，將更能助益讀者參究實相。

換書者免附回郵，亦無截止期限；舊書請寄：111 台北郵政 73-151 號信箱 或 103 台北市承德路三段 267 號 10 樓 正智出版社有限公司。舊書若有塗鴨、殘缺、破損者，仍可換取新書；但缺頁之舊書至少應仍有五分之三頁數，方可換書。所有讀者不必顧念本公司是否有盈餘之問題，都請踴躍寄來換書；本公司成立之目的不是營利，只要能眞實利益學人，即已達到成立及運作之目的。若以郵寄方式換書者，免附回郵；並於寄回新書時，由本社附上您寄來書籍時耗用的郵資。造成您不便之處，再次致上萬分的歉意。

正智出版社有限公司 啓

國家圖書館出版品預行編目資料

中觀金鑑 ： 詳述應成派中觀的起源與其破法本質 /
孫正德著. -- 初版. -- ［臺北市］ ： 正智,
2014.09-2015.01
冊 ； 公分
ISBN 978-986-5655-01-3(上冊 ： 平裝)
ISBN 978-986-5655-07-5(中冊 ： 平裝)
ISBN 978-986-5655-17-4(下冊 ： 平裝)
1.中觀部
222.12 103018574

中觀金鑑——詳述應成派中觀的起源與其破法本質——下冊

作　　者：孫正德 老師
校　　對：正覺同修會 編譯組
出 版 者：正智出版社有限公司
電話：〇二 28327495　28316727（白天）
傳眞：〇二 28344822
111 台北郵政 73-151 號信箱
郵政劃撥帳號：一九〇六八二四一
正覺講堂：總機〇二 25957295（夜間）
總 經 銷：飛鴻國際行銷股份有限公司
231 新北市新店區中正路 501-9 號 2 樓
電話：〇二 82186688（五線代表號）
傳眞：〇二 82186458　82186459
初版首刷：公元二〇一五年元月　二千冊
初版二刷：公元二〇一六年四月　二千冊
定　　價：二五〇元